사회과 교육론 및 지도법

모경환, 한춘희, 허수미

교육과학사

급변하는 21세기 사회에서 시민교육의 중요성과 필요성이 더욱 커지고 있으며, 이를 담당하는 중핵 교과인 사회과의 역할도 날로 더해가고 있다. 이 책의 저자들은 사회과 현장 교사로서와 각자 소속 대학의 교수로서 오랜 기간 동안 가르쳐온 경험을 바탕으로, 교육 현장에서 실질적으로 적용할 수 있는 교수법을 구체적이고 실용적인 예시와 함께 제시하려 노력했다. 이 책은 이러한 고민과 경험의 산물로, 사회과 교육의 이론적 기반을 튼튼히 하고, 효과적인 교수 전략을 제시함으로써 사회과 수업을 더욱 풍요롭고 의미 있게 운영하는 데 기여하고자 하였다.

이 책은 총 4부로 구성되어 있으며, 각 부는 사회과 교육론 및 지도법의 핵심 요소를 다루고 있다. 제1부에서는 사회과의 목표와 수업 구성을 중점적으로 살펴본다. 제1장에서는 사회과 교육의 개념과 목표를, 제2장에서는 2022 개정 사회과 교육과정을, 그리고 제3장에서는 사회과 수업의 이해를 논의한다. 여기서는 사회과 교육에 대한 이론적 이해와 최근의 2022 개정 교육과정, 그리고 효과적인 지도법의 이론적 배경을 탐구한다.

제2부에서는 사회과의 다양한 수업 모형을 소개한다. 사회과 수업 모형은 효과적인 사회과 수업을 위한 체계적인 틀로서, 제1장에서는 개념 학습, 제2장에서는 문제해결학습, 제3장에서는 탐구학습, 제4장에서는 의사결정학습, 제5장에서는 쟁점중심 토론수업(논쟁 문제 수업), 그리고 제6장에서는 가치 수업 모형을 다룬다. 이러한 모형들을 통해 교사들이 수업 상황에 맞는 적절한 모형을 선택하고 활용할 수 있다.

제3부에서는 사회과의 수업 기법과 협동학습을 다룬다. 수업 기법은 사회과 수업을 위해 구체적으로 전개되는 교사와 학생의 상호작용 방법, 전략 및 접근 방식이다. 제1장에서는 사회과 수업의 다양한 기법을 다루며, 1절에서는 강의

법, 2절에서는 토의 · 토론, 3절에서는 역할극과 모의학습, 4절에서는 인물학습, 5절에서는 신문활용학습(NIE), 그리고 6절에서는 최근 활용되는 다양한 수업 기법들을 소개한다. 다음으로 제2장에서는 협동학습을 다루며, 1절에서는 협동학습의 이해와 2절에서는 협동학습의 유형을 소개한다.

마지막으로, 제4부에서는 사회과 평가에 대해 논의한다. 평가는 학생들의 학습 성취도를 측정하고 피드백을 제공함으로써 학습의 중요한 부분을 구성한다. 1장에서는 평가의 의미와 다양한 유형을, 2장에서는 사회과 평가의 현황과 방향을, 3장에서는 사회과 평가의 영역과 방법을 소개한다.

이 책의 저자들은 각자의 대학에서 사회과 교육을 가르치면서 현장에서 마주하는 다양한 문제점과 개선 방안을 고민해 왔다. 이러한 고민을 바탕으로 집필된 이 책이 사회과 예비 교사, 현장 교사, 그리고 사회과를 공부하는 학문 공동체에 실질적인 도움이 되기를 기대한다. 특히 교사들이 사회과 교육의 중요성을 다시 한번 인식하고, 민주 시민 양성에 효과적인 교수 전략을 개발하는 데 도움을 줄 수 있기를 바란다. 그리하여 학생들이 미래 사회의 변화에 적응하며, 민주 시민으로서 책임감 있게 살아갈 수 있도록 돕는 사회과 교육의 발전에 기여하는 작은 디딤돌이 되기를 바란다.

마지막으로, 이 책의 집필 과정에서 많은 도움을 주신 동료 교수님들과 연구자들께 깊은 감사를 드린다. 또한, 이 책의 내용은 저자들이 강의에서 만난 학생들, 교사들과의 대화를 직접 또는 간접적으로 반영한 것이며, 그들에게도 감사를 표하고 싶다. 이 책의 집필 기획 단계부터 완성까지 인내심을 가지고 격려해 주신 교육과학사 한정주 사장님께도 감사드린다.

저자 일동

제2부 사회과 수업 모형

제1장 개념학습 / 67

제2장 문제해결학습 / 79

제3장 탐구학습 / 89

제4장 의사결정학습 / 103

제5장 쟁점중심 토론수업(논쟁 문제 수업) / 119

제6장 가치수업 / 137

제3부 사회과 수업 기법과 협동학습

제1장 사회과 수업의 다양한 기법 / 167

제4부 사회과의 평가

제1부

사회과교육의 목표와 수업 구성

제 1 장 사회과교육의 개념과 목표

1. 사회과교육의 개념

사회과는 학생들이 사회 생활에 필요한 지식과 기능을 익혀 이를 토대로 시·공간 속의 인간과 사회현상을 인식하고, 민주 사회의 구성원에게 요구되는 가치와 태도를 지님으로써 시민으로서의 자질을 갖추도록 하는 교과이다.

사회과에서 기르고자 하는 시민은 인간과 사회현상을 탐구하고 지역사회, 국가, 세계에서의 생활에 참여하는 데 필요한 지식과 기능의 습득을 바탕으로 자율적으로 판단하고 행동한다. 또한 공동체 의식을 가지고 타자를 존중하고 배려하면서 개인적, 사회적 문제를 합리적으로 해결하는 능력을 갖추어 개인의 성장을 도모하고, 지역사회, 국가, 세계의 발전에 기여한다.

이러한 사회과는 학교의 모든 교과목 중에서 가장 포괄적인 내용을 가지고 있다. 그래서 스탠리와 넬슨(Stanley & Nelson)은 사회과를 "시대와 지역에 걸쳐 이루어진 모든 인간 활동에 대한 탐구"라고 정의하였다(Ross, 2006, p. 17에서 재인용). 학교 교과로서 사회과(social studies)는 20세기 초 미국에서 탄생하여 발전하였고, 제2차 세계대전 후 전 세계적으로 확산되었다. 미국의 사회과교육학회(National Council for the Social Studies: NCSS)는 다음과 같이 사회과의 정의를 제시하고 있다.

> 사회과는 시민적 역량을 육성하기 위한 사회과학과 인문학의 통합 교과이다. 학교 교육 프로그램으로서 사회과는 인류학, 고고학, 경제학, 지리학, 역사, 법, 철학, 정치학, 심리학, 종교 및 사회학, 그리고 인문학, 수학 및 자연과학 분야의 내용을 체계적으로 통합한 교과이다(http://www.socialstudies.org/about).

서구 사회는 19세기 들어서 교육제도가 엘리트 교육에서 대중교육으로 변모하고, 국가에 대해 충성심을 가진 시민과 숙련된 노동자의 양성으로 사회적 결속과 국가의 발전을 추구하는 것이 교육의 목적으로 대두되었다. 이러한 배경하에 사회적 학습(social learning)을 통해 사회적, 공적 책임감을 갖는 훌륭한 시민을 양성하고자 탄생한 교과가 사회과이다. 교과로서 사회과 탄생의 공식적 시발점이 된 '1916년 문서(The 1916 Report)'에서는 타 교과와 구별되는 사회과의 핵심적인 특징은 바로 '사회적 내용(social content)'에 있음을 밝히고 있다(Dunn, 1916, p. 9).

이러한 맥락에서 사회과는 정치, 경제, 사회, 문화 등 인간의 사회 생활을 주요 내용으로 구성하고 있으며, 복잡한 사회 생활에서 당면하는 문제를 합리적으로 해결할 수 있는 능력을 육성하는 교과목이다. 또한 인간의 생활은 역사적 맥락과 공간적 환경에서 이루어지기 때문에 역사적 사실과 탐구 방법, 지리적 현상의 이해와 공간적 사고의 발달 또한 사회과의 주요 내용을 이룬다. 그래서 우리나라 사회과 교육과정에서는 다음과 같이 내용의 범위를 밝히고 있다.

> 사회과는 지리, 역사, 제 사회과학의 개념과 원리, 문제와 쟁점, 탐구 방법과 절차 등에 관한 요소를 통합적으로 선정 · 조직하여 사회현상과 사회문제, 공간 구조와 변화, 시간의 변화와 지속을 종합적으로 이해하고 탐구할 수 있도록 구성되어 있다(교육부, 2022, p. 6).

요약하면, 시민성 육성을 목적으로 인문학과 사회과학의 내용을 통합한 교과 영역이 사회과(the social studies)이며, 사회과의 교수와 학습에 관한 이론 및 실천과 관련된 모든 활동이 사회과교육(social studies education)이다.

2. 사회과교육의 목표

사회과교육의 목표는 '1916년 문서'에서 밝히고 있는 '시민성의 육성(the cultivation of good citizenship)'이다. 바람직한 시민성, 좋은 시민, 시민의 자질, 또는 민주

시민성 등이 사회과의 목표를 나타내는 용어로 사용되어왔다. 그런데 시민성 또는 시민의 자질이 구체적으로 무엇인지에 대해서는 사회적 상황이나 시대적 맥락에 따라 다르게 정의된다. 예컨대 아프리카 국가인 나이지리아의 사회과는 '공동체에 대한 책임감'을 주요 목표로 제시하는 데 비해(Olawumi, Adu, &, Adu, 2021), 튀르키예의 사회과는 국가정체성의 함양과 사회통합을 강조하고 있다(Siraz & Bay, 2021).

우리나라의 사회과는 1946년 9월 미 군정청에 의해 최초의 교육과정 문서라고 할 수 있는 '국민학교 교수요목'이 제정되면서 초등 수준에 '사회생활과'라는 명칭으로 처음 등장하였다.[1)] 이 교수요목에는 '사회생활과의 교수 목적'을 다음과 같이 밝히고 있다.

> 사회생활과는 사람과 자연 환경 및 사회 환경과의 관계를 밝게 인식시켜 사회 생활에 성실 유능한 시민이 되게 함을 목적으로 함.

1981년에 개정되고 고시된 제4차 사회과 교육과정은 초등 사회과의 교과 목표를 다음과 같이 제시하고 있다.

> 사회 생활에 관한 기초적인 지식을 얻게 하고, 민주 국가 국민으로서의 자각을 가지게 하며, 사회와 국가의 발전에 기여할 수 있는 국민적 자질을 기른다.

이후, 1992년에 고시된 제6차 교육과정에서는 초등 사회과의 목표를 다음과 같이 제시하고 있다.

> 사회적 사실과 현상에 관한 기초적 지식을 익혀, 우리 사회의 특징을 이해하게 하고, 사회 생활을 올바르게 할 수 있는 판단 능력을 길러, 개인과 사회, 국가 및 인류 발전에 기여할 수 있는 민주 시민으로서의 기본적 자질을 가지게 한다.

1) 우리나라에서 초등교육을 위한 학교의 명칭은 원래 '국민학교'였으나, 1996년 3월 1일부로 '초등학교'로 바뀌었다. 이에 따라 학생의 명칭도 '국민학생'에서 '초등학생'으로 변경되었다. 교육과정 문서에는 1997년의 제7차 교육과정부터 '초등학교'가 사용되었다.

이러한 제6차 교육과정에 나타난 초등 사회과의 교과 목표는 이전의 '국민적 자질' 육성에서 '시민적 자질' 육성으로 변화했음을 알 수 있다. 이처럼 한 국가의 교육 목표는 시대적 맥락에 따라 다르게 진술된다. 최근 개정·고시된 우리나라의 2022 개정 사회과 교육과정은 학교급별 목표를 제시하고 있다.

> 초등학교에서는 학생들이 주변의 사회현상에 대하여 관심과 흥미를 가지며, 생활과 관련된 기본적 지식과 능력을 습득하고, 이를 자신의 주변 환경이나 문제에 적용할 수 있는 적극적인 태도를 기른다. 중학교에서는 학생들이 초등학교에서의 학습을 바탕으로 각 영역에서 중요시하는 지식을 과학적 절차에 의하여 발견 · 적용하며, 사회적 문제에 관심을 갖고 지역사회·국가·세계에 속한 구성원으로서의 시민성을 함양한다(교육부, 2022, p. 7).

한편, 고등학교 1학년 공통 과목인 '통합사회'는 다음과 같은 목표를 제시하고 있다.

> 통합사회는 시민으로서 개인이 지속가능한 삶을 영위하기 위해 인간, 사회, 국가, 지구 공동체 및 환경의 문제를 통합적인 관점에서 이해하고, 사회적 변화에 능동적으로 대응하며, 미래 사회에 필요한 기초 소양과 역량을 함양하는 것을 목표로 한다(교육부, 2022, p. 107).

이상에서 살펴본 바와 같이, 사회과교육의 목표인 '시민성'의 내용이 구체적으로 무엇인지에 대해서는 시대적, 사회적 맥락에 따라 차이가 있으며 역대 학자들 사이에서도 일치된 견해가 없다. 사회과의 목표를 둘러싼 논쟁을 검토한 마커와 멜링거에 따르면, 미국 사회에 대한 비판적 사고력을 기르는 데 목표를 둔 소수의 관점이 있긴 하지만 대부분 기존 사회에 적응하는 데 필요한 가치, 습관, 신념을 기르는 사회화(socialization)를 사회과의 목표로 간주한다고 평가했다(Marker & Mehlinger, 1992).

미국의 사회과에서는 1960년대부터 주류 사회에서 금기시하는 '닫힌 영역(closed areas)'의 탐구, 의사 결정력, 공공문제의 교수, 지식의 구조, 탐구 기능, 고등 사고력 함양, 시민 행동 등 다양한 사회과의 목표가 제시되었다. 이렇게 서로 경합하고 있는 광범위한 목표들을 체계적으로 이해하기 위한 이론적 도식으로 바, 바스, 셔미스(Barr, Barth, & Shermis, 1977)가 제시한 세 가지 모형이 가장 영향력 있다. 이들은 사회과를 둘러싼 다양한 견해를 시민성(문화유산) 전달, 사회과학, 반성적 탐구라는 세 가지 모형으로 분류하고 각 모형의 특징을 다음과 같이 기술하였다.

첫째, 시민성 전달(citizenship transmission) 또는 문화유산 전달 모형에서 사회과의 목표는 사회의 유지와 존속에 필요한 지식, 기능, 가치를 가르쳐 학생들이 미래의 훌륭한 시민(good citizen)이 되게 하는 것이다. 둘째, 사회과학(social sciences) 모형에서는 사회과학의 학문의 구조와 탐구방법을 습득한 '꼬마 사회과학자'의 양성에 목표를 둔다. 셋째, 반성적 탐구(reflective inquiry) 모형에서는 학생들이 실제 생활에서 직면하는 문제를 해결하는 데 필요한 의사결정 능력을 함양하도록 하는 것이 목표이다.

이러한 세 가지 모형은 서로 중첩되는 부분도 있고, 사회과에 존재하는 다양한 입장들을 모두 포괄하는 것은 아니다. 넬슨과 미케일러스는 이러한 위의 세 가지 모형에 사회비판모형과 개인발달모형을 추가하여 논의를 확장하였다(Nelson & Michaelis, 1980). 첫째, 사회비판(informed social criticism) 모형에서는 학생들에게 과거와 현재의 사회적 문제들에 대해 비판을 제기하고 대안을 모색하는 능력을 기르는 데 목표를 둔다. 둘째, 개인발달(personal development) 모형에서 학생들이 긍정적인 자아개념과 자아효능감을 형성하고 행복한 생활능력을 함양하는 것이다.

3. 한국의 사회과교육의 발달 과정

① 도입기 사회과

일제강점기에 식민지정책을 담당하는 기관인 조선총독부에서는 '조선교육령'을 통하여 교육정책을 시행하였는데, 국사(일본사), 지리(일본지리), 수신(도덕교육에 해당) 등의 교과목을 가르쳤다. 1945년 8월 광복과 함께 미군정이 실시되었는데, 미군정청에서는 일본이 군국주의를 고취하기 위하여 가르친 이러한 과목들을 개혁하고 민주주의 교육을 실시하고자 초・중등학교의 교과목에 지리, 역사, 공민을 설치하였다. 지리와 역사는 일제강점기의 제국주의적 색채를 탈피하려고 하였고, 공민은 일제강점기의 수신 과목을 대체한 것이다.

미군정청 학무국에서는 교수요목 제정위원회를 만들고 1946년 9월 최초의 교육과정인 '국민학교 사회생활과 교수요목'을 공포하였는데, 이 교수요목에 따라 '사회생활과'가 초등학교 교과목으로 등장하였다. 민주주의를 교육하기 위한 취지로 미국식 사회과(social studies)를 공식적으로 도입한 것이다. 이 교수요목은 "역사, 지리, 공민의 혼연 융합을 기할 것"이라고 밝힘으로써 통합을 강조하고 있다. 이러한 통합적 초등 사회과와는 달리 중등 사회과에서는 지리, 역사, 공민이 분과적으로 편성되었다.

② 제1~3차 교육과정

대한민국 정부 수립 이후부터 교육과정에 대한 논의가 있었고 한국전쟁 이후 제정 작업을 완료하여 1955년에 제1차 교육과정이 공포되었다. 초등 수준에서는 '사회생활과'의 통합성을 강조하였고, 중학교의 '사회생활과'는 공민, 지리, 역사의 세 과목으로 구분하였다. 고등학교 수준에서는 교과 명칭이 '사회과'로 바뀌었고, 일반사회, 도덕, 국사를 필수 과목으로, 세계사, 지리를 선택과목으로 지정하였다.

제2차 교육과정은 1963년에 고시되었다. 초・중 수준에서 '사회생활과'는 '사회과'로 교과 명칭이 변경되었다. 초등 교육과정의 조직에는 제1차 교육과정과 마찬

가지로 환경확대법이 적용되었다. 중학교 '사회' 과목은 1학년에 지리, 2학년에 한국사와 세계사, 3학년에 공민 영역을 중심으로 내용을 구성하면서 타 영역을 부분적으로 통합하려고 하였다. 수업 방법으로 초·중 수준에서 문제해결 학습을 강조하였다(최용규, 2005). 고등학교 사회과에는 총 일곱 개 과목이 편성되었는데, 일반사회, 국민윤리, 국사, 세계사, 지리 I은 필수 과목으로, 정치·경제, 지리 II는 선택 과목으로 지정되었다.

1969년부터 이 교육과정에 대한 부분 개정을 시작하여 제3차 교육과정이 1973~1974년에 공포되었다. 이 시기의 교육과정은 미국의 학문중심 교육과정의 영향을 받아 지식의 구조와 탐구가 강조되었다. 1972년의 '10월 유신' 영향으로 국사, 도덕이 강화되는 등 국가주의 영향이 강하게 나타났는데, 초등 사회과 교육과정에서 5, 6학년에 〈국사 부분〉과 〈지리·공민 부분〉을 분리하여 제시하고 있는 것은 그 예이다. 중학교에서는 '도덕', '국사'가 독립 교과로 편성되었다. 이렇게 국사가 독립함에 따라 중학교 1학년 사회는 지리, 2학년은 세계사, 3학년은 일반사회 영역으로 내용이 구성되었다. 고등학교에서는 '국민윤리'와 '국사'가 필수 교과로 독립하였다.

③ 제4~6차 교육과정

제4차 교육과정은 1981년 12월에 고시되었다. 제3차 교육과정부터 영향을 받은 학문중심 교육과정의 원리에 따라 한국의 사회과에 나선형 조직이 체계적으로 이루어지기 시작한 것은 제4차 교육과정의 초등 사회과이다(최용규, 2005). 초등 편제의 특이한 점은 1-2학년군의 도덕, 국어, 사회를 하나의 교과군으로 묶고, 산수, 자연을 하나의 교과군으로, 그리고 체육, 음악, 미술을 하나의 교과군으로 묶어 각 교과군의 시수만을 표시하였다는 점이다. 나중에 교과서에는 각각 '바른 생활', '슬기로운 생활', '즐거운 생활'이라는 명칭을 붙였는데, 내용의 통합은 미약한 물리적 통합이었다(김두정, 2000). 중학교에서는 도덕, 국사, 사회가 각각 독립 교과로 편성되었고, 국사를 2, 3학년에서 가르쳤다. 중학교 사회는 1학년에 한국지리와 공민, 2학년에 세계지리와 세계사, 3학년에 세계사와 공민 내용으로 구성하였다.

고등학교에서는 국사와 국민윤리가 제3차 교육과정 때처럼 독립 교과를 유지하였다.

제5차 교육과정은 1987~88년에 개정, 고시되었다. 초등 1-2학년에서는 국어, 산수, 바른 생활, 슬기로운 생활, 즐거운 생활 등 다섯 개 교과가 편성되었고, 3학년부터 사회 교과가 편성되었다. 바른 생활은 4차 교육과정의 도덕, 국어, 사회 통합형에서 국어가 분리되고 사회, 도덕이 실질적인 통합을 이루었다. 중학교에서는 이전과 마찬가지로 도덕, 국사, 사회가 독립 교과로 편성되었다. 중학교 사회는 1학년에서 지리와 세계사, 2학년에서 세계사와 공민, 3학년에서 지리와 공민 내용으로 구성하였다. 고등학교에서는 국민윤리, 국사가 독립 교과로서 각각 필수로 지정되고, 사회과에서는 정치・경제, 한국지리가 필수로, 사회・문화, 세계사, 세계지리가 선택 과목으로 편성되었다.

제6차 교육과정은 1992년에 고시되었는데, 정보화, 국제화, 민주화, 지방화 등의 사회적 변화에 대비하여 개정되었다. 특이한 점은, 교과 목표의 진술에 있어서 제5차 교육과정까지는 주로 '국민적 자질'을 사용하다가 제6차 교육과정에 와서는 모든 학교 급에서 '민주시민적 자질'을 표방하였다는 점이다. 초등 1, 2학년의 통합과정에서 사회과 내용은 기존의 '바른 생활'이 아닌 '슬기로운 생활'로 편성되었다. 제5차 교육과정에서 시작된 사회과 교육과정의 지역화 작업은 제6차 교육과정에서 3, 4학년 지역화 교재 개발이 이루어짐으로써 큰 진전을 이루었다(최용규, 2005). 중학교에서 '도덕'은 여전히 독립 교과로 편성되었으나, 국사가 다시 '사회' 교과 속으로 편입되었다. 중학교 사회는 1학년에 지리와 세계사, 2학년에 세계사와 국사, 3학년에 일반사회와 국사 내용을 중심으로 구성하였다. 고등학교에서는 국민윤리가 '윤리'로 교과 명칭이 변경되었고, 국사가 교과 지위를 상실하고 사회과에 포함되었다. 일반사회와 지리 영역의 내용을 통합하여 구성한 '공통사회' 과목이 고등학교에 신설된 것이 특징인데 사회문제 해결 능력을 기르는 데 중점을 둔 과목이다.

④ 제7차 교육과정

제7차 교육과정은 1997년 12월에 고시되었다. 1996년에 초등 수준의 학교 명칭이 '국민학교(國民學校)'에서 '초등학교(初等學校)'로 바뀜에 따라 교육과정에도 반영되었다. 제7차 교육과정은 국민공통기본교육과정(1-10학년)과 선택중심교육과정(11-12학년)을 구분하였다. 이에 따라 국민공통기본교육과정에 해당하는 고등학교 1학년(10학년)은 도덕(34시간), 국사(68시간), 사회(102시간) 과목을 필수로 이수하고, 선택중심교육과정에 해당하는 고등학교 2, 3학년(11, 12학년)은 선택 과목을 이수하도록 하였다.

제7차 교육과정 문서는 '성취기준' 형식의 문장으로 내용을 진술하고 있는 것이 특징이다. 이전의 교육과정이 단원명과 키워드 중심의 내용 요소를 나열했던 것에 비하여 제7차 교육과정 문서는 내용 요소와 행동 요소를 결합한 진술문을 제시하고 있다.

초등학교 1-2학년에서는 여전히 통합교과인 바른 생활, 슬기로운 생활, 즐거운 생활이 편성되었고, 제6차 교육과정과 마찬가지로 사회과 내용은 슬기로운 생활에 편성되어 있다. 초등학교 3학년부터 사회 과목이 설치되었는데, 초3-고1까지의 사회과 교육과정 내용 체계가 '인간과 공간', '인간과 시간', '인간과 사회'로 영역을 구분하여 학년별로 제시한 것이 특징이다.

제7차 교육과정에는 학습자의 능동적 지식의 구성을 강조하는 구성주의 교육관이 본격적으로 반영되었다. 이에 따라 자기 주도적 학습, 개별화 학습이 강조되고 개인차를 고려한 수준별 교육과정이 구성되었다(최원회, 1998).

⑤ 2007 개정 교육과정

2007년 2월에 고시된 '2007 개정 교육과정'은 주 5일제 근로조건, 저출산·고령화, 정보화·세계화 등의 사회적 변화에 맞는 교육과정을 개발한다는 취지에 따라 고시되었다. 제7차 교육과정까지는 주기적, 전면적, 일시적, 중앙 집중적인 방식으로 개정이 이루어졌다. 이에 비해 2007 개정 교육과정은 주기적 개정에서 수시 개정으로, 전면적 개정에서 부분적 개정으로, 일시적 개정에서 점진적 개정으로, 중앙집중적 전문가 주도의 방식에서 교사 참여의 확대로 변화하였다. 부분 개정을 시작하였다는 의미에서 개정 연도를 명시하여 '2007 개정 교육과정'이라고 부른다. 2007 교육과정에서는 문서의 진술에 있어서 '대강화'를 도입하였다. 제7차 교육과정 문서에는 대단원 → 중단원 → 성취기준 순으로 기술되어 있었는데, 2007 개정 교육과정에서는 대단원 → 성취기준으로 대강화함으로써 교과서 개발의 재량권과 교사의 교육과정 운영 재량권을 부여하였다(허수미, 2010).

초 1-2학년에서 사회과 내용은 과학 내용과 함께 '슬기로운 생활'에 통합되었다. 3-10학년의 내용 체계는 영역 구분을 제7차 교육과정의 '인간과 공간', '인간과 시간', '인간과 사회'에서 '역사 영역', '지리 영역', '일반사회 영역'으로 명칭을 변경하였다. 또한 역사교육 강화 필요성이 제기되면서 중, 고 수준에서 '역사' 영역이 독립 과목으로 분리되었다. 즉 중학교에서 8, 9학년에 한국사와 세계사 내용으로 구성된 '역사' 과목이, 고등학교에서는 10학년에 한국사 내용의 '역사' 과목이 설치되었다. 이에 따라 지리 영역과 일반사회 영역의 내용을 합쳐서 중학교 7, 9학년의 '사회' 과목, 그리고 고등학교 수준의 10학년 '사회' 과목이 설치되었다. 2007 개정 교육과정의 두드러진 특징의 하나는 이전 교육과정에 나타난 단일민족주의 관점을 지양하고 다문화, 인권 내용을 강화하였다는 것이다. 교육과정 총론에 '다문화교육'을 범교과 주제 중의 하나로 신설하였으며, 3, 6, 7학년의 사회 과목과 고등학교 선택 과목들에 다문화주의 내용을 포함하였다.

⑥ 2009 개정 교육과정

2009년 12월에 고시된 2009 개정 교육과정은 기존의 국민공통기본교육과정(1-10학년)을 단축하여 '공통교육과정'(1-9학년)으로 운영하도록 하고, 고등학교 전체 과정을 선택교육과정(10-12학년)으로 편성하였다. 2009 개정 교육과정은 학년군제, 교과군제, 집중이수제, 교과군 간 수업 시수 20% 증감 운영 등의 특징을 가지고 있다(모경환 외, 2012).

첫째, 초등학교 1-2학년, 3-4학년, 5-6학년, 중학교 3개 학년, 고등학교 3개 학년을 각각 하나의 '학년군'으로 편성하였다. 이에 따라 기존에 학년별로 제시되었던 성취기준은 학년군 단위로 제시되었다.

둘째, 교과의 인접성에 기초하여 일부 교과를 하나로 묶어 제시하는 '교과군제'를 도입하였다. 이에 따라 사회과는 도덕과와 통합되어 하나의 '사회 · 도덕 교과군'을 형성하게 되었다.

셋째, 집중이수제는 개별 교과의 이수 시기를 특정 학기나 학년에 집중하여 운영할 수 있는 제도이다. 2009 교육과정에서는 학기당 이수 과목의 수를 8개 이내로 제한하고, 각 교과군별 수업 시수를 학년 단위가 아니라 학년군 단위에 따라 제시함으로써 집중 이수가 가능하게 하였다.

넷째, 국가 수준의 교육과정에서는 기본 틀만 제시하고 단위학교가 지역, 학교, 학습자의 특성을 반영하여 교과(군)별로 20% 범위 내에서 수업시수를 증감하여 운영할 수 있도록 하였다. 이는 학교 교육과정을 편성·운영할 수 있는 단위학교의 자율성을 대폭 확대한 변화이다(김현욱·민용성, 2013).

⑦ 2015 개정 교육과정

창의·융합형 인재 양성과 고등학교 문·이과 통합에 대한 사회적 요구에 따라 2015년 9월에 새로운 교육과정이 고시되었다. '2015 개정 교육과정'은 다음과 같은 특징이 있다(교육부, 2015).

첫째, 교육과정 총론에 학교 교육을 통해 기르고자 하는 핵심역량 여섯 가지를 제시했다: 자기관리 역량, 지식정보처리 역량, 창의적 사고 역량, 심미적 감성 역량, 의사소통 역량, 공동체 역량. 둘째, 초등 1-2학년군에 '안전한 생활' 교과를 신설하여 주당 1시간을 배우도록 하고, 중학교에 '정보' 교과를 필수 과목으로 지정하여 소프트웨어 교육을 강화하였다. 고등학교에는 공통과목으로 통합사회, 통합과학 과목을 신설하였다. 이에 따라 고등학교에서는 국어, 영어, 수학, 한국사, 통합사회, 통합과학 등 6과목이 공통과목으로 지정되었다. 셋째, 교과별로 '핵심개념'을 중심으로 '내용체계표'를 작성하고 내용의 계열성을 추구하였다.

2015 교육과정의 사회과에 나타난 주요 변화는 다음과 같다(모경환 외, 2016; 한춘희·이경윤, 2018). 첫째, 고등학교 공통과목인 '통합사회'가 신설되었다. 창의·융합형 인재 양성을 위한 융합 교육의 취지로 개발된 이 과목은 사회·도덕 교과군 내 지리, 일반사회, 도덕, 세계사 등 네 영역을 포괄하여 아홉 가지 융합적 주제를 중심으로 구성되었다. 둘째, 고등학교 선택과목을 일반선택, 진로선택으로

구분하여 개발하였는데, 사회과에서는 〈표 1〉에 나타난 바와 같이 '여행지리', '사회문제 탐구' 과목이 진로선택 과목으로 신설되었다. 셋째, 사회과에서 육성해야 할 교과 역량으로 다섯 가지를 설정하고 교육과정 문서에 제시하였다: 창의적 사고력, 비판적 사고력, 문제해결력 및 의사결정력, 의사소통 및 협업 능력, 정보 활용 능력(교육부, 2015).

〈표 1〉 고등학교 사회 교과군 과목

교과 영역	교과(군)	공통 과목	선택 과목	
			일반 선택	진로 선택
탐구	사회 (역사/ 도덕 포함)	통합 사회	한국지리, 세계지리, 세계사, 동아시아사, 경제, 정치와 법, 사회·문화, 생활과 윤리, 윤리와 사상	여행지리, 사회문제 탐구, 고전과 윤리

⑧ 2022 개정 교육과정

2022년 12월에 고시된 2022 개정 교육과정은 학습자들이 디지털 전환, 기후환경 변화 및 학령 인구 감소 등 미래 사회 변화에 적극적으로 대응할 수 있는 기초 소양과 역량을 함양하여, '포용성과 창의성을 갖춘 주도적인 사람'으로 성장할 수 있도록 한다는 비전을 설정하였다.

이번 개정은 교육과정을 둘러싼 사회적 갈등을 방지하고자 '국민과 함께하는 개정 교육과정'을 표방하고 학생, 학부모, 교사, 범사회적 전문가 및 국가교육회의, 전국시도교육감협의회 등 다양한 교육 주체의 참여 확대를 시도하였다.

주요 개정 방향으로는 디지털 기초 소양을 함양할 수 있도록 학교급별 내용 기준을 개발하고 모든 교과에 디지털 소양을 강화하는 것, 지속가능한 사회를 위한 생태전환교육 및 민주시민교육을 강화하는 것, 학습자가 자신의 학업과 진로를 설계할 수 있도록 자기주도성을 강화하는 것 등을 설정하였다(교육부, 2021).

초등 사회과에서는 영역 간 내용의 중복을 해소하고 통합성을 강화하여 학습량을 적정화하고 동시에 교사의 수업 부담을 완화하는 방향으로 개정이 추진되었다

(한춘희 외, 2022). 초등 사회과의 영역별 특징을 살펴보면 지리 영역에서는 환경확대법의 탄력적 적용, 일반사회 영역에서는 민주시민 역량 강화, 역사 영역에서는 생활사 중심의 내용 선정과 탐구 기능 강화 등이다(나경훈・이동원, 2023). 중학교 사회과는 변함없이 사회, 역사 두 과목이 편성되었다.

고등학교에서도 한국사, 통합사회가 공통과목이다. 새로운 점은 고등학교 사회・도덕 교과군에서 일반선택 과목으로 세계시민과 지리, 세계사, 사회와 문화, 현대사회와 윤리 등 4과목이 편성되고, 진로선택 과목으로 한국지리 탐구, 도시의 미래 탐구, 동아시아 역사 기행, 정치, 법과 사회, 경제, 윤리와 사상, 인문학과 윤리, 국제 관계의 이해 등 9개 과목이, 융합선택 과목으로 여행지리, 역사로 탐구하는 현대 세계, 사회문제 탐구, 금융과 경제생활, 윤리문제 탐구, 기후변화와 지속가능한 세계 등 6개 과목이 편성되었다는 점이다.

〈표 2〉 고등학교 사회 교과군의 과목

교과(군)	공통 과목(2)	선택 과목		
		일반 선택(4)	진로 선택(9)	융합 선택(6)
사회 (역사/ 도덕 포함)	한국사1 한국사2 통합사회1 통합사회2	세계시민과 지리, 세계사, 사회와 문화, 현대사회와 윤리	한국지리 탐구, 도시의 미래 탐구, 동아시아 역사 기행, 정치, 법과 사회, 경제, 윤리와 사상, 인문학과 윤리, 국제 관계의 이해	여행지리, 역사로 탐구하는 현대 세계, 사회문제 탐구, 금융과 경제생활, 윤리문제 탐구, 기후변화와 지속가능한 세계

참고문헌

교육부(2015). 「사회과 교육과정」 교육부 고시 제2015-74호 [별책 7].

교육부(2021). 2022 개정 교육과정 총론 주요사항(시안). 2021.11.24. 보도자료 .

교육부(2022). 「사회과 교육과정」 교육부 고시 제2022-33호 [별책 7].

김두정(2000). 광복 후의 학교 교육과정; 공식적 교육과정과 운영의 변천, 평가. 「교육발전논총」, 21(1), 61-81.

김현욱 · 민용성(2013). 2009 개정 교육과정에 따른 초등학교 통합교과 교육과정의 학년군과 20% 증감 운영에 대한 적용 실태 및 요구 분석. 「통합교육과정연구」, 7(3), 31-52.

나경훈 · 이동원(2023). 교육과정 실행의 관점에서 본 2022 개정 초등사회과 교육과정의 주요 특징과 논쟁점. 「사회과교육연구」, 30(2), 19-38.

모경환 · 강대현 · 은지용(2016). 2015 개정 사회과 교육과정의 변화와 쟁점. 「시민교육연구」, 48(1), 1-30.

모경환 · 김영순 · 신정엽 · 조성욱 · 임정수(2012). 2009 개정 사회과 교육과정 개선 방향 연구 -중학교 〈사회〉를 중심으로-. 「중등교육연구」, 60(2), 585-614.

최용규(2005). 초등 사회과교육 60년: 변천과 전망. 「사회과교육연구」, 12(1), 229-256.

최원회(1998). 교과영역에서의 사고수업방업 개발: 구성주의적 접근. 「대한지리학회지」, 33(4), 635-654.

한춘희 · 이경윤(2018). 2015 개정 사회과 교육과정의 특징과 쟁점 분석. 「교육혁신연구」, 28(1), 99-117.

한춘희 외(2022). 초등학교 사회과 교육과정 개정의 기본 방향 및 시안: 2022 개정 초등사회과 교육과정 공개토론회 발표자료집, 29-44. 교육부.

허수미(2010). 2007년 개정 사회과 교육과정과 교과서 특성 간의 정합성. 「사회과교육연구」, 17(3), 109-127.

Barr, R. D., Barth, J. L., & Shermis, S. S. (1977). *Defining the social studies.* Arlington, VA: National Council for the Social Studies.

Dunn, A. W.(Compiler) (1916). *The social studies in secondary education(*Bulletin No. 28). Washington, DC: United States Bureau of Education.

Marker, G. & Mehlinger, H. (1992). Social studies. In P. W. Jackson (Ed.), *Handbook of research on curriculum* (pp. 830–851). New York: Macmillan.

National Council for the Social Studies (2023). What is Social Studies?

https://www.socialstudies.org/about 2023.11.1. 검색

Nelson, J. L. & Michaelis, J. U. (1980). *Secondary social studies: Instruction, curriculum, evaluation*. Englewood Cliffs, NJ: Prentice-Hall.

Olawumi, K. A., Adu, K. O., & Adu, E. O. (2021). Managing Social Studies Education Curriculum for National Development. *Journal of Social Anthropology*, 12(1-2), 23-29.

Siraz, F. & Bay, E. (2021). Understanding the Social Studies Curricula in Turkey as a Political Text Within the Context of Citizenship Education: Views of Academics and Teachers. *International Education Studies*, 14(6), 34-50.

제 2 장 2022 개정 사회과 교육과정

2022 개정 교육과정의 비전은 '**포용성과 창의성을 갖춘 주도적인 사람**'이다. 이를 위하여 첫째, 미래 사회가 요구하는 역량 함양이 가능한 교육과정, 둘째, 학생의 삶과 성장을 지원하는 교육과정, 셋째, 지역・학교 교육과정 자율성을 확대하고 책임 교육 구현, 넷째, 디지털・AI 교육환경에 맞는 교수・학습 및 평가체제 구축을 개정 중점으로 개발하였다.

1. 사회과 교육과정 개발 방향

① 학습량 적정화

현행 2015 개정 사회과 교육과정은 이전 교육과정에 비해 상당 부분 학습량 적정화가 이루어졌지만, 교육 현장에서는 지속적으로 학습량 적정화를 요구하고 있다. 이에 현행 2015 개정 사회과 교육과정의 학습량 적정성 분석 관련 선행 연구와 문헌을 분석하고 현장 교사 의견(설문조사 결과)을 수렴함으로써 학습량 적정화를 위한 시사점을 도출하였으며, 학습량 적정화를 위한 구체적인 방향 및 적정화 결과는 다음과 같다.

첫째, 학교급 간 계열성을 높이는 과정에서 단순 중복의 소지가 있는 내용 요소를 삭제하거나 통합하는 방식으로 조정하였다. 이를 위해 수차례 초・중등 내용 체계 점검 회의를 거쳐 학교급 및 과목별로 개발한 교육과정을 교차・검토하였다.

둘째, 과목 및 주제 간 중첩성을 최소화하고자 하였다. 현장 교사를 대상으로 진행한 설문조사 결과 중 과목 및 주제 간 내용 중첩이 지적된 부분에 대해 심도 있게 검토하여 중첩된 내용을 삭제 또는 통합함으로써 학습량 적정화를 모색하였다.

셋째, 상술한 적정화 시도를 통해 학교급별 학습량 적정화의 주요 내용을 학교급별로 살펴보면 다음과 같다. 초등학교의 경우 성취기준 72개에서 49개로 학습량이 감축되었으며, 중학교의 경우 성취기준 수는 유지하되, 학습 요소를 감축하여 질적 적정화를 시도하였다. 고등학교 선택 과목의 경우 고교학점제 적용에 따라 기본학점이 5단위에서 4단위로 조정됨으로써 현행 5~8개의 영역(주제) 수를 4~5개로 조정하고, 현행 19~28개의 성취기준 수를 12~16개로 조정하였다.

② 초·중등 내용 간 계열성 제고

초·중·고 학교급별로 학습자의 성장 발달 정도와 사회적 경험을 고려하여 학교급별로 적정 수준의 내용을 배치하고, 학년이 올라갈수록 내용이 심화되도록 교육과정을 구성하였다. 이를 위해 초·중등 계열성 검토를 통해 학교급 간 학습 내용의 중복성을 최소화하기 위해 중복성이 있는 내용은 통합하거나 차별화함으로써 학년에 따라 내용이 심화 및 확장되도록 하였다.

③ 현장 수용성이 높은 교육과정 구성

2015 개정 사회과 교육과정의 적용 및 운영 과정에서 나타난 문제점을 개선하기 위해 학교 현장의 요구와 학습자의 적성과 진로 등을 고려한 현장 수용성이 높은 교육과정을 구성하였다. 학교급별로 구분해서 현장 수용성이 높은 교육과정을 구성한 주요 사례를 제시하면 다음과 같다.

첫째, 초등학교의 경우, 탄력적 환경확대법을 적용하여 학습 대상 공간 범위를 행정구역(3학년 기초자치단체, 4학년 광역자치단체) 중심에서 학생들의 생활 경험 중심으로 변경함으로써 학습의 실제적 효용성을 높이고자 하였다. 또한 역사 영역 내용 구성 방식을 학교 현장의 요구를 반영하여 기존의 연대기적 구조 속 정치사 및 문화사 중심 구성에서 생활사 중심으로 변경하였다.

둘째, 중학교의 경우, 지리 영역에서 지역성에 대한 체계적인 이해가 필요하다는 현장의 요구를 반영하여 기존의 주제 중심의 계통 지리 중심에서 지역 지리 중심으로 내용 구성 방식을 변경하였다. 일반사회 영역에서는 사회과학적 개념을 생활 경험의 맥락 속에서 이해하도록 하고, 이를 기반으로 사회문제나 쟁점에 대한 토의 및 문제 해결 활동을 강화하는 방식으로 내용 구성 방식을 변경함으로써 현장 수업의 실효성을 높이고자 하였다.

셋째, 고등학교의 경우, 고교학점제 적용에 대비하여 〈표 3〉에 제시된 다양한 선택 과목을 중심으로 개별 학습자의 적성 및 진로에 적합한 맞춤형 교육이 가능하도록 교육과정을 개발하였다.

〈표 3〉 고등학교 선택과목 개설 현황

영역	일반선택	진로선택	융합선택
일반사회 영역	사회와 문화	경제, 정치, 법과 사회 (분리 신설), 국제 관계의 이해(신설)	사회문제 탐구, 금융과 경제생활 (신설)
지리 영역	세계시민과 지리 (변경)	한국지리 탐구(변경), 도시의 미래 탐구(신설)	여행지리, 기후변화와 지속가능한 세계(신설)

출처: 주용완 · 최홍규(2023), p. 6.

④ 사회 변화에 능동적으로 대응하기 위한 국가 · 사회적 요구 반영

과학기술 혁신과 디지털 전환에 따른 사회경제적 변화 및 위기, 감염병 확산, 기상 이변과 기후 환경 변화 등에 능동적으로 대응하기 위한 국가 · 사회적 요구를 체계적으로 반영하고자 하였다. 즉, 민주시민교육, 생태전환교육, 디지털 기초 소양, 기타 요구사항(지속가능발전 교육, 경제 · 금융 교육, 노동(인권) 교육, 평화교육) 등과 관련된 내용 요소를 교육과정에 적극적으로 반영하고자 하였다.

2022 개정 교육과정 총론 주요 사항에서 주안점을 둔 국가 · 사회적 요구 사항인 민주시민교육, 생태전환 교육, 디지털 기초 소양 교육을 중심으로 사회과 교육과정에 반영된 주요 내용 사례를 제시하면 다음과 같다(은지용 외, 2022). 첫째, 민주시민교육과 관련하여 학교 자치, 주민 자치, 선거의 역할, 정당과 유권자의 역할 등 민주주의와 정치 참여 관련 내용을 강화하였다. 둘째, 생태전환 교육과 관련하여

생태시민으로서 기후변화 현황과 관련 문제를 인식하고 이를 해결하기 위한 실천 태도를 강화하거나 신설 과목(예: 기후변화와 지속가능한 세계)을 통해 관련 내용을 강화하였다. 셋째, 디지털 기초 소양 교육과 관련하여 미디어 리터러시, 디지털 기술과 정보 매체, 지리 정보와 매체 활용 등을 강조하였다.

참고로 상술한 국가·사회적 요구 사항(민주시민교육, 생태전환 교육, 디지털 기초 소양 교육)이 포함된 범교과 학습 주제 관련 사회과 내용(초·중학교) 사례를 제시하면 다음 〈표 4〉와 같다.

〈표 4〉 2022 개정 사회과 교육과정의 범교과 학습주제(국가 · 사회적 요구 사항 포함)에 해당되는 사회과 내용 사례

연번	주제	사회과(초 · 중학교) 내용 사례
1	안전 · 건강교육	살기 좋은 환경, 자연재해 대처
2	인성교육	문화 다양성 이해 및 수용, 사회화와 자아 정체성, 사회 정의와 공동체 의식, 존중과 배려 의식, 관용과 타협 정신
3	진로교육	지역문제 해결 관련 진로 탐색, 현장 견학과 체험
4	민주시민교육	민주주의의 의미, 학교 자치, 주민 자치, 선거의 역할, 민주화로 인해 달라진 생활문화, 민주주의의 이념과 원리, 유권자의 역할, 지방자치와 시민 참여, 지역문제 해결을 위한 참여, 기후변화 문제 해결을 위한 참여, 세계와 우리나라의 지속가능한 발전을 위한 참여
5	인권교육	인권의 의미, 헌법상 인권의 내용, 아동 및 사회적 약자의 인권 침해 문제 해결, 민주주의 이념으로서의 인간 존엄성, 인권과 기본권, 근로자의 권리와 권리 침해 대응
6	다문화교육	문화 상호 이해와 존중, 타문화 존중, 문화 다양성과 문화 혼종성, 문화 이해의 태도, 다문화적 사회 변화
7	통일교육	분단의 문제점, 평화 통일을 위한 노력, 한반도 평화와 통일 국토의 미래상
8	독도교육	독도의 위치와 역사, 우리 국토의 위치와 영역
9	경제 · 금융교육	합리적 선택, 가계와 기업의 역할, 소비자 권리, 자산 및 신용 관리, 기업의 사회적 책임과 기업가 정신
10	환경 · 지속가능발전교육 (생태전환 교육 포함)	균형적인 국토 발전, 친환경적 국토 여행, 지구촌 문제와 지속가능한 발전, 기후변화 문제 해결, 지역 개발과 환경 문제, 지속가능한 도시, 글로컬 환경 이슈 및 지속가능한 발전
11	디지털 기초 소양 교육	디지털 매체 활용, 미디어 리터러시, 지리 정보와 매체 활용

⑤ 다양한 의견 수렴 및 반영

국민과 함께하는 교육과정이라는 취지를 살리기 위해 교육과정 개발 과정에서 다양한 교육 주체의 의견을 수렴하고자 하였다. 이에 설문조사, 유관 기관의 의견 수렴, 공개 토론회, 공청회, 국민소통 참여채널 등을 통해 다양한 교육 주체들의 의견을 고려하여 교육과정을 개발하였다.

⑥ 문서 체제 측면

문서 체제 측면에서 2022 개정 사회과 교육과정의 구성 항목을 2015 개정 사회과 교육과정과 비교해서 제시하면 다음 〈표 5〉와 같다.

〈표 5〉 2015 개정과 2022 개정 사회과 교육과정의 문서 체제 비교

2015 개정 사회과 교육과정	2022 개정 사회과 교육과정
	일러두기
	교육과정 설계의 개요
1. 성격 2. 목표	1. 성격 및 목표 가. 성격　　나. 목표
3. 내용 체계 및 성취기준 가. 내용 체계 나. 성취기준 (1) 영역명 또는 성취기준 그룹명 [성취기준] (가) 학습 요소 (나) 성취기준 해설 (다) 교수·학습 방법 및 유의 사항 (라) 평가 방법 및 유의 사항	2. 내용 체계 및 성취기준 가. 내용 체계 (1) 영역명 [내용 체계표] (2) 영역명 나. 성취기준 (1) 영역명 [성취기준] • 성취기준 해설 • 성취기준 적용 시 고려 사항 (2) 영역명
4. 교수·학습 및 평가의 방향 가. 교수·학습 방향 나. 평가 방향	3. 교수·학습 및 평가 가. 교수·학습 (1) 교수·학습의 방향 (2) 교수·학습 방법 나. 평가 (1) 평가의 방향 (2) 평가 방법

출처: 교육부(2022a). 2022 개정 교과 교육과정 정책연구진 7차 합동 워크숍 자료집. p. 6

2. 초등학교 「사회」 교육과정 개발의 기본 방향

① 역량을 기르기 위한 학습량의 적정화

2022 개정 초등 사회과 교육과정에서는 2015 개정 교육과정부터 강조한 역량 함양을 위하여 학습량을 적정화하였다. 역량 교육이란 교과를 삶과 연계하여 가르침으로써 학생들로 하여금 교과의 지식 · 이해, 과정 · 기능, 가치 · 태도가 통합된 교과 역량을 습득하여 그것이 교과 맥락을 떠나 실생활의 다양한 맥락에서도 발휘될 수 있도록 하는 교육이다. 사회과의 교과 역량[1]을 기르기 위해서는 학습 내용을 깊이 있게 학습하고, 개념 및 주제를 중심으로 학습자가 직접 탐구하여 심화학습이 가능할 수 있도록 학습량을 적정화하여 구성하였다.

사회과의 학습량의 적정화는 두 가지 측면에서 이루어졌다. 하나는 성취기준[2] 수를 대폭적으로 줄이는 것이다. 2015 개정 교육과정의 성취기준 72개(3-4G 24개, 5-6G 48개)를 2022 개정 초등 사회과 교육과정에서는 49개(3-4G 22개, 5-6G 27개)로 줄였다. 또 하나는 각 성취기준에 담길 주요 학습요소를 적정화하는 것이다. 2015 개정 교육과정에서 3-4학년은 성취기준당 7-8차시, 5-6학년은 3-4차시를 2022 개정 초등 사회과 교육과정에서는 3-4학년은 8-9차시, 5-6학년은 5-6차시의 학습요소로 적정화하여 심화학습이 가능하도록 하였다. 그리고 성취기준 해설 및 성취기준 적용 시 고려사항을 통하여 학습량의 적정화를 유도하였다.

2022 개정 초등 사회과 교육과정은 학습량의 적정화를 통하여 교사의 수업 부담과 학생의 학습 부담을 덜어주고, 사회과에서 기르고자 하는 역량에 초점을 맞추어 교사가 다양한 수업 방법을 활용할 수 있도록 성취기준을 구성했다. 2015 개정

1) 교과 역량이란 교과 교육을 통해 학생들이 궁극적으로 갖추게 될 능력으로서 교과의 지식 · 이해, 과정 · 기능, 가치 · 태도 등을 통합적으로 습득하여 발휘되는 능력이며, 핵심 역량은 지식 · 이해, 과정 · 기능, 가치 · 태도의 총체로 현대 사회를 살아가기 위해 필요한 보편적이고 일반적인 능력으로서 국가 · 사회적으로 합의된 능력이다.

2) 성취기준은 학생들이 교과를 통해 배워야 할 내용과 학습의 결과 학생들이 무엇을 할 수 있는지를 나타내는 기준이다.

사회과 교육과정과 비교하여 2022 개정 초등 사회과 교육과정의 성취기준 수 변화는 〈표 6〉과 같다.

〈표 6〉 초등 사회과 성취기준 수 및 학습량 수준

학습량 학년군	2015 개정 교육과정 성취기준 수	2022 개정 교육과정 성취기준 수	비고 (개정 방안의 현행 대비 학습량)
3-4학년	24개	22개	현행 대비 92%
5-6학년	48개	27개	현행 대비 56%

② 초 · 중등 연계 강화를 통한 현장적합성 높은 내용체계표 작성

2022 개정 초등 사회과 교육과정의 내용 체계표는 2015 개정 초등 사회과 교육과정의 내용 체계표에서 나타난 문제점(초 · 중등 연계 부족, 영역별 하위 요소 위계화 불균형 등)을 수정 · 보완하여 제시하였다. 즉 영역별로 하위 영역을 3~4개로 설정(예를 들면 일반사회 영역의 경우 정치, 법, 경제, 사회 · 문화로 하위 영역 설정)하고, 핵심 아이디어, 학년(군)별 내용 요소를 지식 · 이해와 과정 · 기능, 가치 · 태도로 나누어 제시하여 현장 적합성을 높이고자 하였다. '영역'이란 교과의 내용을 이루는 가장 큰 분류 체계이자 최소 구성요소로서 교과의 얼개 또는 구조를 드러낼 수 있는 것이다. 2022 개정 초등 사회과 교육과정에서 새로 등장한 '핵심 아이디어'는 '교과 내 영역 수준'에서 설정되는 빅 아이디어로서, '해당 영역을 관통하면서 해당 영역의 학습을 통해 일반화할 수 있는 내용을 핵심적으로 진술한 것'이다. '핵심 아이디어'가 2015 개정 교육과정의 핵심 개념이나 일반화된 지식과 다른 점은 더 포괄적인 것으로서 영역 전체를 아우른다는 것이고, 핵심 개념이나 일반화된 지식이 지식의 측면에만 초점을 두고 있다면 '핵심 아이디어'는 지식 · 이해의 측면뿐만 아니라, 과정 · 기능이나 가치 · 태도의 측면까지 포괄한다는 것이다.

이러한 총론의 의미 규정에 따라 사회과에서 '영역'은 지리 · 역사 · 일반사회로 대영역을 설정하고 영역별로 3~4개의 하위 영역을 설정하였다. 또 2022 개정 초등 사회과 교육과정에서 새로 등장한 '핵심 아이디어'는 학습을 통해서 얻을 수 있는 최종 결과물, 즉 일반화 또는 원리를 기술한 것이다. 또 2015 개정 교육과정에서 제시되지 않았던 해당 영역별 과정·기능과 가치·태도로 진술하여 현장 사회과 수업에 도움이 될 수 있도록 하였다. 2015 개정 초등 사회과 교육과정의 내용 체계표와 2022 개정 초등 사회과 교육과정에 나타난 내용 체계표를 일반사회 '정치' 영역을 제시하면 〈표 7〉, 〈표 8〉과 같다.

〈표 7〉 2015 개정 초등 사회과 내용 체계표(일반사회의 '정치' 영역)

<table>
<tr><th rowspan="3">영역</th><th rowspan="3">핵심 개념</th><th rowspan="3">일반화된 지식</th><th colspan="3">내용 요소</th><th rowspan="3">기능</th></tr>
<tr><th colspan="2">초등학교</th><th>중학교</th></tr>
<tr><th>3-4학년</th><th>5-6학년</th><th>1-3학년</th></tr>
<tr><td rowspan="3">정치</td><td>민주주의와 국가</td><td>현대 민주 국가에서 민주주의는 헌법을 통해 실현되며, 우리 헌법은 국가기관의 구성 및 역할을 규율한다.</td><td rowspan="2">민주주의, 지역사회, 공공 기관, 주민 참여, 지역 문제 해결</td><td>민주주의, 국가기관, 시민 참여</td><td>정치, 민주주의, 정부 형태, 지방 자치 제도</td><td rowspan="3">조사하기
분석하기
참여하기
토론하기
비평하기
의사 결정 하기</td></tr>
<tr><td>정치과정과 제도</td><td>현대 민주 국가는 정치과정을 통해 시민의 정치 참여가 실현되며, 시민은 정치 참여를 통해 다양한 정치 활동을 한다.</td><td>생활 속의 민주주의, 민주 정치 제도</td><td>정치과정, 정치 주체, 선거, 시민 참여</td></tr>
<tr><td>국제 정치</td><td>오늘날 세계화로 인해 다양한 국제기구들이 활동하고 있으며, 한반도의 국제 질서도 복잡해지고 있다.</td><td></td><td>지구촌 평화, 국가 간 협력, 국제기구, 남북통일</td><td>국제 사회, 외교, 우리나라의 국가 간 갈등</td></tr>
</table>

〈표 8〉 2022 개정 초등 사회과 교육과정 내용 체계표(일반사회의 '정치' 영역)

<table>
<tr><td colspan="2">핵심
아이디어</td><td colspan="3">• 민주주의의 이념과 원리를 실현하기 위해서는 제도와 의식의 개선이 필요하다.
• 다양한 정치 주체가 정치과정에 참여하며, 민주주의는 여러 제도와 시민 참여를 통해 실현된다.
• 국제 사회에는 여러 행위 주체가 활동하며, 우리나라를 비롯한 국제 사회의 행위 주체는 다양한 국제 문제 해결을 위해 노력한다.</td></tr>
<tr><td colspan="2" rowspan="3">범주</td><td colspan="3">내용요소</td></tr>
<tr><td colspan="2">초등학교</td><td>중학교</td></tr>
<tr><td>3-4학년</td><td>5-6학년</td><td>1-3학년</td></tr>
<tr><td rowspan="3">지식
·
이해</td><td>민주
주의</td><td>• 민주주의의 의미
• 학교 자치 사례
• 주민 자치 사례</td><td>-</td><td>• 정치와 민주주의
• 민주주의의 발전, 민주주의의 이념과 원리
• 현대 민주주의와 시민의 역할</td></tr>
<tr><td>정치
과정</td><td>• 민주주의의 실천
• 주민 참여와 지역 사회 문제 해결</td><td>• 선거의 의미와 역할
• 미디어의 역할
• 미디어 콘텐츠의 분석</td><td>• 선거와 유권자 및 정당의 활동
• 정치 주체와 정치과정
• 지방 자치와 시민 참여</td></tr>
<tr><td>국제
정치</td><td>-</td><td>• 평화 통일을 위한 노력
• 지구촌의 평화</td><td>• 국제 사회의 주체와 특징
• 국제 사회의 분쟁과 시민의 역할
• 우리나라의 국제 문제와 대응 방안</td></tr>
<tr><td colspan="2">과정 · 기능</td><td colspan="2">• 민주주의 사례를 조사하기
• 미디어 콘텐츠를 비판적으로 분석하기
• 사회문제 해결에 참여하기</td><td>• 정치 현상 및 문제의 사례 조사하기
• 정치적 쟁점에서 사실과 가치문제 구분하기
• 정치 관련 자료 및 정보의 타당성과 신뢰성 검토하기
• 공동체 의사 결정 과정에서 의사소통하기
• 정치적 쟁점 해결 과정에 적극적으로 참여하고 협력하기
• 국제 문제를 조사하고 대응 방안을 모색하기</td></tr>
<tr><td colspan="2">가치 · 태도</td><td colspan="2">• 민주적 기본 가치
• 선거 과정의 참여
• 학교 자치에의 참여
• 미디어에 대한 비판적 태도</td><td>• 민주주의의 이념과 원리의 내면화
• 개인의 자유와 공공선의 조화로운 실천
• 민주적 의사 결정 과정에 대한 존중
• 다양한 정치 주체의 입장과 선호에 대한 존중
• 민주시민으로서 정치과정에 적극적으로 참여하려는 태도
• 국제 문제에 관심을 가지고 적극적으로 대응하려는 자세</td></tr>
</table>

③ 사회과 내용 체계의 범주와 명칭 변경

교과를 통해서 기르고자 하는 역량은 학습자가 특정한 상황과 맥락에서 교과의 지식 · 이해, 과정 · 기능, 가치 · 태도 등을 통합적으로 작동시켜 삶의 다양하고 복잡한 문제를 해결하는 능력으로, 지식 · 이해, 과정 · 기능, 가치 · 태도 세 범주가 유기적으로 복합적인 작동으로 계발될 수 있다. 교과 내용 체계의 세 가지 범주와 의미는 〈표 9〉와 같다.

〈표 9〉 교과 내용 체계의 세 가지 범주와 의미

범주	의미
지식 · 이해	• 교과 학습을 통해 알아야 할 구체적 내용과 그것에 대한 이해의 내용을 의미함. • 해당 교과 영역에서 알고 이해해야 할 내용 요소, 개념, 원리 등을 포함한 의미임.
과정 · 기능	• 지식을 습득하는 데 활용되는 사고 및 탐구 과정이면서 동시에 그 자체로서 학습되어야 할 교과 고유의 절차적 지식 등을 의미함. • 지식의 이해와 적용을 가능하게 하며, 학습의 결과 학생들이 교과 내용을 가지고 할 수 있어야 하는 구체적인 능력을 의미함. 단, 과정 · 기능이 교과 역량과 동일한 것은 아님.
가치 · 태도	• 교과 활동을 통해서 기를 수 있는 고유한 가치 및 태도를 의미함. • 교과의 학습 과정에서 습득되는 교과 내용과 관련된 태도와 교과를 학습하여 내면화한 사람이 습득하게 되는 가치를 의미함.

이에 따라 2022 개정 초등 사회과 교육과정에서 기존의 '지식'을 '지식 · 이해'로, '기능'을 '과정 · 기능'으로, '가치태도'를 '가치 · 태도'로 변경하여 내용 체계를 설정하였다. 아울러 각 영역별로 영역의 특성을 고려한 '과정 · 기능'과 '가치 · 태도'를 각각 제시하였다.

④ 시민성 함양을 위한 민주시민교육 요소 강화

초등 사회과의 궁극적인 목적인 민주 시민의 자질, 즉 시민성 함양을 위하여 민주시민교육 요소를 강화하였다. 민주시민교육은 학생이 자기 자신과 공동체적 삶의 주인임을 자각하고, 비판적 사고를 통해 자신이 속한 공동체의 문제를 상호 연대하여 해결할 수 있도록 지원하는 교육이다. 초등학교의 목표는 학생의 일상생활과 학습에 필요한 기본 습관 및 기초 능력을 기르고 민주시민의 태도를 함양하는 데 있다. 따라서 초등 사회과에서는 각 영역별 특성을 고려하되 궁극적으로는 민주시민교육을 위한 방향으로 모든 내용을 구성하려고 노력하였다.

궁극적으로 초등 사회과는 사회를 살아가는 시민으로서 갖추어야 할 기본 역량과 자질에 대한 인식을 제고하고 민주시민교육을 강화하여 함께 잘 살아가는 사회를 만드는 데 기여하도록 하였다. 이러한 초등 사회과의 목표를 달성하기 위하여 2022 개정 초등 사회과 교육과정에서는 최대한 가능한 범위에서 민주시민교육 요소를 반영하려고 노력하였다. 2022 개정 초등 사회과 교육과정에서 민주시민교육 관련 성취기준의 일부를 제시하면 다음과 같다.

[4사08-01] 학교 자치 사례를 통하여 민주주의의 의미를 이해하고, 학교생활에서 민주주의를 실천하는 능력을 기른다.
[4사08-02] 지역에서 이루어지는 민주주의 사례를 통해 주민 자치와 주민 참여의 중요성을 파악하고, 지역사회의 문제 해결에 참여하는 태도를 기른다.
[6사08-01] 민주주의에서 선거의 의미와 역할을 파악하고, 시민의 주권 행사를 위해 선거에 참여하는 태도를 기른다.
[6사08-03] 민주주의에서 미디어의 의미와 역할을 이해하고, 여러 가지 미디어의 내용을 비판적으로 분석하여 올바르게 이용하는 태도를 기른다.

⑤ 교사의 자율성 강화를 통한 다양한 사회과 수업 구현

2022년 3월부터 초등 사회과 교과서 체제가 국정에서 검정으로 이행함(5-6학년은 2023년 3월부터)에 따라 2022 개정 초등 사회과 교육과정에서는 교사의 자율성을 강화하고 책임 있는 교육을 실현하며, 다양한 초등 사회과 교과용 도서가 편찬되기를 기대하면서 각 성취기준을 2015 개정 교육과정보다 좀 더 포괄적이고 추상적으로 제시하였다. 특히 성취기준에 나타난 예시를 제시하지 않았다. 이에 따라 교사의 자율성과 전문성에 따라 다양한 사례들을 지도함으로써 다양한 사회과 수업이 구현될 수 있도록 하였다. 구체적으로 예를 제시하면 〈표 10〉과 같다.

〈표 10〉 2015 개정과 2022 개정 초등 사회과 교육과정 성취기준 비교

교육과정 / 성취기준	2015 개정 초등 사회과 교육과정	2022 개정 초등 사회과 교육과정
성취기준 (3-4학년)	[4사04-05] 사회 변화(**저출산・고령화**, **정보화**, **세계화 등**)로 나타난 일상생활의 모습을 조사하고, 그 특징을 분석한다.	[4사03-01] 최근 사회 변화의 양상과 특징을 파악하고, 그로 인해 나타난 생활모습의 변화를 탐색한다.

3. 중학교 「사회」 일반사회 영역 교육과정 개발의 기본 방향

지금까지 중학교 일반사회 영역 교육과정은 정치, 법, 경제, 사회・문화 등의 영역을 중심으로 기본적인 개념과 원리(일반화)를 가르치는 데 치중해 왔다. 물론 사회현상 이해와 탐구를 위해서 사회과학의 기본 개념과 원리(일반화)를 배우는 것은 여전히 중요하다. 그러나 사회과학의 개념과 원리를 스스로 발견하고 탐구할 수 있도록 안내하고, 이를 토대로 사회문제 및 공공 쟁점에 대해서 토의하고 토론할 수 있도록 하는 것 역시 중요하다고 볼 수 있다.

이에 2022 사회과 교육과정에서는 초・중 '사회' 과목의 존치라는 현실적 제약과 중학교의 지리와 일반사회 영역의 분과적 구성을 기본적인 전제로 하되, 일반사회 영역에서 사회현상 이해와 탐구로 대표되는 사회과학 교육과 더불어 학생들이 일상에서 접하게 되는 사회문제 및 쟁점 교육의 조화를 꾀하고자 하였다. 그리하여 학생들로 하여금 사회현상 이해에 필요한 기본 개념과 원리를 습득하고, 이에 기초하여 사회과학 탐구 방법을 활용하여 사회현상을 조사 분석하고, 더 나아가 학생들로 하여금 사회문제 및 공공 쟁점에 관심을 가지고 토의 및 토론할 수 있도록 하여 교과 교육 및 수업에서 할 수 있는 민주시민교육의 지평을 넓히고자 하였다.

이러한 기본 방향을 사회과 목표 영역의 관계 측면에서 표현하면 지식・이해,

과정·기능 및 사고, 가치·태도 및 행동 교육의 균형 및 조화를 꾀하고 있는 셈이다. 이 과정에서 제대로 된 지식 교육이 무엇인지, 그리고 과정·기능 및 사고 학습을 유도하기 위해서 교육과정에서 어떤 변화가 필요한지, 그리고 교과 수업에서 가치·태도 교육이 어떻게 실천 가능한지를 모색하였다.

중학교 「사회」 일반사회 영역 교육과정 개정은 사회현상 이해 및 탐구와 사회문제 및 공공 쟁점에 대한 토의 및 토론을 유도할 수 있는 교육과정 개발을 기본 방향으로 설정하면서 크게 세 가지 주안점을 염두에 두고 개발하였다.

첫째, 사회과학의 개념과 원리 등 지식·이해를 맥락 속에서 가르치고 배울 수 있도록 구성하였다. 즉 기존 교과서의 추상적인 지식(개념과 용어 위주) 제시 방식을 탈피하기 위해서 가급적이면 어떤 맥락에서 해당 지식이 필요한지를 보여주고자, 구체적으로 다른 개념과의 관계나 일상생활 경험과의 관계 속에서 해당 개념이나 원리가 제시될 수 있도록 하였다.

둘째, 성취기준 진술 방식이 도입된 이래 강조되어 온 행동 요소, 즉 기능 및 사고를 나타내는 서술어를 적절히 배치하여 지식의 구조를 조사 및 분석, 발견 및 탐구의 과정을 통해서 학습할 수 있도록 수정·보완하였다. 이 과정에서 내용 요소인 개념과 원리 등의 목적어와 행동 요소인 기능 및 사고 서술어 간의 호응을 고려하면서 학생들이 스스로 사회현상 및 문제를 개념화하고 발견하고 추론할 수 있는 형태로 성취기준 진술을 수정하여 향후 교과서 집필 및 수업 관행의 변화를 유도하려고 하였다.

셋째, 사회문제 및 쟁점에 대한 토의 및 토론을 늘리고 이 과정에서 가치·태도 요소를 가미하여 사회과 교육을 사회현상 이해와 탐구를 넘어서서 사회문제 및 쟁점에 대한 토의 및 토론, 즉 어떤 의제와 사안에 대해서 자신의 가치를 명료화하고 분석할 수 있도록 안내하는 교육으로 확장시켜 제한적이지만 교과 수업에서 실질적인 민주시민교육이 이루어질 수 있도록 하였다.

중학교 「사회」 일반사회 영역 교육과정의 내용 구성은 2015 개정 교육과정과 유사하게 정치, 법, 경제, 사회·문화 등 세부 영역(분야)별로 3개의 주제씩 총 12개의 주제로 구성되었다. 각 주제별로 핵심 아이디어(중심 내용)를 설정하고,

지식 · 이해(개념 · 원리), 과정 · 기능(기능 · 사고), 가치 · 태도(가치 태도 및 행동) 등의 내용 요소(학습 요소)를 선정하고 이를 토대로 성취기준을 개발하였다. 이러한 내용은 초 · 중 '사회' 내용 체계표에서 종합적으로 제시되지만, 중학교 일반사회 영역의 전반적인 내용 구성을 독립적으로 보여주기 위해서 〈표 11〉과 같이 좀 더 가독성 높은 형태로 제시하였다.[3)]

〈표 11〉 중학교 일반사회 영역의 내용 체계

<table>
<tr><th colspan="2" rowspan="2">영역
(영역/주제)</th><th rowspan="2">핵심 아이디어
(중심 내용)</th><th colspan="3">내용 요소
(학습 요소)</th></tr>
<tr><th>지식 · 이해
(지식: 개념과 원리)</th><th>과정 · 기능
(기능 및 사고)</th><th>가치 · 태도
(가치 태도 및 행동)</th></tr>
<tr><td rowspan="3">정치</td><td>민주
주의와
시민</td><td>• 민주주의의 이념과 원리를 실현하기 위해서는 제도와 의식의 개선이 필요하다.</td><td>• 정치와 민주주의
• 민주주의의 발전, 이념과 원리
• 현대 민주주의와 시민의 역할</td><td rowspan="3">• 정치 현상 및 문제의 사례 조사하기
• 정치적 쟁점에서 사실과 가치문제 구분하기
• 정치 관련 자료 및 정보의 타당성과 신뢰성 검토하기
• 공동체 의사결정 과정에서 의사소통하기
• 정치적 쟁점 해결 과정에 적극적으로 참여하기
• 국제 문제를 조사하고 대응 방안을 모색하기</td><td rowspan="3">• 민주주의의 이념과 원리의 내면화
• 개인의 자유와 공공선의 조화로운 실천
• 민주적 의사결정 과정에 대한 존중
• 다양한 정치 주체의 입장과 선호에 대한 존중
• 정치과정에 적극적으로 참여하려는 태도
• 국제 문제에 적극적으로 대응하려는 자세</td></tr>
<tr><td>정치
과정과
시민
참여</td><td>• 다양한 정치 주체가 정치과정에 참여하며, 민주주의는 여러 제도와 시민 참여를 통해 실현된다.</td><td>• 선거와 정당 및 유권자의 활동
• 정치과정과 정치 주체
• 지방자치와 시민 참여</td></tr>
<tr><td>국제
사회와
한반도</td><td>• 국제 사회에는 여러 행위 주체가 활동하며, 우리나라를 비롯한 국제 사회의 행위 주체는 다양한 국제 문제 해결을 위해 노력</td><td>• 국제 사회의 주체와 특징
• 국제 사회의 쟁점 및 분쟁과 시민의 역할
• 우리나라의 국제 문제와 대응 방안</td></tr>
</table>

3) 각론 조정팀에서는 내용체계표의 형식뿐만 아니라 용어도 모든 교과에서 동일하게 사용할 것을 권고하였다. 그러나 이는 사회과의 교과 정체성을 표현하는 데 한계가 있어서 괄호 안에 적절한 대안(용어)을 병기하는 방식으로 사회과의 정체성을 살리고자 하였다. 따라서 괄호 안의 용어가 이하 내용을 이해하는 데 있어 더 적절하다고 볼 수 있다.

<table>
<tr><th colspan="2" rowspan="2">영역
(영역/주제)</th><th rowspan="2">핵심 아이디어
(중심 내용)</th><th colspan="3">내용 요소
(학습 요소)</th></tr>
<tr><th>지식 · 이해
(지식: 개념과 원리)</th><th>과정 · 기능
(기능 및 사고)</th><th>가치 · 태도
(가치 태도 및 행동)</th></tr>
<tr><td></td><td></td><td>한다.</td><td></td><td></td><td></td></tr>
<tr><td rowspan="3">법</td><td>일상 생활과 법</td><td>• 우리 사회에는 일상을 규율하는 다양한 법들이 있으며, 사람들은 재판을 통해 권리를 실현할 수 있다.</td><td>• 법의 의미와 목적
• 다양한 법(헌법, 민법, 형법, 사회법)
• 재판의 의미와 종류, 공정한 재판</td><td rowspan="3">• 법과 관련된 자료를 수집하기
• 다양한 분쟁을 법적 관점에서 조망하기
• 법적 쟁점에 대한 자료 및 정보 수집 · 분석하기
• 법적 쟁점에 대한 다양한 관점을 고려하면서 의사소통하기
• 법적 근거를 바탕으로 법적 쟁점에 대한 해결 방안 모색하기
• 기존 법의 한계를 분석하고 대안 마련하기</td><td rowspan="3">• 민주주의와 법치주의의 기본 가치 내면화
• 법에 따른 권리의 행사와 의무의 수행
• 법체계와 절차에 대한 존중
• 법적 쟁점에 대한 다양한 관점 존중
• 법을 개선하는 활동에 적극적으로 참여하려는 태도</td></tr>
<tr><td>인권과 기본권</td><td>• 인권 보장을 위해 헌법에 기본권을 규정하고, 국가와 시민은 기본권 보장을 위해 노력한다.</td><td>• 인권과 기본권
• 기본권 제한, 기본권 침해 구제
• 근로자의 권리와 권리 침해 대응</td></tr>
<tr><td>헌법과 국가 기관</td><td>• 헌법에 따라 우리나라의 국가기관은 대통령과 행정부, 국회, 법원과 헌법재판소 등으로 구성된다.</td><td>• 우리나라 정부 형태, 대통령과 행정부의 역할
• 입법 과정과 국회의 역할
• 법원의 역할과 헌법재판소의 위상</td></tr>
<tr><td rowspan="2">경제</td><td>경제 생활과 선택</td><td>• 가계와 기업은 합리적 선택을 통해 소비와 금융, 생산 등의 경제활동에 참여하면서 각자의 역할을 수행한다.</td><td>• 합리적 선택과 기회비용
• 경제생활과 금융생활
• 기업의 역할과 기업가 정신</td><td rowspan="2">• 경제 현상 및 문제 사례 조사하기
• 경제 현상 및 문제 탐구 방법 파악하기
• 경제 현상 및 문제 탐구 계획 수립하기
• 경제 관련 정보와 자료 수집 · 분석</td><td rowspan="2">• 선택 상황에서 편익과 비용을 고려하는 합리적 태도
• 경제 문제 관련 주장 및 근거의 경청과 존중
• 상충하는 가치의 파악과 대안의 평가</td></tr>
<tr><td>시장과</td><td>• 시장에서 가격은</td><td>• 시장의 사례와 특징</td></tr>
</table>

영역 (영역/주제)		핵심 아이디어 (중심 내용)	내용 요소 (학습 요소)		
			지식 · 이해 (지식: 개념과 원리)	과정 · 기능 (기능 및 사고)	가치 · 태도 (가치 태도 및 행동)
	가격	수요와 공급을 통해 결정되고 다양한 요인으로 인해 변동한다.	• 수요와 공급, 시장 가격의 결정 • 시장 가격의 변동	하기 • 경제 관련 분석 결과를 종합하여 추론하기 • 경제 현상 및 문제의 원인 및 해결 방안 도출하기	• 공동체의 경제 문제 해결에 적극적으로 참여하려는 태도 • 다양한 관점을 가진 구성원들과 협력하려는 태도
	우리나라 경제와 세계화	• 우리나라 경제에서는 경제 성장, 물가 변동, 실업 등의 현상이 나타나며, 세계화 과정에서 다른 나라와의 교역이 활발해지고 있다.	• 경제 성장과 국내 총생산 • 물가 변동과 실업 • 국제 거래와 환율		
사회 · 문화	인간과 사회 생활	• 인간은 사회 속에서 성장하면서 사회적 지위를 부여받고 역할을 수행하며, 다양한 갈등을 경험하고 차별을 인식한다.	• 사회화와 자아 정체성 • 사회적 지위와 역할, 역할 갈등 • 사회적 갈등과 차별	• 사회 및 문화 현상 탐구 및 자료 수집 방법 파악하기 • 사회 및 문화 현상의 탐구에 필요한 자료 수집하기 • 자료 및 정보의 타당성과 신뢰성 검토하기 • 자료 및 정보를 분석하여 결론 도출하기 • 다양한 관점과 이론을 비판적으로 비교하기 • 사회 및 문화 현상 개선을 위한 합리적인 대안 마	• 사회 및 문화 현상에 대한 자신과 타인의 관점 파악과 존중 • 인류 보편적 가치와 우리 사회의 기본 가치에 대한 존중 • 자신과 다른 입장을 가진 타인과의 소통과 협업 • 논쟁 문제 해결을 위한 민주적인 절차에 대한 존중 • 다른 문화의 가치에 대한 존중과 문화 다양성 보존을 위한 노력 • 사회적 소수자
	다양한 문화의 이해	• 우리는 일상생활에서 여러 문화를 접하고 있으며, 이로 인해 다양한 문화를 이해하고 존중하는 태도가 필요하다.	• 문화의 사례, 의미와 특징 • 미디어와 문화 • 다양한 문화와 문화 이해 태도		
	사회 변동과 사회 문제	• 우리 사회는 급격한 사회 변동과 다양한 사회 문제를 경험하	• 사회 변동과 우리 생활 • 오늘날의 사회문제 • 국내외의 대응과		

영역 (영역/주제)		핵심 아이디어 (중심 내용)	내용 요소 (학습 요소)		
			지식 · 이해 (지식: 개념과 원리)	과정 · 기능 (기능 및 사고)	가치 · 태도 (가치 태도 및 행동)
		고 있으며, 이에 대응하기 위해서는 시민의 역할이 중요하다.	시민의 역할	련하기	에 대한 공감과 배려

4. 중학교 「사회」 지리 영역 교육과정 개발의 기본 방향

2022 개정 중학교 지리 영역 교육과정의 기본 방향은 크게 세 가지를 들 수 있다. 주제 중심 교육과정에서 지역지리 교육과정으로 전면 개편하였고, 세계지리 학습 후 한국지리를 학습하도록 내용을 조직하였으며, 지리교육을 통한 역량 및 시민성 함양, 특히 세계시민, 글로컬시민, 생태시민으로서의 자질 함양에 강조점을 두어 교육과정을 개발하였다.

① 지역지리로 2022 개정 중학교 지리 교육과정 개발

초 · 중 · 고 지리 교육과정의 연계성을 고려하여 2022 개정 중학교 지리 영역을 지역지리로 개발하였다. 2022 개정 고등학교 지리 선택 과목(세계 시민과 지리, 한국 지리 탐구, 기후 변화와 지속 가능한 세계, 도시의 미래 탐구, 여행지리)에서 기존 한국지리와 세계지리에서 지역을 다루던 부분이 없어지게 됨에 따라 중학교에서 세계와 한국의 지역 학습에 대한 요구가 높아지게 되었다. 또한, 중학교 지리 교육과정은 6차 교육과정에서 지역지리를 다룬 이후 7차 교육과정에서부터 2015 개정 교육과정까지 주제 중심의 계통지리 방식을 유지해 왔는데, 2015 개정 중학교 지리 교육과정에 대한 선행 연구나 설문조사 등을 통해서도 지역에 대한 인식과 이해 제고의 필요성에 대한 중학교 교사와 학생의 의견이 많이 개진되었다(차조일 외, 2021; 변희현 외, 2021 등). 세계지리 학습을 통해 세계화 시대를 살아가는 학생들이 세계와 우리나라의 지역에 대한 인식과 이해의 폭을 넓힐 필요가 매우 크다고 보았다. 세계지리 학습을 통해 세계화 시대에 요구되는 세계 여러 지역의 특성과 변화 양상, 지역 간 상호연결성과 상호의존성에 대한 이해, 글로벌 경계를 초월하는 세계적 변화와 지역의 관계에 대한 지리적 식견과 안목을 갖출 필요가 있다. 특히 불확실성의 시대 기후 위기, 팬데믹 등 전지구적 문제에 대한 세계 여러 지역의 대응 노력과 그것이 우리나라에 주는 시사점을 탐색할 필요가 있다. 아울러, 세계 다양한 지역의 다양한 자연·인문환경과 생활양식에 대한 이해를 통해 다문화사회에서 요구되는 문화다양성에 대한 이해와 존중, 열린 태도를 갖출 필요가 있다. 또한 한국지리 학습을 통해 지역불균형과 지역 소멸, 남북 분단 등 우리 국토의 당면과제를 인식하고 이를 해결하기 위한 노력을 탐색할 필요가 있다. 이를 위해 학생들이 우리 국토와 우리나라 각 지역에 대한 이해와 관심을 높이고 우리나라 각 지역의 매력과 발전 전망에 대해 생각해 보도록 하였다. 따라서 학계와 개발진의 합의를 통해, 2015 개정 교육과정의 계통지리적 내용을 수정·보완하는 대신, 2022 개정 교육과정에서는 한국과 세계의 지역을 다루는 지역지리 체제로 전면 개발하기로 하였다. 이러한 지역지리로의 전면 개발 방향에 대해 공개토론회 등을 통해서 교사를 위시한 지리교육계의 긍정적인 의견이 수렴되었다. 중학교 지리를 지역지리 형태로 구성하되, 기존의 전통적 지역지리 접근법의 문제점을 개선하고 신지역지리 등 새로운 학문적 연구 성과 및 문제의식을 반영하고자 하였다. 또한, 지리적 사실이나 지역에 대한 지식 위주의 학습을 지양하고, 중학교 지역지리 학습을 통해서 위치, 장소, 지역, 공간, 환경, 스케일, 상호연계성 및 상호의존성 등 핵심 개념을 중심으로 지리적 문해력을 기를 수 있도록 시도하였다. 지역지리 접근을 통해 세계화 시대에 필요한 지리적 소양을 갖추고 지역불균형, 지역 소멸, 남북 분단 등 국토 당면과제를 인식하고 이를 해결하기 위해 노력하는 시민을 기르는 지리교육을 추구하고자 하였다.

② 세계지리 - 한국지리 체제로 중학교 지리 내용 구성

2022 개정 중학교 지리 교육과정은 세계지리를 먼저 학습한 후 한국지리 학습이 이루어지도록 내용을 구성하였다. 초등학교에서 세계 지리에 대한 기초적 학습이 이루어진 후라는 점과 학습자의 세계 여러 지역에 대한 호기심과 흥미를 고려하여 세계지리 학습 후 한국지리 학습이 이루어지도록 하였다. 한국지리 학습이 세계와 연결된 우리나라를 인식하고 다양한 스케일에서 우리나라 각 지역의 특징과 문제, 해결방안을 모색할 필요가 있다는 점에서 출발하였다. 세계지리 학습을 통해 쌓인 지리적 관점과 식견을 바탕으로 대한민국이라는 지역을 바라보고 우리가 몸담고 살아가는 삶의 공간으로서 한반도와 각 지역에 대해 다양한 스케일에서 이해하며 우리나라나 각 지역이 당면한 과제에 대한 해석과 해결 방안을 모색하는 과정에서 보다 열린 시각과 지리적 상상력으로 접근할 수 있도록 하였다. 궁극적으로는 지리교육을 통해 세계적으로 생각하고 지역적으로 실천하는 한편 지역적으로 생각하고 세계적으로 행동하는 시민의 자질을 기르는 데 가장 적절한 내용 구성 방식으로 판단하였다. 이러한 맥락에서, 고등학교 과목의 주요 주제를 고려한 이슈를 중심으로 한국과 세계를 넘나들며 더 나은 삶과 세계를 위한 글로컬 시민으로서 지리 학습이 이루어질 수 있도록 중학교 지리 영역 마지막 단원의 내용을 구성하였다.

〈표 12〉 중학교 지리 영역의 주제 구성

중학교 사회 지리 영역의 주제 구성	
세계지리	세계화 시대, 지리의 힘
	아시아
	유럽
	아프리카
	아메리카
	오세아니아와 극지방

중학교 사회 지리 영역의 주제 구성	
한국지리	대한민국, 우리가 살아가는 곳
	우리나라의 자연환경과 인간 생활
	중부 지방
	남부 지방
	북부 지방
	지속가능한 세계와 글로컬 시민

③ 지리교육을 통한 역량 및 시민성(세계시민, 글로컬시민, 생태시민 등) 함양 강조

시민으로서의 자질 함양을 위해 지리 영역의 특성을 반영한 능력을 기르는 데 중점을 두고 중학교 지리 교육과정을 개발하였다. 특히 지리에서는 세계시민, 글로컬시민, 생태시민으로서의 자질 함양에 의미 있다고 판단되는 내용을 중심으로 교육과정을 구성하고자 하였다. 이를 위해 우선 기본적으로 2022 개정 사회과 교육과정에서 시민의 자질로 기르고자 하는 창의적 사고력, 비판적 사고력, 문제해결력 및 의사 결정력, 의사소통 및 협업 능력, 정보활용능력을 함양할 수 있도록 중학교 지리 교육과정을 개발하였다. 더 나아가 지리 교육을 통해서 특히 지리적 문해력, 공간적 문제해결력과 의사결정력, 글로컬 시민성, 지속가능성을 위한 생태적 감수성 등을 기르는 데 더욱 중점을 두어 지리 내용 구성 및 성취기준 개발을 진행하였다(주형미 외, 2021).

〈표 13〉 중학교 지리 영역 역량 및 의미

지리 영역 역량	의미
지리적 문해력	지역, 국가, 세계 규모에서 발생하는 지리적・공간적 문제를 합리적으로 해결하기 위하여 공간적・지리적 정보를 수집하여 지리적 사고력과 판단력을 통해 분석 또는 해석하고, 지리정보기술을 활용하여 도표화와 지도화하여 제시할 수 있는 능력
공간적 문제해결력과 의사결정력	지역, 국가, 세계 규모에서 발생하는 다양한 지리적 쟁점 및 문제를 다중스케일적 관점에서 인식하고 그 원인과 현상을 파악하여 합리적인 해결 방안들을 모색하고 가장 나은 의견을 선택하는 능력
글로컬 시민성	지역, 국가, 세계 공동체의 구성원에게 다중스케일 차원에서 요구되는 가치와 태도(예: 공간적・문화적 다양성에 대한 이해와 공감)를 가지고 자신의 웰빙과 공동체의 발전을 위해 적극적으로 참여하는 능력
지속가능성을 위한 생태적 감수성	지구와 인류의 지속가능한 발전에 기여하기 위해 인간과 자연의 유기적・생태적 관계를 자각하고 이를 위해 실천할 수 있는 능력

출처: 주형미 외(2021). 단, 각 지리 영역 역량의 명칭 및 의미는 일부 수정・보완하여 제시함.

④ 중학교 「사회」 지리 영역 교육과정 개발의 주안점

크게 다섯 가지를 들 수 있다. 첫째, 초・중・고 지리 학습의 연계성을 고려하여 중학교 지리 내용을 구성하였으며, 둘째, 중학생의 발달 특성과 수준, 중학생의 삶과 연계한 지리 학습을 지향하였다. 셋째, 위치지식과 위치학습을 통한 지역 이해 및 지리적 사고력 함양을 강조하였으며, 넷째, 지역에 대한 다층적, 역동적, 실제적 이해 및 반성적 성찰을 강조하고 기존에 비해 가치・태도 관련 성취기준 비중을 확대하였다. 다섯째, 다양한 지리정보 및 매체, 지리정보기술을 활용한 지리적 기능을 습득하고 이를 지리적 문제 해결 및 실생활에 적용할 수 있도록 성취기준을 개발하고자 하였다.

참고문헌

교육부(2021b). 「국민과 함께하는 미래형 교육과정 추진 계획(안)」. 교육부 보도자료(2021.4.).

교육부(2021c). 「2022 개정 교육과정 총론 주요사항(시안)」. 교육부 보도자료(2021.11.24.).

교육부(2022a). 「2022 개정 교과 교육과정 정책연구진 7차 합동 워크숍 자료집」. 세종: 교육부.

모경환 · 박철웅 · 강대현 · 김병연 · 김석용 · 박선미 · 박정서 · 박형준 · 설규주 · 심승희 · 안보형 · 안종욱 · 은지용 · 이간용 · 이윤정 · 이정우 · 이진석 · 임미연 · 전종한 · 조영매 · 조윤호 · 차조일 · 최병택 · 한진수 · 한춘희 · 황미영(2015a). 「2015 개정 교과 교육과정 시안 개발 연구Ⅰ: 사회과 교육과정」. 한국교육과정평가원 연구보고 CRC 2015-23.

모경환 · 박철웅 · 강대현 · 강현미 · 김병연 · 김석용 · 김현경 · 김현주 · 박선미 · 박정서 · 박형준 · 석병배 · 설규주 · 심승희 · 안보형 · 안종욱 · 이간용 · 이윤정 · 이정우 · 이진석 · 임미연 · 전종한 · 조영매 · 차조일 · 최병택 · 한진수 · 한춘희 · 황미영(2015b). 「2015 개정 교과 교육과정 시안 개발 연구Ⅱ: 사회과 교육과정」. 한국교육과정평가원 연구보고 CRC 2015-25-5.

온정덕 · 김병연 · 박상준 · 방길환 · 백남진 · 이승미 · 이주연 · 한혜정(2021). 「2022 개정 교과 교육과정 개발 기준 마련 연구」. 교육부 연구보고서.

은지용 외(2022). 「2022 개정 사회과 교육과정 시안(최종안) 개발 연구 최종 보고서」. 교육부 연구 보고서.

차조일 · 김혜숙 · 박주현 · 배화순 · 김상범 · 조철기 · 김병연 · 강선주 · 오정현 · 박형준 · 이영호 · 김민재 · 차승한(2021). 「역량 함양 사회교과군 교육과정 재구조화 연구」. 한국교육과정평가원 연구보고서.

제 3 장 사회과 수업의 이해

1. 좋은 수업의 의미

교육활동의 핵심을 이루는 것은 수업이다. 수업이란 일정한 목적을 달성하기 위해 학습자의 내적·외적 환경이 조정되는 일련의 과정을 의미한다. 수업에서는 교사의 가르치는 행위와 학습자의 배우는 행위 간에 상호작용이 이루어진다. 학습자의 학습 경험은 교육목표의 설정, 교육내용의 선정과 조직, 교수-학습 활동, 평가와 피드백 등 일련의 과정을 통해 이루어진다. 이 중에서 일정한 맥락 속에서 이루어지는 교수-학습 활동이 수업(instruction)이며, 수업이야말로 학습 경험의 핵심적 과정이다. 따라서 세계 각국은 수업의 질 향상과 이를 위한 교사의 전문성 신장을 통해 교육의 질 향상을 추구하고 있다(허수미, 2013).

수업의 구성 요인들은 여러 접근 방식으로 구조화할 수 있다. 우선 전개 과정의 측면에서 보자면 도입-전개-정리로 구성된다. 혹은 수업의 맥락을 구성하는 수업의 준비와 정리까지를 포함하여 수업 계획-수업 실행-수업 반성으로도 구조화할 수 있다. 수업에 관여하는 주체들의 실천을 기준으로 구분하자면 교수자의 교수활동, 학습자의 학습활동, 교수자와 학습자의 상호작용, 학습자와 학습자 간의 상호작용 등으로 분석할 수 있다.

'좋은 수업'이란 무엇일까? 좋은 수업은 효과적인 수업(effective instruction), 효과적 교수 사례(effective teaching practices), 좋은 수업(good teaching) 등 다양한 용어로 불린다. 좋은 수업의 의미에 대해서 단일한 정의가 존재하지 않는다. 서경혜(2004: 166)는 좋은 수업의 의미를 파악하기 위해서는 '좋은'이라는 용어의 상대성(relativity), 상황성(situatedness)과 '수업'이 갖는 복합성(complexity), 다면성

(multiplicity)을 고려해야 한다고 주장한다. 이러한 특성으로 인하여 한 시대, 사회, 문화에서 정립된 좋은 수업의 의미는 다른 시대, 사회, 문화에서는 재해석되고 재정립된다는 것이다.

허수미(2013)는 '좋은 수업'의 의미와 실현 방안에 대해 합의된 개념으로 논의하기란 매우 어렵다고 보고, 좋은 수업에 대한 전통적 관점과 그 변화 양상을 분석하고 있다. 현대적 의미에서 교수법의 창시자로 불리는 코메니우스(Comenius, 1592-1670)의 정의는 최근의 효율적인 교수법에도 영향을 미쳤는데, 그는 좋은 수업을 '모든 사람들에게 모든 것을 신속하고, 재미있게, 근본적으로' 가르칠 수 있는 기술이라 보았다. 이러한 관점에서는 학습자보다는 교사, 교수모형, 교재 등이 수업의 중심이 되고, 수업은 배우는 장이 아니라 가르치는 장으로서 좋은 수업의 의미 역시 효율적인 교수법과 교재가 작용되는 공간으로 파악되었다. 이에 반해 현대적 수업의 토대를 세운 헤르바르트(Herbart, 1776-1841)는 수업은 단순한 지식의 전달과정이 아니고, 수업을 받는 학생의 인격을 감화시키는 '교육적 수업'이어야 그 가치가 있다고 보았다. 요컨대 전통적인 코메니우스적 관점에서는 좋은 수업이 가르치는 기술의 적정성과 숙련도를 강조했다면, 헤르바르트적 관점에서는 학습자의 내면적 변화라는 목표 달성을 강조했다. 이러한 관점 변화의 긍정적 측면은 수업의 초점이 교수법에서 학습으로, 교사에서 학생으로 이동했다는 점이다(허수미, 2013: 131-132).

무엇이 '좋은' 또는 '효과적' 수업인지를 파악하려면 먼저 수업의 정의 자체에서 출발해야 한다. 수업은 일정한 목적을 달성하기 위한 활동이다. 이때 목적이란 학습자의 변화, 보다 구체적으로는 계획에 따른 긍정적인 변화를 가리킨다. 그렇다면 좋은 수업이란 무엇보다도 실제 목적을 달성하는 것, 원하는 바대로 학습자의 변화를 이루어내는 수업이라 할 수 있다. 이처럼 목표와의 관계를 중심으로 이상적인 수업의 특징을 살펴보는 접근 방식은 주로 '효과적인 수업' 연구에서 살펴볼 수 있다.

대표적으로 보리크(Borich, 2011)는 학생의 학업성취를 향상시키는 수업에 대한 연구를 통해, 효과적인 수업의 다섯 가지 특징을 제시했다. 이들은 ① 수업의 명료성 ② 수업방법의 다양성 ③ 순수 수업 활동에의 전념도 ④ 학생의 적극적인 참여 ⑤ 학생의 학습 성공률 등으로 이러한 특징들의 효과에 대해서 많은 연구가 축적되어 왔다. 보리크가 제시하는 효과적인 수업을 위한 교사의 행동적 특징 및 그 구체적인 전략은 다음 〈표 14〉에 나타난 바와 같다.

〈표 14〉 효과적인 수업의 특징

행동적 특징	의미	구체적인 수업행동
수업의 명료성	교사가 명확하게 수업내용을 설명하고 전달한다.	• 학습목표를 명료하게 제시한다. • 선행조직자를 제공하여 선행수업이나 후행수업과 연결하여 설명한다. • 수업 도입 단계에서 선행학습 여부를 점검한다. • 수업 활동에 대한 안내나 지시가 명료하며 필요하면 반복한다. • 학생의 현재 능력에 적합하거나 약간 높은 수준으로 가르친다. • 이해를 돕기 위한 사례, 그림, 시범을 적절하게 활용한다. • 수업 정리 단계에서 전체 수업 내용을 정리, 요약한다.
수업방법의 다양성	수업에서 다양한 전달 방법을 융통성 있게 사용한다.	• 다양한 주의집중 방법을 활용한다. • 눈 맞추기, 목소리와 억양의 변화, 다채로운 동작 등을 활용하여 열정적이고 활기찬 모습을 보여준다. • 강의, 질의응답, 자습 등 다양한 학습활동을 도입한다. • 가산점, 칭찬 등 다양한 보상과 강화 전략을 활용한다. • 학생의 의견이나 참여를 수업에 적극 활용한다. • 다양한 질문 전략을 사용한다.
순수 수업 활동에의 전념도	교과를 가르치는 데 최대한 많은 시간을 할애한다.	• 교육과정과 교과서의 내용을 충실히 반영하는 수업계획서를 작성한다. • 행정적인 업무는 수업시간 외의 업무시간에 처리한다. • 학습을 방해하는 학생 행동을 예방하거나 통제한다. • 학습목표를 성취하는 데 가장 적절한 교수방법을 선택한다. • 단원 학습을 위한 피드백, 평가 계획을 명확히 한다.
학생의 적극적인 참여	학생이 수업내용을 가지고 능동적으로 참여한다.	• 특정 내용을 학습한 후 즉각적으로 실습이나 연습문제를 부과한다. • 평가를 동반하지 않는 피드백을 제공한다. • 필요한 경우 개별 활동 및 모둠 활동을 이용한다. • 적극적인 참여를 유도하는 칭찬 기법을 활용한다. • 개별 활동을 할 때는 교실을 순회하며 진도를 점검한다.

행동적 특징	의미	구체적인 수업행동
학생의 학습 성공률	성공률이 높은 학습활동에 많은 시간을 할애한다.	• 선행 학습 내용과 연결시켜 수업을 구성한다. • 학생의 반응에 대해서는 즉각적인 피드백을 제공한다. • 학생의 능력에 맞게 내용을 적절하게 나누어 제공한다. • 다음 단원으로의 연결이 자연스럽게 이루어지도록 한다. • 수업내용의 양과 제시 속도를 다양화한다. • 중요한 내용은 적절하게 강조한다.

그러나 이처럼 '효과' 중심으로 좋은 수업의 성격을 규정하는 것은 수업을 구성하는 요소들과 그 맥락의 중요성을 간과할 수 있다. 예컨대 수업의 주체인 교사와 학생이 수업에서 하는 총체적 경험, 수업이 전체 학교 교육과정 혹은 교과 목표와 갖는 연계성, 수업이 이후 교사에게 가져온 변화 등은 효과성을 강조하는 접근 방식에서는 간과되기 쉽다. 즉, 위와 같은 행동적 특징이 반드시 질 높은 수업을 보장하지는 않는다. 실제 수업 상황에서 교사는 복잡하고 예측하기 어려운 의사결정 상황을 마주하게 된다. 따라서 효과적인 수업을 위한 교사 행동은 교과, 학습 과제, 학습자의 능력과 동기, 학습 태도, 수업 상황, 학교 맥락 등에 따라 유연하게 개념화되어야 한다.

교사의 수업이 단순한 기술의 문제가 아니라 기술과 예술이 결합된 기예(craft)로 표현되는 것도 바로 이 때문이라고 할 수 있다. 교사는 효과적인 수업을 위해서 수업이론 및 실제에 대해 능숙해야 할 뿐 아니라 학습자에 대한 민감성, 수업환경에 대한 감수성, 내용조직과 구성에 대한 높은 창의성을 갖추어야 하며, 자신의 수업에 대한 부단한 성찰과 개선 노력을 지속해야 한다(서재복 외, 2011). 같은 맥락에서 손승남(2006: 121)은 교사가 갖추어야 할 수업 전문성의 핵심적인 특성으로 학문적 기반과 교과 지식에 기반을 둔 '과학적' 능력과 다양한 수업 상황에서 융통성 있게 대처할 수 있는 '예술적' 소양을 동시에 갖추어야 함을 강조하였다.

서경혜(2004)는 우리나라 초중등 교사와 중고등학생을 대상으로 좋은 수업이 무엇인지에 대한 면담 연구를 수행하였는데, 분석 결과 좋은 수업에 대한 네 가지 관점—전달, 구성, 관계, 결과—을 도출하였다. 첫째, 좋은 수업에 대한 '전달' 관점에서는 교과 지식에서 출발하여 학생에게 나아가는 수업을 강조하며, 학생에게 교과 내용을 명확하고 효과적으로 전달해 주는 수업이 좋은 수업이다. 둘째, '구성' 관점은 학생에서 출발하여 교과로 나아가는 수업을 강조하며, 학생이 자신의 현재 지식을 더욱 높은 수준으로 재구성할 수 있도록 지원해주는 수업을 좋은 수업으로 본다. 셋째, '관계' 관점은 교사와 학생과의 인간관계를 강조하며, 교사와 학생이 활발하게 상호작용하며 서로 존중하고 신뢰를 쌓아가는 수업을 좋은 수업으로 규정한다. 넷째, '결과' 관점은 수업의 결과를 강조하며 의도한 수업 목표를 달성한 수업을 좋은 수업이라 본다. 이 연구는 교사들에게는 관계 관점과 전달 관점이 우세하며, 학생들에게는 전달 관점이 압도적으로 우세하게 나타남을 보여준다.

2. 사회과 좋은 수업의 요건

사회과는 다른 어떤 교과보다 내용이 풍부하여 다양한 교수-학습 방법을 활용할 수 있는 교과이다. 실제로 초등학교에서 연구수업을 준비할 때 많은 교사들이 사회과를 선택하는 이유도 그만큼 "보여줄 게 많다"는 이유에서다. 그럼에도 불구하고 어려운 학문적 내용과 탐구 과제가 많아 학생들이 가장 어려워하고 싫어하는 교과로 자주 언급되는 것도 사회 교과이다(정문성, 2005: 27).

다수의 연구들은 학생들이 사회 교과에 대하여 상대적으로 부정적인 인식과 태도를 가지고 있음을 지적한다. 정문성(1999)의 연구에서 초등학교 6학년 학생들을 대상으로 조사한 결과에 따르면, 가장 싫어하는 과목으로 수학(47.5%)에 이어 사회(42.5%)가 꼽혔으며, 가장 어려운 과목으로는 사회(72.5%)에 이어 수학(65%)으로 나타났다. 옥일남(2004)의 연구에 따르면 우리나라 중학생들은 수업의 단조로운 구성과 삶과 유리된 교과 내용, 저조한 수업 참여 등으로 인해 사회 교과를 지루하게 인식함으로써 학습된 무력감을 경험하고 있었다. 2012년 전남교육정책연구소가 관내 초중고 141개교에 재학 중인 학생 6,867명을 대상으로 교과목에 대한 선호도를 조사한 바에 따르면 초등학생들은 사회 과목을 가장 싫어하는 것으로 나타났다. 사회 과목을 싫어하는 이유로는 '공부하기 어려워서'라는 응답이 66.1%를 차지했고 다음으로 '시험성적이 잘 나오지 않아 싫다(11.3%)'라는 응답이 뒤를 이었다(동아일보, 2012).

이러한 사회 교과에 대한 비호감도는 사회과교육에서 학생들의 교과에 대한 태도를 개선할 수 있는 방안을 찾는 것이 과제임을 의미한다. 이를 위해 좋은 사회과 수업을 제공하는 것이 급선무이다. 이상석 · 장국언(2007)의 연구에 따르면, 중학교 1학년 사회 교과의 지리 단원을 '집단탐구 협동학습' 방법을 통해 수업을 하였을 때 사회 교과에 대한 흥미도가 유의미하게 향상되었다. 이정우(2009)의 연구에서 서울 시내 중학교 1학년~고등학교 2학년 학생들 603명을 대상으로 사회과에 대한 태도를 조사한 결과에 따르면, '좋은 사회 수업'을 위해 가장 중요한 것은 흥미로운 수업, 학생들을 이해하고 존중하는 수업, 일상생활과 연결된 수업, 다양한 수업자료가 활용되는 수업 순으로 나타났다. 그런데 실제 수업에 대한 평가에서는 이들 항목의 점수가 높지 않았다. 이는 학생이 원하는 수업이 실제 사회 수업에서는 충분히 실현되지 않고 있다는 것을 의미한다. 이러한 문제점을 해결하고 학생들이 사회 교과에 대한 긍정적인 인식을 형성하기 위한 노력의 일환으로 좋은 사회과 수업에 대한 논의가 필수적이다.

김주훈 외(2002)는 사회과 수업의 문제점을 다음 여섯 가지로 요약하고 있다: ① 사회과 목표와 내용에 대한 혼란, ② 학생들에 대한 이해 부족, ③ 시대에 뒤떨어진 수업 방법, ④ 지식 위주의 평가, ⑤ 사회 현실과의 관련성 부족, ⑥ 교사 전문성 신장의 기회의 부족. 한국교육과정평가원에서 수행한 이 연구는 이러한 문제의식에 기초하여 '사회과 좋은 수업'을 활성화하기 위한 방안을 교사 차원에서 다음과 같이 제시하고 있다.

가. 사회과 목표 및 내용에 대한 이해

나. 충분한 수업 준비

다. 학생들에 대한 이해와 교류

라. 적절한 수업 내용 및 방법의 활용

마. 자연스러운 수업 과정 및 분위기 유지

바. 일관성 있고 체계적인 평가 시행

사. 동료 교사들 간의 활발한 수업 비평

아. 자신의 교과 전문성 제고 노력

1987년에 설립된 미국의 교사전문성기준위원회(National Board for Professional Teaching Standards, NBPTS)가 우수 교사의 전문성을 확인하고 인증을 해줄 수 있는 기준(standards) 개발을 시작하였는데, 2010년에 발표한 사회과 교사의 전문성 기준은 다음 〈표 15〉와 같다.

〈표 15〉 사회과 교사 전문성 기준

기준	특징
1. 학생에 대한 지식	학생의 배경, 발달 단계, 학생의 사회과에 대한 인식 파악
2. 학생의 시민역량 육성	사회적 인식과 참여를 위한 학생의 역량 육성, 의사결정력 육성
3. 내용 지식	사회과 교수를 위한 내용 지식
4. 수업 실행 능력	교육과정 재구성, 다양한 수업 전략, 적절한 평가, 의미 있는 피드백, 풍부한 수업자료
5. 다양성	학습자 다양성의 중요성 인식, 수업에서의 공평성, 수업 내용의 다원성
6. 학습 환경 조성	상호 존중, 다양한 관점 장려, 지역사회와 협업을 통해 안전하고 역동적인 학습 환경
7. 전문성 신장	자신, 동료 교사, 학교, 사회과교육 공동체를 위한 전문성 계발 노력
8. 성찰	자신의 교수 행위에 대한 지속적 성찰로 수업 전문성 향상

강대현・박영석(2005)은 수업 평가에 대한 국내외 문헌 분석, 전국 교사 대상 설문조사, 학교 현장의 수업 관찰 및 면담 등을 토대로 '사회과 수업 평가 기준'을 개발하였다. 사회과 수업 평가 영역 및 요소는 '좋은 수업이란 무엇인가'에 대한 질문에 대한 연구 결과를 바탕으로 4가지 범주의 사회과 수업 평가 영역과, 10개의 세분화된 수업평가 요소를 도출하였다. 이를 통해 '사회과 수업 평가 기준'을 개발하였는데 〈표 16〉에 나타난 바와 같다.

〈표 16〉 사회과 수업평가 기준

사회과 수업 평가 영역	사회과 수업 평가 요소	사회과 수업평가 기준
영역Ⅰ: 기본 지식과 능력	사회과 목표에 대한 관점	기준 1: 사회과 교사는 사회과 목표에 대한 충분한 이해를 토대로 비판적이면서도 균형감 있는 교과관을 지니고 있다.
	사회과 내용에 대한 이해	기준 2: 사회과 교사는 사회과 내용을 구성하고 있는 지리, 역사, 일반 사회의 내용에 대한 지식을 지니고 있다.
		기준 3: 사회과 교사는 사회과 내용을 구성하고 있는 지리, 역사, 일반 사회의 내용을 학생들이 접하는 일상과 맞물려서 가르치는 데 필요한 지식과 교수 능력을 지니고 있다.
	사회과 교수학습방법 및 평가에 대한 이해	기준 4: 사회과 교사는 사회과와 관련된 다양한 교수학습방법에 대한 지식과 이를 활용할 줄 아는 기본 능력을 지니고 있다.
		기준 5: 사회과 교사는 사회과와 관련된 다양한 평가방법에 대한 지식과 이를 활용할 줄 아는 기본 능력을 지니고 있다.
	학습자의 발달과 흥미에 대한 이해	기준 6: 사회과 교사는 사회과 수업에 앞서 자신이 가르치는 해당 학생들의 인지적, 정서적 발달 정도를 충분히 이해하고, 학생들과 상호작용할 수 있을 정도의 유대 관계를 형성할 수 있다.
		기준 7: 사회과 교사는 사회과 내용과 관련해서 학생들의 선지식이나 오개념을 파악하고 이에 대처할 수 있는 능력을 지니고 있다.
영역Ⅱ: 수업 기획 능력	사회과 수업 계획과 준비	기준 8: 사회과 교사는 사회과 수업을 계획하고 준비하는 데 있어 전문가로서의 수업 기획 능력을 지니고 있다.
		기준 9: 사회과 교사는 사회과 수업을 계획하고 준비하는 데 있어 관련 자료를 수집하여 의미와 흥미를 갖춘 수업 자료로 재구성할 수 있다.
영역Ⅲ: 수업 실행 능력	사회과 교수학습방법의 활용	기준 10: 사회과 교사는 사회과 수업을 실행함에 있어 수업 내용에 따라 학생들의 흥미를 유도할 수 있는 다양한 수업 방법을 활용할 수 있다.
	적절한 학습 목표, 집단 조직 및 학습 분위기 조성	기준 11: 사회과 교사는 사회과 수업을 실행함에 있어 수업 목표를 적절하게 제시하고 이에 따라 학습 집단을 조직하고 학습 분위기를 조성할 수 있다.

사회과 수업 평가 영역	사회과 수업 평가 요소	사회과 수업평가 기준
	사회과 평가의 활용	기준 12: 사회과 교사는 사회과 수업의 실행 과정에서 진단, 형성, 총괄 평가를 잘 활용하여 학생들의 학습 정도를 정확하게 파악하고 그 결과를 수업에 반영할 수 있어야 한다.
영역Ⅳ: 전문성 제고	사회과 수업에 대한 자기반성	기준 13: 사회과 교사는 전문직에 종사하는 자로서 자신의 전문성의 요체라고 할 수 있는 수업에 대해서 지속적인 자기반성을 통하여 사회과 교사로서의 전문적인 지식과 능력과 소양을 지니고 있다.
	사회과 수업에 대한 동료장학	기준 14: 사회과 교사는 전문직에 종사하는 자로서 동료 교사들과의 협력을 통하여 사회과 교사로서의 전문적인 지식과 능력과 소양을 지니고 있다.

좋은 사회과 수업은 위에서 논의한 기준이나 평가 요소에 나타난 다양한 요소들이 복합적으로 작용하여 이루어진다. 그런데 이러한 다양한 요소를 견인하여 방향을 제시하는 핵심요소는 바로 사회과 수업의 '목표'이다. 어떤 활동을 하였는지, 어떤 교수법을 사용하였는지, 어떤 매체를 활용하였는지 등의 질문에 매몰되어서는 안 되며 수업을 통해 목표에 얼마나 도달했는지가 핵심 질문이 되어야 한다(설규주, 2007).

앞서 논의한 NBPTS(2010)의 사회과 교사 전문성 기준이나 강대현·박영석(2005)이 제안한 사회과 수업평가 기준은 초중등 사회과 수업을 평가할 수 있는 표준안이 됨과 동시에, 사회과 교사가 수업 전문성 신장을 향상시키기 위하여 장학을 계획하거나 교원학습공동체의 활동 방향을 모색하는 데 중요한 기준점으로 활용할 수 있다. 그런데 이러한 수업 전문성 기준들이 수업의 특징을 체계적으로 이해하고 이를 통한 객관적 수업 평가와 전문성 향상의 목적으로 제시되고 있지만, 평가 기준의 지나친 세분화는 오히려 수업의 역동성, 맥락성을 간과하고 현장에서의 교사 자율성을 경시하는 위험성이 있다는(홍미화, 2010) 점에도 유의해야 한다. 또한 이러한 기준들에 기반을 둔 평가제도는 자칫 수업 개선의 책임을 교사 개인 차원으로 한정할 우려가 있으며, 따라서 수업 개선 지원 시스템을 제도적으로 보장하는 것이 중요하다(허수미, 2013).

3. 사회과의 수업모형과 교수기법

좋은 수업을 위해 교사들은 다양한 수업모형을 활용한다. 수업모형(instructional model)이란 전문가들이 연구를 통해 개발한 체계적인 수업의 틀이다. 수업모형은 교수-학습의 전체 과정을 포괄하는 구조를 의미하며, 여기에는 수업 목표, 내용, 전략, 평가 방법 등 다양한 구성 요소가 포함된다.

교사들은 다양한 수업모형을 활용하여 효과적인 수업을 계획할 수 있다. 수업은 학습 목표, 학습자, 교수자, 학습활동, 학습자료, 평가 등 다양한 요소가 결합하여 이루어지므로 그 형태가 매우 다양하다. 따라서 사회과 수업모형도 기준에 따라 다양하게 범주화될 수 있다.

우선 조이스, 와일, 칼훈(Joyce, Weil & Calhoun)은 수업 목표와 특징을 중심으로 다음과 같이 수업 모형을 범주화하고 있다(2009).

① 정보처리모형: 개념학습, 탐구학습, 선행조직자 모형 등

② 사회적 모형: 집단학습, 법리모형, 역할놀이, 사회과학 탐구 모형 등

③ 개인적 모형: 비지시적 교수 모형, 인지강화 모형 등

④ 행동주의 모형: 완전학습, 지시적 교수 모형, 모의학습 등

머후드 등(Mahood et al., 1991)은 내용 중심의 연역적 수업과 사고 중심의 귀납적 수업으로 구분한다. 연역적 수업은 일반명제로부터 구체적인 사실을 도출하도록 하는 수업으로 고도로 구조화되어 있고 강한 내용 지향성을 가지고 있어 단위 시간당 효율성이 높은 데 비해 부수적 학습 기회는 제한적이라는 특징을 갖는다. 반면에 귀납적 모형은 사고 기능을 강조하며 구조화 정도가 약해 효율성은 낮지만 부수적 학습을 기대할 수 있다. 귀납적 모형에는 개념형성모형, 개념획득모형, 집단학습, 탐구학습 등이 있으며, 연역적 모형에는 선행조직자 모형과 지시적 교수, 완전학습 등이 있다. 그 외 기타 모형으로 집단탐구모형과 문제해결모형, 모의학습, 역할놀이 등이 있다.

한편, 수업내용의 성격에 따라서 지식을 중심으로 하는 인지적 수업모형, 태도나 가치관을 중심으로 하는 정의적 수업모형, 두 종류의 수업내용을 모두 결합한 종합

모형 등으로 나눌 수 있다(모경환 · 차경수, 2021).

① 인지적 수업모형: 개념학습, 탐구학습, 일반화학습

② 정의적 수업모형: 가치 명료화모형, 가치추론 모형, 가치분석 모형

③ 종합모형: 의사결정모형, 논쟁문제수업모형, 협동학습모형

이처럼 사회과 수업은 다양하게 범주화할 수 있다. 하지만 특정한 범주에 속하지 않는다는 이유로 중요한 수업 형태를 고려하지 않거나 특정한 수업 방법을 제한된 내용과 용도에 한정시켜서는 안 된다. 또한 효과성이 검증된 수업 방법은 유형이나 범주에 구애받지 않고 다양하게 숙달하는 것이 필요하다.

앞서 사회과의 '좋은 수업' 논의에서 살펴보았듯이, 사회과에서 효과적인 수업이란 주어진 맥락에 따라 수업 방법을 탄력적으로 적용하는 특징을 가지고 있다. 따라서 이 책에서는 별도의 범주화 없이 사회과의 교과 정체성에 적합하고, 실제 현장에서 널리 쓰이고 있으며, 그 교육적 효과가 연구를 통해 검증되어 온 대표적인 수업모형들을 살펴볼 것이다. 구체적으로 탐구학습, 문제해결학습, 의사결정학습, 개념학습, 쟁점중심 토론수업, 가치수업 모형을 다룰 것이다.

효과적인 사회과 수업을 위해서는 수업모형과 더불어 다양한 교수기법(teaching technique)도 활용해야 한다. 수업모형이 수업의 기본적인 틀을 제기하는 데 비해, 교수기법은 수업 모형 안에서 학습을 촉진하기 위해 구체적으로 전개되는 교사와 학생의 상호작용 방법, 전략 또는 접근 방식이다. 따라서 교수기법은 실제 수업을 시행하는 과정에서 교사가 필요에 맞게 활용할 수 있는 구체적인 방법이다. 이 책에서는 사회과에서 자주 활용되는 교수기법으로 강의법, 토의 · 토론법, 역할극, 모의학습, 인물학습, 신문활용수업(NIE) 등을 다룰 것이며, 최근 자주 활용되는 다양한 교수기법들에 대해 소개하고자 한다.

참고문헌

강대현・박영석(2005). 사회과 수업 평가 기준 개발 및 활용 방안 연구. 「사회과교육」, 44(3), 21-46.

교육부(2022). 2022 사회과 교육과정.

김주훈 외(2002). 「학교 교육 내실화 방안 연구(Ⅱ) 사회과 교육 내실화 방안 연구: 좋은 수업 사례에 대한 질적 접근」. RRC 2002-4-4. 한국교육과정평가원.

동아일보(2012). 초등생 싫어하는 과목 1위는? "나는 공부가 싫었어!" 동아일보 2012.08.23. https://www.donga.com/news/Culture/article/all/20120823/48820626/3

모경환・차경수(2021). 「사회과교육」. 동문사.

서경혜(2004). 좋은 수업에 대한 관점과 개념: 교사와 학생 면담 연구. 「교육과정연구」, 제22권 4호, pp.165-187.

서재복 외(2011). 「교사교육론」. 태영출판사.

설규주(2007). 초등 사회과 수업의 패턴 고찰을 통한 수업 전문성 제고 방안 연구. 「사회과교육」, 46(4), 59-90.

손승남(2006). 좋은 수업의 조건: 교수론적 관점들. 「교육사상연구」, 20, 115-134.

옥일남(2004). 초・중・고등학교 학생들의 학습된 무력감 연구-사회과를 중심으로-. 「시민교육연구」, 제36권 2호, pp.105-139.

이상석, 장국언(2007). 사회과 수업에서 집단탐구 협동학습 방법이 중학생의 학습태도에 미치는 영향. 「한국지역지리학회지」, 13(5), 595-607.

이정우(2009). 학생들의 사회과에 대한 태도와 사회 수업 평가: 서울 지역 중등학생을 대상으로 한 기초 조사 연구. 「시민교육연구」, 41(1), 141-165.

정문성(1996). 초등학생의 사회과에 대한 인식과 태도. 「시민교육연구」, 22, 171-196.

정문성(2005). 사회과 교수-학습 방법의 동향과 과제. 「교원교육」, 21(3), 27-47.

허수미(2013). '좋은 수업'의 의미 탐색과 수업전문성 평가준거로서의 활용 방안 -사회과 수업을 중심으로-. 「사회과교육연구」, 20(4), 129-149.

홍미화(2010). 초등 사회과 수업 전문성 재탐색. 「학습자중심교과교육연구」, 10(3), 599-618.

Borich, G. D.(2010). *Effective teaching methods: Research-based practice*(7th ed.). Pearson. (박승배 외 역(2011). 「효과적인 교수법」. 아카데미프레스)

Joyce, B., Weil, M. & Calhoun, E.(2009). *Models of Teaching*(8th ed). Boston: Ally & Bacon.

Mahood, W., Biemer, L. & Lowe, W. T.(1991). *Teaching social studies in middle and senior high school: Decision! Decision!*. New York: Macmillan.

NBPTS(2010/2016). Social Studies-History Standards for teachers of students ages 7-18+ (2nd edition).

https://www.nbpts.org/wp-content/uploads/2021/09/EAYA-SSH.pdf 2023. 11. 1. 검색

제2부

사회과 수업 모형

제1장 개념학습
제2장 문제해결학습
제3장 탐구학습
제4장 의사결정학습
제5장 쟁점중심 토론수업(논쟁 문제 수업)
제6장 가치수업

제 1 장

개념학습

1. 개념과 개념학습

사회과의 학습 내용에서 가장 큰 비중을 차지하는 것이 개념이다. 개념은 우리가 경험하는 현상들을 어떠한 기준에 따라서 범주화한 것으로서, 사고의 기본 요소라 할 수 있다. 개념은 무수히 많은 생명체, 사물, 사건들을 보다 유용한 소수의 범주들로 쉽게 분류할 수 있게 해준다. 우리는 여러 현상들을 개념 범주들로 분류하면서 그것들의 기본적이거나 독특한 특징들을 파악하게 된다. 그리고 이러한 특징들을 그 특정 개념과 관련된 과거의 예시나 고정관념과 비교하며 검토하게 된다(Beal & Bolick, 2013). 이러한 개념은 고차적 사고력 학습을 위해서 필수적인 요소이다. 특히 사회과에서 사회 현상을 이해하고 파악하는 데 있어서 가장 기초가 되는 것이 바로 '개념'이다.

인간은 개념을 형성한 후 그 개념을 틀로 삼아 사회를 바라보며, 사회에서의 다양한 경험은 이미 형성되었던 개념을 수정하거나 강화한다. 또한 개념은 추상적 사고 등 더 높은 차원의 사고를 가능하게 해 주는 기반이 된다. 사회과에서는 개념이 학습 목표이자 다른 목표를 달성하기 위한 도구로 사용된다. 따라서 사회과에서의 개념학습은 시민성을 기르기 위해 필수 불가결한 요소라 할 수 있다.

개념학습은 기억과 이해를 쉽게 하고 오래 지속시킬 뿐만 아니라, 무한한 추상적 사고를 가능하게 하여 우리의 사고를 보다 높은 수준에서 할 수 있게 한다. 또한 추상적 이념형으로서의 개념과 현실 상황 사이의 관계를 분석함으로써 이상과 현실, 이론과 실제, 말과 행동 사이의 불일치 또는 이중구조를 극복하는 데 도움을 준다(차경수, 1993).

이렇게 사회과 수업에서 개념을 충분히 파악하여 개념 형성뿐만 아니라, 사회생활에 적용할 수 있을 정도의 개념학습이 이루어져야 함에도 불구하고 효과적인 개념학습에 대한 논의는 미흡한 편이다. 이는 개념학습에 관한 모형들이 존재하지만 실제로 활용하기는 쉽지 않기 때문으로 보인다.

모든 학습, 사고, 행동은 개념을 포함한다. 개념은 우리의 삶을 풍요롭게 하고, 다른 사람과의 의사소통을 쉽게 만들어 준다. 개인들이 많은 공통된 개념을 공유하기 때문에, 자세한 설명 없이도 정보를 빠르고 효율적으로 교환할 수 있다(Beal & Bolick, 2013). 개념이란 범주의 심적 표상(mental representation)을 의미한다(Jonassen, 2006). 범주는 사람들이 동일 유목으로 인식하는 사물들의 그룹을 지칭한다. 즉, 범주는 동일 유목으로 사람들이 기억에 저장하고 있는 예시들의 집합이며, 개념은 그 예시들을 규정하는 규칙, 정의, 속성 또는 속성들 간의 관계 등에 대한 정신적 표상이다(신현정, 2000).

다시 말해, 개념이란 우리가 경험한 것을 공통된 특징에 따라 묶은 범주를 의미한다. 범주는 사물을 특정 속성을 기준으로 집단화한 것을 말하며, 이는 분류와 비슷한 개념이다. 쉽게 설명하자면, 우리가 관찰한 것을 어떤 기준(속성)에 따라서 비슷한 것끼리 분류를 하고, 그 집단에 이름을 붙인 추상적인 용어가 개념이다. 요컨대 개념이란 관찰 → 분류(범주화) → 이름 붙이기(명명)의 과정을 거쳐 단어나 구(句)로 표현한 용어이다(차경수 · 모경환, 2008).

구정화(1995: 16-17)는 사회과교육에서 '개념'이 중요한 의미를 갖는 이유를 세 가지로 제시하였다.

첫째, 사회과교육의 목표를 달성하기 위한 교과 내용은 브루너(Bruner)에 의해 교육과정의 구조화가 강조된 이후, 교과 내용을 사실, 개념, 일반화, 법칙, 이론 등으로 나누는 구조중심주의적 입장에서 구성되고 있다. 여기서 사회적 현상인 '사실'을 간결하고 명료하게 설명해 주는 것이 '개념'이다. 그리고 이 개념들 간의 관계를 통해 '법칙(일반화)'이 구성되며, 이를 바탕으로 '이론'이 만들어진다. 이렇게 구조화된 지식은 사회과교육의 목표 달성을 위한 주요 학습 내용이 된다. 그러나 이들 중에서 '사실'은 교육적으로 큰 의미가 없고, 일반화나 이론, 법칙 등은 초·중등 학습자를 위해 정립된 것이 많지 않다. 따라서 사회과교육의 내용 중에서 가장 중요한 부분을 차지하는 것은 개념이다. 이처럼 사회과교육 내용에서 개념이 중요한 의미를 갖기 때문에, 사회과를 가르친다는 것은 바로 개념을 중심으로 가르친다는 것과 같다(차경수, 1993).

둘째, 사회과교육은 여타 교과와 달리 사회학, 인류학, 경제학, 지리학, 정치학, 역사학 등 여러 학문 분야가 연결된 간학문적인 교과로, 각 학문 영역에서뿐만 아니라 상호 연관된 영역에서도 중요한 개념이 많이 분포되어 있다. 따라서 이러한 중요한 개념들을 이해하지 않고서는 사회과교육의 많은 내용을 습득하기 어렵다. 사회과교육에서 다루는 개념은 급속도로 복잡하게 발전하는 현대 사회가 직면하는 새로운 사회현상과 상황을 이해하는 데 도움을 준다. 또한, 미래 사회 발전을 예측하는 데 필수적인 사회적 영향, 특성 및 상호 연관성을 이해하는 데에도 도움이 된다.

셋째, 개념학습은 기억과 이해를 쉽게 하고 오래 지속시킬 뿐만 아니라, 무한한 추상적 사고를 가능하게 하여 우리의 사고를 보다 높은 차원으로 이끌어준다. 또한, 추상적인 개념과 현실적인 상황 간의 관계를 분석함으로써 이상과 현실, 이론과 실제, 말과 행동 사이의 불일치나 이중구조를 극복하는 데 도움을 준다(차경수, 1993).

2. 개념의 의미와 종류

개념은 그 본질, 용도, 확실성에 따라 세 가지 방식으로 분류된다. 브루너(Bruner, 1956)는 개념의 본질에 따라 접합개념, 이접개념, 관계개념으로 분류할 것을 제안했다. 교수 전략을 세울 때는 이러한 개념의 종류를 고려해야 한다. 첫째, 접합개념(conjunctive concept)은 여러 속성이 결합된 형태로 정의된다. 개념의 교수에 관한 대부분의 연구는 이러한 종류의 개념을 다루어 왔다. 접합 개념의 좋은 예로 개인의 직업, 소득원, 거주 지역, 주거 형태에 따라 정의되는 '사회 계층'

을 들 수 있다. 둘째, 이접개념(disjunctive concept)은 대안적인 속성에 의해 정의된다. 이접개념의 좋은 예로 '시민'을 들 수 있다. 시민은 특정 개인이 한 나라에서 태어났거나, 부모가 그 나라에서 태어났거나, 특정한 시험을 통과해서 귀화한 사람으로 정의될 수 있다.

접합개념은 속성을 "그리고"로 연결하고, 이접개념은 속성을 "또는"으로 분리한다. 우리는 보통 개념의 여러 예에서 공통적인 요소를 찾아보는 것으로 접합개념을 배운다. 고전 수학에서는 학생들에게 다양한 삼각형을 제시하고 이들로부터 공통점을 찾게 함으로써 삼각형의 개념을 가르쳤다. 삼각형이 접합개념이라면 이는 좋은 교수 전략이다. 이접개념을 교수하는 예로서, 제국주의의 표준적인 사전적 의미는 "제국이나 국가의 통치나 권위를 국외로 확장하거나 식민지와 속국을 획득하고 소유하려는 정책"이다. 이 정의에 따르면 제국주의는 이접개념이다(Hunt & Metcalf, 1963).

셋째, 관계개념(relational concept)은 속성 간의 관계로 정의된다. 예컨대 '밀도'라는 개념은 질량을 부피로 나눈 값으로 정의되기 때문에, 이는 관계개념이다. 만약 두 속성의 값을 알고 있다면, 다른 속성의 값을 구할 수 있다. 브루너는 관계개념의 예로, 소득 수준 대비 부양가족 수의 관계로 정의되는 '과세구간'을 들었다.

관계개념과 일반화(generalization)는 혼동하기 쉽다. 적자 재정, 인플레이션, 완전 고용에 대한 진술은 관계개념이 아니라 일반화이다. 예를 들어, 총 노동 가능 인구 중 고용된 노동 인구의 비율로 정의되는 '완전 고용'은 관계개념이다. 그러나 특정 경제공동체가 '완전 고용 상태에 도달했다'는 진술은 일반화다(Hunt & Metcalf, 1963).

한편, 개념의 의미를 명확히 파악하기 위해서는 외연적 의미와 내포적 의미를 구분해야 한다. 내포적 의미는 개념이 지닌 특성, 즉 속성의 총합을 말하며, 외연적 의미는 개념이 적용되는 구성원의 총합을 말한다. 도시의 '외연'은 런던, 파리, 뉴욕, 베를린, 도쿄, 모스크바, 나이로비 등을 포함한다. 이에 반해 도시의 '내포'는 "인구 밀도가 높고 총인구가 많은, 정치적으로 독립된 지역"이라는 특성이다. 이 정의에 따르면 도시는 명백한 접합개념이다(Hunt & Metcalf, 1963).

다음으로, 개념의 의미를 개인적 의미와 공식적 의미로 나눌 수 있다. 공식적 정의는 법률, 학문, 종교 등의 권위에 의해 규정된 것이다. 예를 들어, 질병의 의미를 알고 싶다면 의료 전문가에게 공식적 의미를 물어보면 된다. 법률 전문가는 불법 행위와 계약을 정의할 수 있다. 학생들은 개인적 정의 대신에 학문에서 요구되는 공식적 정의를 먼저 습득해야 한다. 즉, 학생들은 자신이 생각하는 노동이 아니라 경제학자들이 말하는 노동을 배워야 한다. 그러나 교사는 또한 학생들의 개인적 정의에 관심을 가져야 한다. 개인적 의미는 학습자가 특정 개념과 관련하여 가지고 있는 독특한 연상들로 구성된다. 이러한 개인적 정의를 묻는 것은 교사가 학생들의 배경을 파악하는 데 도움이 된다. 예를 들어, 사회과 교사는 "민주주의가 나에게 무엇을 의미하는지"에 대해 쓰도록 과제를 부여할 수 있다. 학생들은 일부 의미를 공유하겠지만, 각 학생은 민주주의를 조금씩 다르게 이해할 수 있다.

한편, 상투개념(또는 고정관념)이라고 불리는 특별한 종류의 개념이 있다. 개념이 적용되는 모든 사례에서 발견되는 필수적인 특성을 결정적 속성(critical attributes)이라고 하며, 추가적이지만 사례마다 다를 수 있는 특성을 비결정적 속성(non-critical attributes)이라고 한다. 상투개념은 비결정적 속성을 결정적 속성으로 오인할 때 발생한다.

예를 들어, "모든 흑인은 게으르다"라는 고정관념이 있다. 이러한 고정관념을 받아들이는 사람들은 흑인이라면 누구나 게으른 사람이라고 추론할 것이다. 그러나 이들은 게으른 사람이라면 누구나 흑인이라고 생각하지는 않을 것이다(모경환·차경수, 2021). 즉, 고정관념을 가진 사람들은 범주로부터 특성을 추론하지만, 결코 특성으로부터 범주를 추론하지는 않는다. 이러한 고정관념에 주의하여 개념의 속성을 바르게 인식하는 것이 개념의 학습에서 중요하다.

3. 개념학습의 교수원리

마르토렐라 등(Martorella et al., 2008)은 개념학습에 필요한 교수 방법 및 학습 전략을 다음과 같이 나열하고 있다.

1. 수업에 다룰 예정인 예들과 예가 아닌 것들을 준비하고, 논리적인 순서로 배열하라. 개념의 이상형에 부합하는 예를 적어도 한 개 포함하라.
2. 결정적 속성, 예와 예가 아닌 것의 유사점, 차이점에 학생들의 주의를 기울이게 하는 단서, 방향, 질문, 학생 활동을 제시하라.
3. 학생들에게 모든 설명을 최적의 예와 비교하게 하고, 그 비교가 적절한지 피드백을 제공하라.
4. 만약 결정적인 속성이 명확히 규정되지 않거나 모호하다면 최적의 예의 핵심적인 특징으로 주의를 집중하라.
5. 개념의 명백한 정의가 있다면, 적당한 학습 단계에서 학생들에게 의미 있는 용어로 그것을 유도하거나 진술하라.
6. 토론을 통하여 학생의 선행 지식과 관련된 다른 개념의 맥락에 그 개념을 배열하라.
7. 개념의 숙달은 최소한의 수준—즉, 학생이 새로운 예와 예가 아닌 것을 올바르게 구별할 수 있는지—에서 평가하라.
8. 개념 숙달을 더 고급의 수준에서 평가하라; 예를 들어 학생에게 새로운 예를 만들거나 개념을 새로운 상황에 적용하도록 요구하라.

현재 사회과에서 많이 사용되고 있는 개념학습 모형은 속성모형, 원형모형, 상황모형 등으로 나눌 수 있다(모경환 · 차경수, 2021).

1) 속성모형

학생들에게 개념을 가르칠 때, 개념의 정의적 특징을 중심으로 가르치는 방법을 속성모형(Classical/Attribute Model)이라고 한다. 가장 전통적인 방법이기 때문에 고전모형이라고도 불린다. 이 모형은 개념의 형성 과정에서 그 개념의 고유한 특징이 가장 중요한 요소라고 보고, 이 특징을 중심으로 개념을 이해하려고 한다. 이 모형의 기본적인 가정은 다음과 같다. 첫째, 개념은 그 개념의 구성원 전체를 묘사하는 단일한 표상으로 이루어진다. 둘째, 개념을 정의하기 위한 필수적인 결정적 속성들을 가진다. 셋째, 그 개념의 구체적인 사례 또는 하위 개념들은 결정적인 속성들을 모두 가지고 있다(Mathews et al., 1985).

이 모형에서는 교사는 먼저 학생들이 개념의 정의적 속성을 이해하거나 발견하도록 유도하고, 다음으로 어떤 사례가 이러한 속성에 부합하고 어떤 사례가 부합하지 않는지 구별하도록 한다. 이 과정에서 이러한 속성이 새로운 사례에 잘 적용되는지를 검증하는 과정이 필요하며, 이를 가설검증이라고 한다. 그런 다음 속성을 면밀히 검토한 후에는 개념의 종류, 형태, 상호관계 등에 대한 개념분석을 시도한다. 개념의 다양한 특성이 추가적으로 결합되는지 아니면 분리적으로 구성되는지를 검토한다. 이어서 개념분석의 다음 단계에서는 개념과 관련된 여러 문제를 탐구한다. 이러한 문제들은 '예'와 '예가 아닌 것'의 분석을 통해 검토할 수 있지만, 현실적인 맥락에서의 의미를 가진 문제들도 충분히 고려해야 한다. 최종 단계로서 평가를 진행한다.

이 모형은 논리적이며 인간의 인지적 활동 과정에 부합한다는 이유로 모형의 지지자들이 많다. 또한 대다수의 일반적인 개념을 설명하는 데 적합하다고 할 수 있다. 그러나 많은 개념들이 명확한 특징을 갖지 않을 수 있으며, 어린 학습자가 추상적 특징을 파악하는 데 어려움을 겪을 수 있다. 추상적인 개념은 그 특징을 명확히 파악하기 어렵고, 일부 개념은 공통적인 특징을 가지면서도 고유한 추가적인 특징을 가질 수 있어서 복잡할 수 있다. 이 경우, 고전모형으로는 개념을 가르치기 어려울 수 있으므로, 적절한 예를 통해 개념을 설명하는 것이 중요한데, 이를 위해 등장한 것이 바로 다음에 나오는 원형모형이다.

2) 원형모형

원형모형 또는 전형 모형(prototype model)은 고전모형, 즉 속성모형이 제시하는 속성의 진술로는 개념이 불명확한 경우, 이를 설명하기 위해서 등장하였다. 원형에는 첫째, 수많은 실제 예를 통해 학습자의 마음속에 재구성된 '이상적 원형(idealized prototype)'이 있고, 둘째, 실제 예들 중에서 가장 전형성이 높은 것, 즉 최적의 예(best example)가 학습자의 마음속에 구성되는 실제적 원형(actual prototype)이 있다(Smith & Medin, 1981).

일부 학자들은 '원형모형'과 '예 모형'이 비슷한 점이 있기 때문에 특별히 구분할 필요가 없다고 주장한다. 그러나 인지적 측면에서 중요한 차이점이 있기 때문에 이 점을 명확히 하는 것이 필요하다. '예 모형(exemplar model)'은 원형모형이 주장한 바와 같이 추상적이고 이상적인 모습의 원형을 구성하여 구체적인 사례와 비교함으로써 이해해서는 안 된다고 주장한다. 대신에, 실제로 존재하는 구체적인 예를 직접 머릿속에 기억하여 그 범주, 즉 개념을 이해해야 한다고 주장한다.

원형모형은 고전모형이 해결하지 못한 것을 해결하기 위해 나타난 모형이라서 고전모형으로는 교수하기 어려운 개념을 가르칠 수 있는 장점이 있다. 대상의 특징을 나열하여 예를 통해 자연스럽게 이해할 수 있으며, 고전모형에서와 같이 특징을 나열하고 정의를 내리며 맞는 특징과 안 맞는 특징을 복잡하게 선택하는 과정을 생략할 수 있다. 이는 개념을 이해하는 과정이 더 쉬워진다는 것을 의미한다. 또한 특징이 모호하고 개념의 이해가 불명확하며 대표성이 부족한 경우에도 적절한 예를 제공하여 개념을 이해할 수 있게 하는 장점이 있다. 그러나 하나의 범주에 속하는 예들이 왜 집단적 특성을 갖는지 설명하는 방법이 부족하며, 추상화나 일반화하기가 어려운 단점이 있다. 또한 하나의 개념에 속하는 대상들이 왜 서로 비슷하게 보이는지 설명하는 데 제한이 있다.

3) 상황모형

상황모형 또는 사회적 맥락 모형(social context model)은 특정 사회 및 문화적 환경 내에서 학생이 직접 겪은 경험이나 기대, 행동 등을 중심으로 개념을 가르치려는 방법이다. 이 모형은 학습자가 어떤 자극이나 대상, 상황을 인식하거나 이해하는 것이 진공상태에서 이루어지는 것이 아니라 반드시 역사적 유산, 개인적 욕구와 필요성, 사회문화적 요인에 의해 영향을 받는다는 것을 강조한다. 즉, 개념학습에서는 이러한 맥락적 요인의 중요성이 강조되어야 개념을 올바르게 이해할 수 있다고 본다. 많은 학자들이 다양한 문화적 맥락에 따른 인지 과정의 다양성을 인정하고 있다. 특히 사회과에서는 정치, 경제, 문화와 관련된 많은 개념들이 다루어지는데 이러한 개념들은 해당 사회의 고유한 역사적, 문화적 배경과 현실을 고려하지 않으면 이해하기는 어렵다.

상황모형은 학습자가 학습하는 정치, 경제, 사회문화적 여러 개념을 특정 사회 및 문화적 맥락에서 이해하는 데 도움을 준다. 그러나 추상화와 일반화를 통해 개념의 보편성을 파악하는 데에는 한계가 있다는 단점이 있다. 방법 측면에서 상황모형이 고전모형이나 원형모형이 사용하고 있는 속성검토나 예 검토와는 전혀 다른 방법을 사용하는가에 대한 의문이 있다. 또한 고전모형이나 원형모형으로 사회적 상황을 가르치기 불가능한 것인가에 대한 의문이 남아 있다. 이러한 문제에 대한 명확한 대답은 아직 없으며, 앞으로의 연구과제로 남아 있다.

〈표 17〉 개념 학습 모형의 교수 · 학습 단계(모경환 · 차경수, 2021)

속성모형	원형모형, 예모형	상황모형
① 문제 제기 ② 속성 제시와 정의 ③ 결정적 속성과 비결정적 속성 검토 ④ '예'와 '예 아닌 것' 검토 ⑤ 가설 검증 ⑥ 개념의 형태, 종류, 관계 등 개념분석 ⑦ 관련 문제 검토 ⑧ 평가	① 문제 제기 ② 원형 또는 예 제시 ③ 예가 아닌 것 제시 ④ 속성 검토 ⑤ 개념 분석 ⑥ 관련 문제 검토 ⑦ 평가	① 문제 제기 ② 상황 및 경험의 진술 ③ 예와 예가 아닌 것의 검토 ④ 속성 검토 ⑤ 개념 분석 ⑥ 관련 문제 분석 ⑦ 평가

4. 교수 · 학습 과정 및 적용 사례

〈표 18〉 속성모형 수업의 단계('사회적 소수자')

수업 단계	활동
1단계: 문제 제기	최근 이주 노동자를 상대로 한 차별 · 혐오사례가 지속해서 발생하고 있다. 학생들에게 우리 사회 특정 집단에 대해 발생하는 차별 문제에 대해 생각해 보도록 한다.
2단계: 속성 제시와 정의	신체적 또는 문화적 특징으로 인해 사회의 다른 구성원으로부터 차별을 받으며, 자신이 차별받는 집단에 속해 있다는 의식을 지닌 사람들을 사회적 소수자라고 한다.
3단계: 결정적 속성과 비결정적 속성 검토	결정적 속성: 신체적 또는 문화적 구별, 차별 경험, 피차별 의식 비결정적 속성: 집단의 크기, 거주지
4단계: '예'와 '예 아닌 것' 검토	'예': 이동권의 제한을 받는 장애인 '예 아닌 것': 과거 남아프리카 공화국의 소수 백인
5단계: 가설 검증	2015년 여성의 참정권을 허용한 사우디아라비아, 과거 남아프리카 공화국의 다수 유색인종 등의 사례를 제시하여, 학생들로 하여금 사회적 소수자의 '예'인지 검증하도록 한다.
6단계: 개념의 형태, 종류, 관계 등 개념 분석	사회적 영향력, 유리 천장, 장애인 이동권 등 관련 개념과의 관계를 설명한다.
7단계: 관련 문제 검토	'장애인고용촉진 및 직업재활법,' '적극적 차별 시정조치' 등을 조사하도록 한다.
8단계: 평가	3단계에서 비결정적 속성을 결정적 속성으로 오인하는 경우 [상투개념/고정관념(stereotype)]을 형성하게 됨을 확인한다.

〈표 19〉 원형모형 수업의 단계('세대 간 사회 이동')

수업 단계	활동
1단계: 문제 제기	한국인은 사회이동 가능성을 비관적으로 인식하는 경향이 강하고, 특히 대졸 이상 학력층에서 더 비관적이라는 조사 결과에 대해 생각해 보도록 한다.
2단계: 원형 또는 예 제시	아버지는 가난한 농부였으나, 그 자녀는 대기업의 회장이 된 A 씨의 경우가 '세대 간' 사회 이동의 대표적인 예다.

수업 단계	활동
3단계: 예가 아닌 것 제시	젊은 시절에 하위직 공무원으로 출발해서 열심히 노력하여 나중에 고위직 공무원이 된 B 씨의 경우는 '세대 내' 사회이동에 해당한다.
4단계: 속성 검토	두 세대 이상에 걸쳐 이루어지는 계층적 위치의 변화를 세대 간 사회 이동이라고 한다.
5단계: 개념 분석	개인적 이동, 구조적 이동, 세대 내 이동, 세대 간 이동 등 관련들의 차이를 설명한다.
6단계: 관련 문제 검토	세대 간 사회 이동을 촉진하는 요인과 저해하는 요인이 무엇인지 조사하도록 한다.
7단계: 평가	5단계에서 세대 간 이동의 예가 아닌 것을 세대 간 이동의 예로 오인하는 경우, 오개념을 형성하게 됨을 확인한다.

〈표 20〉 상황모형 수업의 단계('공공 기관')

수업 단계	활동
1단계: 문제 제기	일상생활에서 주민들이 안전하고 편리하게 생활할 수 있도록 여러 가지 일을 하는 기관들이 있음을 환기한다.
2단계: 상황 및 경험의 진술	시청이나 구청, 소방서에 가보았거나 도움을 받은 적이 있는지 경험을 공유하도록 한다.
3단계: 예와 예 아닌 것의 검토	도서관, 소방서 또는 보건소는 주민 전체를 위해 일하는 곳인 데 반해, 영화관, 미용실, 문구점 등은 일부 주민들의 편익을 위하는 곳임을 구별한다.
4단계: 속성 검토	공공기관은 개인이 아닌 주민 전체의 이익과 생활의 편리를 위해 국가나 지방자치단체가 세우거나 관리하는 곳을 말한다.
5단계: 개념 분석	국가, 지방자치단체, 민원, 공무원 등의 개념을 설명한다.
6단계: 관련 문제 분석	우리 지역 공공 기관의 종류와 역할을 조사하거나 조선시대의 공공 기관을 조사하도록 한다.
7단계: 평가	4단계에서 공공 기관을 구분하는 기준을 명확히 파악하는 것을 확인한다.

참고문헌

구정화(1995). "사회과 동위개념의 효과적인 학습 방법 연구". 서울대 교육학 박사학위논문.

모경환 · 차경수(2021). 「사회과교육」. 서울: 동문사.

신현정(2000). 「개념과 범주화」. 서울: 아카넷.

차경수(1993). "개념학습과 고급사고력 함양: 21세기 한국시민사회의 발전과 한국병 치료를 위한 사회과교육의 처방". 「사회와 교육」, 17집, pp.1-17.

차경수 · 모경환(2008). 「사회과교육」. 서울: 동문사.

Beal, C. & Bolick, C. M.(2013). *Teaching social studies in middle and secondary schools.* Boston, MA: Pearson.

Bruner, J. S., Goodnow, J., & Austin, G.(1956). *A study of thinking.* New York: John Wiley.

Hunt, M. P. & Metcalf, L. E.(1968). *Teaching High School Social Studies -Problems in Reflective Thinking and Social Understanding* (2nd Edition). Harper & Row.

Jonassen, D. H.(2006). On the role of concepts in learning and instructional design. *Educational Technology Research and Development*, 54(2), 177-196.

Mathews, R. C., Stanley, W. B., Buss, R. R., & Chinn, R. A. (1985). Concept Learning: What Happens When Hypothesis Testing Fails? *The Journal of Experimental Education,* 53(2), 91-96.

Smith, E. E. & Medin, D. L.(1981). *Categories and Concepts*. Harvard University Press.

제 2 장 문제해결학습

1. 의미

문제해결학습은 우리 지역의 사회문제와 해결방안, 우리 도시의 문제와 해결방안, 가족문제 또는 청소년의 문제와 해결방안 등 학생이 일상생활에서 부딪히는 문제[1]를 다룬다. 문제해결학습은 학생들이 직면하는 일상적 문제를 합리적으로 해결하는 '문제해결력'의 신장을 목표로 한다(박상준, 2022). 문제해결학습은 어린이가 직면하는 문제의 해결을 위한 활동을 중심으로 하는 학습이다. 인간과 환경과의 상호작용 방법 혹은 그 결과를 경험이라고 할 때, 문제해결학습은 여러 가지 경험 중에서, 지금까지의 경험으로는 간단히 풀 수 없는 문제사태에 있어서의 해결적 경험을 의도적으로 교육의 장에 도입하여 학습방법으로서 조직한 것이다. 따라서 문제해결학습은 학문상의 지식이나 기능의 교수를 전제로 하여, 그것들을 체계적으로 습득시키려고 하는 학습과는 본질적으로 다르다(권오정 외, 1987).

2. 목표와 교수원리(사고과정으로서의 교수 · 학습 과정)

문제해결학습의 목표는 학생들에게 문제해결능력을 길러주는 것이다. 사회과 교육이 목적하는 바는 올바른 사회인식의 형성을 토대로 한 바람직한 시민적 자질의 육성이다. 사회과수업은 이러한 목적을 달성하기 위한 실천이다. 다만 이러한 목적은 한 시간 한 시간 단위의 수업을 통해 달성된다고 볼 수 없으며, 장기적인

1) 학교교육에서 다룰 수 있는 문제로 과학적 문제, 기술적 문제, 철학적 문제, 사회적 문제, 개인적 문제로 분류하고 있다(박상준, 2022).

실천적 축적이 이루어져야 한다. 다시 말하여, 사회과수업이란 사회인식의 형성을 위한 교육적 실천이라는 것이다. 따라서 사회과수업 과정은 사회인식의 과정에 따라 계획될 수밖에 없다. 그런데 사회인식의 과정에 대한 견해는 하나가 아니다. 결국 사회인식론의 차이는 사회과수업관의 차이를 낳고, 사회과수업관의 차이에 따라 사회과수업의 구성・실천도 달라진다는 것이다. 문제해결학습의 사회인식론은 인식 주체(학습자)의 체험, 경험 속에서 문제를 발견하고, 그 문제 해결을 위한 사고 탐구의 과정 혹은 그 결과로 사회인식이 형성된다는 것이다. 즉 사회 인식 주체의 사고 과정・방법이 사회인식의 과정・방법이라는 것이다. 듀이는 인식과 행위, 이론과 실천, 행동의 목적으로서의 마음과 행동의 수단으로서의 신체를 분리하여 파악하는 것을 거부한다.

따라서 프래그머티즘(듀이)의 인식론에 따르면, 지식이란 그 자체로서는 완전한 것이 될 수 없으며, 어린이의 생활 속에서 적용 가능성을 지닐 때 의미를 갖게 된다. 통일체로서의 생활-환경 속에서 일정한 대상의 상호 관련적 구조, 즉 망상조직을 상징하는 것만이 완전한 지식이라는 것이다. 어린이가 스스로의 활동-경험에 의미, 가치를 부여할 수 있는 유용성을 지닌 것이 진리이며, 객관적 조건이 진리 결정 기준이 될 수 없게 된다(Dewey, 1916). 이와 같이 주체적 통일성, 구체적 유용성을 갖는 지식을 탐구하는 것이 '사고'이다. 사태가 불확실하고 의문스러울 때, 그 문제상황을 극복할 수 있는 방안을 찾아 시험적으로 행동해 보는 것과 그 결과 일어나는 것과의 관계를 인식하는 것이 '사고'인 것이다. 사고가 동반되지 않은 경험은 의미를 가질 수 없으며, 경험 속에 포함되는 이지적 요소를 명백히 하는 사고가 있음으로써, 목적지향적인 의미 있는 행동이 가능해진다. 사고 없는 행동은 다만 관습에 따르는 기계적인 반복을 되풀이할 따름이다(Dewey, 1916). 어떠한 사고 과정도 현상태로서는 불완전하고 성숙되지 않은 현재 진행 중의 문제상황[2])으로부터 출발하는 탐구과정이다. 사고-탐구는 항상 미지의 세계에 도전하

2) 문제상황의 특징은 한마디로 '불확실성'에 있다. 불확실하다는 것은 "아직 성격이 충분히 파악되지 않은 불완전한 사태에 처하여 우리가 느끼는 곤혹, 혼란, 의심"과 같은 것으로서, 현재의 상황이 개인의 행동에 일정한 방향성을 주지 못하고 혼란이나 갈등을 야기하는 것을 말한다. 즉, 문제상황은 "기로적 상황. 즉 애매하고 모순되며 양자택일을 요구하는 상황"인 것이다. 듀

는 행위로, 지식의 습득은 탐구의 2차적인 산물일 뿐이다. 그러므로 어린이가 사고-탐구한다는 것은 그것이 비록 모든 사람이 알고 있는 사실에 대한 것일지라도, 어린이 자신에게 있어서는 본래적이고 독창적인 의미를 갖는다(Dewey, 1916). 이 사고-탐구과정은 지적 재구성의 과정으로 ① 불완전한 정황 속에서의 당혹, 혼란, 의혹(문제상황), ② 해결해야 할 특수한 문제의 명확화와 신중한 분석(문제설정), ③ 가능 상황의 시사나 가정(가설), ④ 제안된 가설의 논리적 결과에 관한 추리(추론), ⑤ 가설의 최종적 점검과 평가(실험), ⑥ 문제해결을 성취한 결정적 상황(보증된 언명)의 단계로 전개되어 간다. 그리고 이 과정은 다음과 같은 의미를 내포하고 있다.

첫째, 탐구의 여러 단계나 계기는 실제 탐구의 행위의 시간적 순서를 나타내는 것은 아니다.

둘째, 탐구 결과의 의미는 반드시 실천적 성패에 의해 제한되지 않는다.

셋째, 탐구적 분석은 단순히 특정 방법의 묘사나 답습이 아니라, 탐구원리의 발견과 그 원리에 터한 방법의 수정까지를 포함한다.

넷째, 탐구의 성공 여부는 탐구 규준의 파악에 의존하는 것이 아니라, 구체적인 상황 속에서 어떻게 그 규준을 활용하느냐에 달려있다.

다섯째, 지식은 탐구의 산물로서, 탐구를 통하여 그 정당성이 보증될 수도 부정될 수도 있다.

사고과정으로서의 교수・학습과정에서 목표하는 것은 위와 같은 의미를 갖는 탐구를 통하여 바람직한 사고 습관을 기르는 데 있으며, 이를 위한 교수・학습방법은 다음과 같이 요약할 수 있다(Dewey, 1916).

① 어린이가 그 자체 속에서 흥미를 가질 수 있는 관찰의 경험적 장면을 제시하여야 한다.

② 그 장면에서 사고를 불러일으키는 자극으로서의 관찰 문제가 나타나도록 하

이는 문제상황이라는 말에서 '문제'의 의미를 다음과 같이 분석하고 있다. 문제가 된다는 것은 '혼란스러운, 당황스러운, 어지러운, 불안정한, 엉거주춤한' 등의 형용사들이 가리키는 특징을 포함하고 있다. 동시에 그 말은 '거슬림'이라든가 '걸림돌', '분기점', '장애물' 등의 명사들이 가리키는 특징도 내포하고 있다. 요컨대, 문제가 된다는 것은 순조롭고 직접적인 행동의 방향을 가로막는 모든 사건들을 포괄하는 말이다(김무길, 2014).

지 않으면 안 된다.

③ 어린이로 하여금 문제해결에 필요한 정보를 갖게 하고, 관찰하도록 해야 한다.

④ 어린이가 해결책을 구상할 수 있어야 하고, 뿐만 아니라 그것을 정연히 전개시킬 책임을 갖도록 해야 한다.

⑤ 어린이가 스스로의 사고결과를 실제에 적용, 테스트하여 그것들의 의미를 밝히고, 타당성을 발견할 수 있는 기회를 갖도록 해야 한다.

사고과정으로서의 교수·학습 과정에서는 구체적인 사실을 어린이가 주체적으로 자신의 문제로서 학습문제화하여 다룬다(한국교원대학교교과교육연구소, 2003).

문제해결의 과정을 경험하게 한다는 것은 곧 학습자에게 사고발달의 과정을 경험케 한다는 교육적 의의를 갖는다. 문제해결의 과정은 탐구의 과정이며, 이 탐구는 사고 없이는 성립될 수 없다. 그리고 그러한 사고는 무엇인가를 성취하려는 활동과 그 결과를 관련지음으로써 경험의 질을 바꿀 수 있기 때문이다. 사고의 발달을 경험하게 함으로써 경험, 즉 삶의 질을 향상시킬 수 있게 한다는 게 문제해결학습의 인간형성논리이고, 이에 기초한 다음과 같은 교수논리를 갖고 있다.

첫째, 교수·학습의 과정은 열려있어야 한다는 원리이다. 듀이에 따르면 문제해결을 위한 탐구는 불확정한 상황을 확정된 상황으로, 즉 본래 상황의 요소들을 하나의 통일된 전체로 바꾸어 버릴 정도로, 상황을 구성하고 있는 구분이나 관계가 확정된 상황으로 컨트롤되고 방향 지어져 전환되도록 한다. 본래의 불확정적인 상황은 탐구에 대하여 열려 있을 뿐만 아니라, 그 구성 요소가 하나의 결합체를 이루고 있지 않다는 의미에서도 열려 있다. 탐구의 선행 조건은 불확정적인 열려 있는 상황의 제시이며, 탐구의 성과로서의 지식은 수정의 가능성을 갖고 있어야 한다. 원리적으로 모든 지식은 가설적 성격을 갖는 것이며, 이것이 계속되는 탐구에 의하여 고도의 확실성을 띠어 간다. 이러한 논리에 따라 교수·학습과정은 절대적이고 확정적인 지식의 주입-암기 과정이 될 수 없으며, 탐구-사고가 보장된 열린 과정이어야 한다.

둘째, 교수·학습 활동은 학습자의 '흥미'와 '노력'이 상호 조화를 이루고 고양되도록 이루어져야 한다. 듀이는 학습자의 노력을 강조하는 헤겔파와 학습자의 흥미를 강조하는 헤르바르트파 간의 대립을 보다 높은 차원에서 조정하여, 어떤 목적을 갖고 그것을 달성하려는 것을 흥미라 하고, 그것이 외적인 행동으로 나타나 장애에 부딪혀도 이를 극복하려고 하는 것을 노력이라고 보았다. 즉 교수·학습 활동은 흥미와 노력이 상호 자극, 고양, 조화될 수 있도록 설계되어야 한다. 구체적인 문제를 제시하여 흥미를 유발하도록 노력하고, 그 노력의 결과 새로운 흥미를 유발하는 것이야말로 교수·학습 활동의 본래적인 모습이어야 한다(강우철, 1991).

3. 교수·학습 과정 및 유의점

사회과에서 문제해결학습의 과정은 크게 '문제상황 확인 → 문제상황의 요인 및 해결책 추론 → 정보 수집을 통한 최선의 해결책 결정 및 실천'의 순서로 전개된다. 구체적인 수업 과정은 '문제 사태 → 문제 확인 → 정보 수집 → 해결 대안 제시 → 문제 해결 및 정리'의 순서로 제시되거나(권오정 외, 2009: 285-288; 최용규 외, 2014: 141-143), '문제의 확인 → 문제의 잠정적 해결책 설정 → 자료 수집 → 문제의 해결책 결정 → 문제 해결의 실천'의 순서로 제시된다(박상준, 2014: 153-154).

여기에서는 여러 학자들이 제시한 문제해결학습 과정 관련 용어 및 내용을 정리하여 '문제상황 파악 → 문제원인 확인 → 정보수집 → 해결대안 제시 → 문제 해결 및 정리'의 순서로 제시하고자 한다(교육부, 2016: 29-30).

단계	교수-학습 활동	유의점
문제 상황 파악	▷ **당혹스러운 문제 상황 제시** –뭔가 설명이 필요한 문제 상황을 제시한다. ▷ **문제에 공감하기** –문제 사태가 함축하고 있는 심각성에 대해 토의한다.	• 문제 상황이 학생들의 일상생활과 관련될 수 있는 소재가 바람직하다.
문제 원인 확인	▷ **문제의 본질적 원인에 대한 브레인스토밍** –제기된 문제 상황이 벌어진 이유에 대해 생각해 본다. ▷ **문제의 원인에 대한 잠정적 가설 수립** –학생들이 제기한 의견들을 평가한다.	• 생활에서 부딪히는 문제들은 어떻게 바라보느냐에 따라 해결책이 달라질 수 있다는 점을 강조한다.

단계	교수-학습 활동	유의점
정보 수집	▷ **자료 수집** – 문제와 관련된 자료들을 찾아서 문제의 본질 및 해결책에 대한 정보를 수집한다. ▷ **자료를 통해 결론 얻기** – 모둠별로 자료를 통해 얻은 결론이 무엇인지 토의한다.	• 자료원의 종류에 대해 모둠별 혹은 전체 토의를 통해 결정한다. • 수집할 자료의 종류에 대해 토의한다.
해결 대안 제시	▷ **문제해결책에 대한 브레인스토밍** – 모둠별로 문제해결에 필요한 모든 방안에 대해 자유롭게 브레인스토밍한다. ▷ **문제해결책의 평가** – 각각의 해결책을 평가하고 순위를 정한다.	• 제시된 의견에 대해 비판하지 않고, 자유롭게 의견이 개진되도록 한다.
문제 해결 및 정리	▷ **행동계획 수립** – 문제해결책을 실천할 수 있는 계획을 세운다. ▷ **결과 정리 및 보고**	• 문제의 발생, 문제 본질, 대안 모색, 행동계획 등을 정리하여 모둠별로 발표하게 한다.

4. 교수 · 학습 과정 및 적용 사례[3)]

1. 학습 주제: 우리 지역의 문화유산을 보호할 수 있는 방법 알기
2. 학습 목표: 우리 지역의 문화유산을 보호하기 위한 방법을 알고 실천할 수 있다.
3. 교수 · 학습 과정

단계 (시간)	학습 내용	교수 · 학습 활동		자료 및 유의점
		교 사	학 생	
문제 상황 파악 (5′)	동기 유발	□ 문화유산 훼손 영상 제시하기	■ 문화유산 훼손 영상 보기	■ 영상자료 (문화유산 훼손과 관련된 뉴스 영상을 편집한 영상 1′) • 우리 지역의 문화유산 훼
		〈문화유산 훼손 뉴스 편집 영상〉 #1. 우리 주변에 있는 다양한 문화유산들이 보호를 받지 못하고 방치되고 있습니다. 쓰레기와 함께 버려진 ○○석탑은...(화면 바뀌며) #2. 오래전부터 태풍에 의해 훼손된 이 문화유산은 사람들의 관심을 받지 못한 채...(화면 전환) #3. ○○도성은 관광객들이 한 것으로 파악되는 낙서로 보는 사람들의 눈살을 찌푸리게 합니다.		

3) 본서에 제시된 초등학교 적용사례는 김준혁(부산수성초등학교), 손동학(부산송정초등학교), 강지헌(부산대신초등학교) 선생님들의 도움을 받아서 작성한 사례입니다. 세 분 선생님의 노고에 감사드립니다.

단계(시간)	학습 내용	교수 · 학습 활동		자료 및 유의점
		교 사	학 생	
	내용 확인	T. 영상에는 어떤 내용이 나왔나요?	S_1. 쓰레기와 함께 버려진 석탑이 나왔습니다. S_2. 태풍에 의해 훼손된 문화유산이 나왔습니다. S_3. 관광객들이 문화유산에 낙서를 하였습니다.	손 사례를 영상으로 준비하여 학생들의 호기심을 유발한다.
	생활 속 경험과 연계	T. 영상에서 본 것처럼 문화유산이 훼손되는 것을 실제로 본 적이 있나요?	S_1. TV에서 산성비로 인해 문화유산이 조금씩 녹고 있는 것을 보았습니다. S_2. 현장체험학습을 갔을 때 문화유산 근처에 쓰레기가 많이 버려져 있었습니다.	• 학생들의 경험과 연결시켜 수업에 대한 흥미를 유발한다.
		T. 문화유산 훼손이 계속 지속된다면 어떤 일이 일어날 수 있을까요?	S_1. 우리나라의 소중한 문화유산이 사라질 것 같습니다. S_2. 우리 지역의 문화유산을 자랑스럽게 소개하기 어려울 것 같습니다. S_3. 우리나라의 문화유산이 계속 훼손되어 후손들에게 문화유산을 물려주기 어려울 것 같습니다.	• 확산적 발문을 통해 사고를 촉진하고, 문화유산이 보호되어야 하는 필요성을 느낄 수 있도록 한다.
	학습 문제 탐색	T. 이번 시간에는 어떤 공부를 해보고 싶습니까?	S_1. 우리 지역의 문화유산이 훼손되는 원인을 공부하고 싶습니다. S_2. 우리 지역의 문화유산을 보호할 수 있는 방법을 공부해보고 싶습니다.	• 학생들로부터 이번 시간에 공부하고 싶은 내용을 이끌어 낸다.
	학습 문제 제시 및 확인	**우리 지역의 문화유산을 보호할 수 있는 방법을 찾아봅시다.**		

<table>
<tr><th rowspan="2">단계
(시간)</th><th rowspan="2">학습
내용</th><th colspan="3">교수 · 학습 활동</th><th rowspan="2">자료 및
유의점</th></tr>
<tr><th>교 사</th><th colspan="2">학 생</th></tr>
<tr><td rowspan="4">문제
원인
확인
및
정보
수집
(8′)</td><td rowspan="4">그래프, 신문, 사진 자료 분석을 통한 원인 분석
[짝 활동]
↓
[전체 활동]</td><td colspan="3">문화유산 훼손의 원인을 생각해요.</td><td rowspan="4">■ 문화유산 훼손 원인 자료(그래프, 신문, 사진 자료)

• 원인 자료는 짝 토의를 할 수 있도록 짝 단위로 제시하며, 학생들이 그래프, 신문, 사진 자료를 분석하며 문화유산 훼손의 원인을 탐구할 수 있도록 한다.</td></tr>
<tr><td>1. 그래프 시각 자료
(태풍이나 지진으로 인한 훼손 건수)</td><td>2. 신문 기사 자료
(사람들의 무관심에 따른 훼손 사례)</td><td>3. 사진 자료
(비양심적인 행동에 따른 훼손 사례)</td></tr>
<tr><td colspan="3">세 가지 원인 자료를 학생들에게 제시한다. (2명당 하나씩 자료 제시)</td></tr>
<tr><td>T. 문화유산 훼손과 관련된 원인 자료를 보고 원인을 짝과 함께 분석해봅시다.

T. 짝 토의 결과 알게 된 문화유산 훼손의 원인은 무엇입니까?</td><td colspan="2">■ 원인 자료를 보고 짝 토의하기
- 그래프 자료를 분석하여 원인을 파악한다.
- 신문자료를 읽고 짝과 원인을 토의한다.
- 사진 자료를 보고 원인을 파악한다.
S_1. 사람들이 문화유산에 무관심하기 때문입니다.
S_2. 태풍이나 지진과 같은 자연재해 때문입니다.
S_3. 사람들의 비양심 때문입니다.</td></tr>
<tr><td rowspan="5">해결
대안
제시
(22′)</td><td rowspan="5">문화 유산을 보호할 수 있는 방법 생각해 보기
[모둠 내 학습
↓
전체 학습]</td><td>T. 모둠별로 각 원인에 대한 보호 방법을 멀티 플로 토의토론으로 생각을 모아 봅시다.</td><td colspan="2">■ 모둠별로 원인에 대한 보호 방법 토의하기
원인1: 태풍, 지진 등의 재난
원인2: 사람들의 무관심
원인3: 비양심적인 행동</td><td>■ 모둠토의판, 색깔펜</td></tr>
<tr><td colspan="3">〈멀티 플로 토의토론 방법〉
1. 토의판 가운데 문제(문화유산 훼손)를 쓴 뒤에 그 문제의 원인을 작성합니다. (3가지 원인 중 1가지를 선택)
2. 모둠원들이 돌아가며 원인에 대한 보호 방법을 말한 뒤에 토의판에 기록합니다.
* 보호 방법 중 우리가 할 수 있는 일을 토의합니다.
3. 문화유산 보호 방법에 대한 모둠의 의견이 많이 제시될 경우 모둠 내에서 투표를 통해 BEST의견을 정합니다.</td><td rowspan="2">• 3가지 원인 중 모둠별로 1가지를 선택하도록 하고, 그 원인을 제거할 수 있는 보호방법을 토의하도록 한다.</td></tr>
<tr><td colspan="3">모둠토의 간 과정중심평가 및 피드백</td></tr>
<tr><td>〈학생 모둠 토의 과정〉</td><td colspan="2">〈교사 순회지도 과정〉</td><td rowspan="2">· 학생들이 실천할 수 있는 일을 토의할 수 있도록 지도한다.</td></tr>
<tr><td>■ 의견을 모으기 위해 1인당 5표를 투표하고, 1표는 자기평가에(자신의 의견이 좋다고 판단될 때만), 4표 중 3표는 가장 좋은 의견, 1표는 차선으로 좋은 의견에 투표하여 상호 평가 및 자기평가가 이루어질 수 있도록 한다.</td><td colspan="2">■ 순회지도 간에 학생 모둠 번호의 색깔펜 확인을 통해 과제 해결에 어려움을 겪는 학생에게 피드백한다. 다양한 원인과 해결방안을 생각 질문으로 유도한다.</td></tr>
</table>

단계 (시간)	학습 내용	교수 · 학습 활동 교 사	 학 생	자료 및 유의점
	보호 방법 발표 하기 (전체 활동)	문화유산 보호 방법을 함께 공유하고 다듬어요		• 모둠마다 다른 결과를 존중하고 차이를 인정한다. ■ 토의판 보조칠판
		T. 여러분들의 모둠 토의 내용을 발표로 함께 나누어 봅시다.	■모둠 발표하기	
		모둠 발표(예시) 〈비양심적인 행동과 관련하여 문화유산을 보호할 수 있는 방법〉 −문화유산 주변에 CCTV설치를 건의한다. −문화유산 보호 캠페인을 연다. −비양심적인 행동을 하는 사람을 문화재청에 신고한다.		
	보호 방법 공유 하기 (전체 활동)	T. □□모둠의 보호 방법에 대해 질문하고 싶은 내용이 있다면 발표해 봅시다. T. □□모둠의 보호 방법에서 수정, 보완하고 싶은 내용이 있으면 발표해 봅시다.	■□□모둠의 협력방안에서 질문할 내용을 발표한다. ■□□모둠의 협력방안에서 수정, 보완하고 싶은 내용을 발표한다.	• 모둠 발표를 하고 질문하고 싶은 점이나 수정, 보완하고 싶은 점을 자유롭게 토의한다.
	사회의 문화유산 보호 노력 알기	T. 실제로 우리 지역은 문화유산을 보호하기 위해 어떤 노력을 하고 있는지 확인해 봅시다. T. 문화유산 보호를 위해 어떤 노력을 하고 있나요?	■문화유산을 보호하기 위해 우리 지역이 어떤 노력을 하고 있는지 확인하기 S_1. 문화유산 지킴이날을 지정하고 있습니다. S_2. 학생들이 문화유산 보호 봉사활동을 하고 있습니다.	■ 영상자료 (우리 사회의 노력 1′) • 학생들이 토의한 내용을 사회와 연결시킨다.
문제 해결 및 정리 (5′)	학습 내용 점검 및 정착 (전체 활동)	T. 이번 시간에 우리는 무엇을 공부했습니까?	S_1. 문화유산 훼손의 원인을 공부했습니다. S_2. 우리 지역이 문화유산을 보호하기 위해 우리가 할 수 있는 일을 토의해보았습니다.	
	알느실 발표하기 (생활과 연결)	T. 공부하면서 알게 된 점, 느낀 점, 실천하고 싶은 점을 발표해 봅시다.	S_1. 문화유산을 보호할 수 있는 다양한 방법이 있다는 것을 알게 되었습니다. S_2. 우리 주변의 문화유산이 훼손되고 있는 점이 가슴 아팠습니다. S_3. 내가 실천할 수 있는 일은 꼭 행동에 옮길 수 있도록 하겠습니다.	• 두더지 발표로 오늘 공부한 내용을 자유롭게 이야기할 수 있도록 허용적인 분위기를 조성한다.
		T. 여러분들이 제작한 문화유산 보호 실천방법은 학교 홈페이지 게시판에 올리도록 하겠습니다.	■ 공부한 내용을 생활과 연결하기	• 공부한 내용을 알고만 끝나는 것이 아니라, 실생활에서 실천할 수 있도록 내면화한다.
	차시예고	T. 다음 시간에는 이번 주제를 정리하는 시간을 갖도록 하겠습니다.	■ 다음 차시 확인하기	

참고문헌

강우철 편(1991). 「달라져야 할 사회과교육」. 교학사.

교육부(2016). 「초등 사회 5-6학년군 교사용 지도서」. 동아출판(주).

권오정 외(1987). 「社會科敎育(1)」. 韓國放送通信大學出版部.

권오정 · 김영석(2009). 「사회과교육학의 구조와 쟁점」. 교육과학사.

김무길(2014). 「존 듀이 교육론의 재조명」. 한국학술정보.

박상준(2022). 「사회과 교재연구 및 교수법」. 교육과학사.

최용규 외(2014). 「사회과 교육과정에서 수업까지 2차 수정판」. 교육과학사.

한국교원대학교교과교육연구소(2003). 「교원양성대학의 초등학교 사회과교육학 교재개발 연구」. 한국교원대학교.

Dewey, J.(1916). Democracy and Education. In J. A. Boydston (Ed.) (1980). *John Dewey: The Middle Works, 1899-1924. 9*. Carbondale: Southern Illinois University Press.

제 3 장 탐구학습

1. 의미

탐구학습 이론은 매우 다양하여 간단히 정의 내리기는 곤란하다. 다만 일반적으로 탐구학습이란 학습자에게 과학의 연구 성과를 낳은 과정이나 방법을 탐구시킴으로써, 탐구라는 행동력의 육성을 지향하고자 하는 학습방법이며, 과학의 기본개념이나 원리의 습득을 중시한다. 탐구학습은 사회 현상을 설명하고 예측하는 데 도움이 되는 일반화된 지식을 획득하게 하는 과정을 학습하게 하는 수업 모형이다.

Dewey는 '탐구란 어떤 신념 또는 상정되어 있는 어떤 지식 형태를 이 신념 혹은 지식 형태를 뒷받침하고 있는 여러 근거에 비추어 적극적이며 끈기 있고 세심하게 고찰하는 것이다.'라고 정의하였다. 즉, 그가 말하는 탐구의 기본 개념은 불확실한 문제의 상황(지적으로 혼돈된 상태)에 부딪쳐 이를 해결해 나가는 데 있어서 전제와 객관적 관찰, 판단 등을 사용하여 확실한 상황(정신적으로 안정된 상태)으로 옮겨가는 반성적 사고 과정으로 표현하였다. 따라서 탐구의 목적은 이유, 증거, 추리, 법칙 등을 사용하여 지적 신념을 확고하게 해주는 데 있다는 것이다(한면희, 2001).

반성적 사고란 무엇인가?

듀이는 반성적 사고를 "어떤 불확실한 상황을 그것의 구성요소들의 구분과 확정적 상황으로 전환시키는 통제되거나 지도된 변형작업"이라 정의하였다. 즉, 반성적 사고는 해결되어야 할 문제를 제기하는 사고 전의 상황과 그 문제가 해결됨으로써 명확해지고 통합된 사고 후 상황 사이에 개입된 사고 작용이다. 듀이는 반성적 사고과정을 다섯 단계로 구분하였다.

첫째, 암시(suggestion)의 단계이다. 암시는 사고의 착상이나 연상의 작용을 의미한다. 이것은 사고의 감정 상태를 유발한다. 암시란 사고가 가능성 있는 해결체제를 향해 비약하는 시사의 단계이다. 인간은 사고에 앞서 구체적으로 행동한다. 그런데 때로는 이러한 행동에서 혼란스럽고 복잡한 상태가 나타나 어떤 구체적인 상황에서 이 복잡하고 혼란스러운 상태를 계속 지속시키려는 경향이 있다. 이러한 경향이 관념으로 변하여 암시 혹은 제안이라는 형태를 취하게 된다. 반성적 사고과정의 첫 번째 단계는 문제 상황이나 혹은 애매한 상황이 출현되는 국면이다. 문제 상황이나 애매한 상황에서의 해결방안은 과거에 유사한 경험을 통해 습득한 지식이나 습관에 의해 자동적으로 혹은 저절로 떠오르기도 한다. 그러나 이러한 해결방안이 하나만 떠오르게 되면 이 방안이 그 문제를 해결해 줄 수 있기 때문에 사고는 더 이상 진행되지 않는다. 그러나 여러 개의 해결방안이 떠오르게 되면 서로 상충되어 긴장이 지속되고 탐구도 계속되는 것이다. 문제 상황에 따라 해결방안이 다르고, 여러 개의 해결 방안 중 자신의 능력에 맞는 해결책을 결정해야 하는 상황에 이르게 된다.

둘째, 지성화(intellectualization)의 단계이다. 지성화 단계는 암시 단계의 곤란하고 혼란한 상태를 지성적으로 정리하는 단계이다. 혼란스럽고 착잡한 시련이 계속되는 상황 속에서는 곤란이 나타난다. 곤란한 상태는 전 상황에 나타나게 되고 이 곤란한 상황 전체에 걸쳐 어려운 난관이 전개된다. 이 어려운 상황에서 어떤 암시에 의해 사고가 제지될 때 우리에게 직면한 여러 조건들을 재검토하게 된다. 이것이 바로 문제 상황을 지성적으로 정리하는 단계이다. 이 지성화 단계에서 관찰과 분석을 통해서 우리는 문제를 정의하거나 어려움을 조직적으로 표현하기 위하여 충분한 자료를 수집하게 된다. 반성적 활동이 일어나는 모든 경우에 있어서 처음 단계의 암시는 전체적 상황 중에 단지 감정적인 성격을 띤 형태로 나타난다. 그 다음 두 번째 단계인 "지성화"의 과정으로 나아간다. 지성화 단계는 주어진 문제를 해결하기 위하여 문제 상황을 관찰하여 문제를 해결하기 위해 확실한 요소를 찾아내는 단계이다. 관찰된 여러 조건들을 조합하여 문제의 진상을 구성하는데, 그것들은 곧 문제의 조건이 된다. 여기서 불확정적 상황에서 느껴졌던 혼란이나 곤란 등과 같은 정서적 성향이 해소되어 지성적으로 정리된다. 해결해야 할 문제가 무엇인지가 명확하게 밝혀지면 탐구는 훨씬 더 쉬워진다. 이와 같이 지성화 단계는 감정적 상황을 지성적으로 정리하여 전환시킴으로써 곤란한 문제를 구성하는 조건과 행동을 저지시키는 원인이 되는 여러 조건들을 더욱 명료하게 규정하는 효과를 얻는다.

셋째, 가설(hypothesis)의 단계이다. 가설의 단계는 다른 말로 지도적 관념의 단계라 할 수 있다. 이 지도적 관념은 암시와 지성화의 과정을 거치면서 비로소 형성되는 것이다. 얼마만큼의 지도적 관념형성이 이루어지느냐 하는 것은 여러 가지 상황에 의존할 수밖에 없다. 따라서 곤란한 점을 어느 정도 규정하느냐에 따라, 그리고 문제 상황이 해결되기를 바라는 방향과 똑같은 해결방법이 제시되었을 때 관념을 얻게 된다. 여러 가지 사실이나 여건이 우리 앞에 문제 상황으로 제기될 때, 그 문제에 대한 우리의 통찰이 근본적으로 야기되어 암시된 관념을 수정하고 변경하여 확대한다. 통찰과정을 통해 하나의 문제해결 방안이 제시될 때 지도적 관념을 형성하게 되고, 이것은 바로 가설이 된다. 이 단계는 문제의 상황을 분명하게 진술함으로써 그 문제를 해결하는 방법으로서의 가설이나 혹은 제시된 해결책이 나타나는 단계이다. 따라서 암시된 하나의 관념은 문제를 해결해 줄 수 있는 단순한 가능성이 아니고 "검증된" 또는 가능하면 측정된 개연성이 되는 것이다. 다시 말하면, 이 단계는 문제를 해결하기 위한 방안을 제시하는 단계이다. 해결방안은 현재 제시된 것일 수도 있고, 현재 제시되지 않은 것일 수도 있다. 문제해결방안들은 관찰된 조건 속에서 해결방안을 실행했을 때 어떤 결과가 나올 것인가에 대한 예측된 결과이다. 따라서 실제 문제를 해결하는 방안과 그로부터 연상되는 해결방안은 서로 상응하여 생겨나고 발전한다. 문제 상황을 면밀히 관찰하여 더 많은 사실들이 밝혀질수록 이러한 사실로 설정된 문제를 처리하는 방법들에 대한 인식이 더 명확해지고 적절해지는 것이다.

넷째, 추리(reasoning)의 단계이다. 반성적 사고과정의 넷째 단계는 문제를 해결해 줄 것이라고 하는 가정이라고 하는 관념을 가지고서 정신적 훈련을 연마하는 좁은 의미의 추리작용 단계를 의미한다. 과학적인 관찰과 실험에 따른 가설이 수학적인 형식으로 설명될 때 그 관념은 거의 모든 사물의 분야에까지 적용될 수 있을 뿐만 아니라 결국 하나의 문제가 신속하고 유효적절하게 처리될 수 있는 형태를 띠게 된다. 추리 단계는 사고의 과정을 마음속으로 전개시키는 과정이다. 많은 가설들 중 채택된 해결방안에 의해 어떤 결론이 도출될 수 있는지를 주어진 증거와 관찰을 통해 확인한다. 추리 단계는 문제 상황을 탐구하는 개인의 사전 경험에 의존할 수도 있고, 그가 받은 교육에도 의존할 수 있으며, 그 시대의 상황과 문화 그리고 과학의 상태에도 의존한다. 왜냐하면 추리단계는 지식의 확장에도 도움을 주기도 하지만, 동시에 이미 알고 있는 것에 의존하기도 하며, 지식을 전달하는 공적인 자원으로 만들기 위한 방법과 거기에 사용되는 도구나 장비에도 의존하기 때문이다. 반성적 사고과정의 네 번째 단계는 우리가 "여러 가지 가설들의 의미를 추리하는" 국면이다. 즉, 추리 단계는 비교적 친숙하고 광범한 관찰이 근본적으로 어려운 문제에 대해 갖는 것과 같이 암시된 해결방법에 대하여도 동일한 효과를 갖는 연역적 정교함을 가져오는 단계이다.

다섯째, 검증(testing)의 단계이다. 반성적 사고과정의 다섯째 단계는 구체적 행동을 통해서 가설을 검증하는 단계이다. 검증의 단계는 추측된 관념이 실제로 문제를 해결해 주는지를 검증해 보는 단계이다. 검증은 '실험적 실증' 또는 '진실된 것의 증명'을 제공한다. 즉, 제시된 가설이 문제를 실제로 해결할 수 있는 방안인지 아닌지를 구체적인 활동이나 상징적 활동을 통해 검증하는 단계이다. 만약 그 가설이 문제를 해결해 준다면 그것을 문제해결방안으로 수용할 것이고 만약 그렇지 못하다면 거부될 것이다. 따라서 검증의 단계는 실제 더 많은 관찰과 실험을 하고 그 타당성을 확인하는 단계이다. 반성적 사고과정의 다섯째 단계는 "관찰과 실험을 통해서 가설을 검증하는 단계이다." 따라서 검증의 단계는 관념에 의하여 이론적으로 제시된 결과가 현실적으로 일어나는지의 여부를 알기 위하여 하나의 관념 혹은 가설의 요구와 일치하는 조건이 신중히 배열되는 사실의 실험을 진행하는 것이다. 그러나 이러한 검증의 단계에서 하나의 문제해결방안이 그 문제를 해결할 수 있는 해결방안이 되지 못하여 실패로 끝나게 되면 돌이킬 수 없는 과오로만 남을 것이 아닌가? 그러나 반성적 사고 활동의 커다란 이점은 실패가 실패로만 끝나는 것이 아니라는 것이다. 그 실패는 하나의 교훈이 된다. 반성적으로 사고하는 사람은 그가 성공했을 때 배우는 것과 똑같이 그가 실패했을 때도 배운다. 왜냐하면 그 실패는 다음의 문제 상황이 주어졌을 때 사고가 어떤 관찰을 해야 하는지를 알려주기 때문이다. 사실, 실패란 인간이 의존하여 활동하고 있는 가설에서 어떠한 수정을 가할 것인가를 시사해 준다. 실패는 새로운 문제를 명확하게 제시하거나 몰두 중이었던 문제를 선명하게 해 준다. 이와 같이 반성적 사고과정의 다섯째 단계에서 우리는 오류나 과실을 실패로 받아들일 것이 아니라 진보적으로 받아들일 수 있도록 검증 단계를 올바르게 이해해야 할 것이다.

이러한 반성적 사고과정은 실제 적용상황에서 각각의 단계들 중 두 단계가 중첩될 수도 있고, 어떤 단계는 그냥 통과될 수도 있다. 어떤 경우에는 한 단계에 의존할 수 있는 경우도 있다. 또한 문제가 복잡한 경우에는 어떤 단계가 크게 확대되어 그곳에 이 다섯 단계 모두를 포함할 수도 있다. 듀이에 의하면 반성적 사고의 다섯 가지 단계의 국면은 고정적으로 연속되어 일어나는 것이 아니라 단지 반성적 사고의 필연적 특징들이 개괄적으로 나타나는 것으로 볼 수 있는 것이다(박준영, 2009).

마시알라스(B. G. Massialas)는 '탐구란 어떤 기능이 아니라 특수한 세계에 대한 지각 속에서의 개인의 임무이며, 이는 인간과 지식과의 관계를 포함하는 생활의 형태'라고 규정하고 있다. 그러므로 교육에서의 탐구란 '발견의 과정', '분명히 표현하는 과정', 그리고 '사람과 그의 환경에 대한 판단과 중요한 아이디어를 검사하는 과정'이라고 정의하고 있다.

국내 학자로 정세구는 '탐구[1]란 제기된 불확실한 문제들을 해결하기 위하여 세

1) 탐구의 태도로 호기심, 회의심, 합리성의 존중, 증거의 존중, 객관성, 판단의 유보를 제시하고 있다(안천, 2006).

운 어떤 가정을 준거에 따라 평가하고 검증해가는 과정'이라고 정의하고 있다.

탐구학습 이론의 이해는 이 이론이 등장하게 된 배경을 살펴봄으로써 보다 선명해질 수 있다. 탐구학습은 교육과정 사조와 관련지어 볼 때 학문중심 교육과정과 맥을 같이한다. 그 시발은 보통 1960년대로 잡는데, 1957년에 소련이 쏘아 올린 인공위성(스푸트니크호)으로 인해 촉발된 것이다. 소련의 스푸트니크호의 발사는 미국 시민들의 자존심에 큰 상처를 남겼고, 이에 대한 책임은 경험주의 교육사조에 지배되던 미국 교육 전반에 전가되어 새로운 교육과정 사조를 요청하기에 이르렀다. 결국 학문중심 교육과정[2)]의 등장은 이러한 시대적 요청에 대한 부응으로 이해될 수 있다.

학문중심 교육과정 사조의 핵심적 논리는 브루너(Bruner, 1960)의 대표작인 『교육의 과정(The Process of Education)』 속에서 찾아볼 수 있다. 브루너는 소위 '지식의 구조(the structure of knowledge)' 또는 '교과의 구조'가 학교교육 내용의 핵심이 되어야 한다고 주장하였다. 그가 말하는 지식의 구조는 '학문의 기초를 이루고 있는 일반적 아이디어, 기본 개념, 일반적 원리 등과 동의어'로 제안된다. 특히

2) 학문중심 교육과정의 기본 목적은 지력의 개발이다. 탐구를 어떻게 하면 학문의 구조를 발견할 수 있고 그러한 과정을 통해 학습자의 지력이 개발될 수 있을까? 만약 학생들이 개별 교과의 학문적 구조, 지식의 구조를 이해한다면 이해를 더 빨리 할 수 있다. 지식을 이해하는 과정에 있어서는 그 분야의 전문가들이 하는 일이나 어린 학생들이 하고 있는 일이나 근본적인 성격에 있어서는 같은 것이다. 그러므로 어떤 교과든지 그 기초적인 것(기본 구조)을 잘 조직하여 표현(번역)하면 어떤 연령에 있는 어떤 아동에게도 가르칠 수 있게 된다. 각 학문(교과)은 나름의 독특한 기본 개념, 주제, 원리, 법칙, 공식, 일반화의 아이디어가 어떤 법칙하에 상호 관련되어 특정 의미를 띠는 구조를 갖고 있다. 지식의 구조를 습득하면 학습자들은 학습 내용을 이해하기 쉽고, 기억하기 쉬우며, 학습 이외의 사태에 적용할 수 있고, 초보 지식과 고등 지식의 간극을 좁힐 수 있게 된다. 또한, 학문은 저마다 탐구대상이 다르며 이를 탐구하는 최적의 기법, 즉 탐구방법 또한 다르다. 교과의 구조를 가장 적절하게 파악할 수 있는 최적의 탐구방법은 내용 못지않게 중요하다. 그러므로 조사, 토론, 실험, 실습, 관찰, 실기 등과 같은 활동들도 학문의 내용을 선정할 때 함께 선정되어야 한다. 학문 중심 교육과정은 각 학문의 기본 아이디어를 교육과정 개발의 출발점으로 삼고 있어서, 보다 기본적인 개념을 찾아낸 뒤 기본 아이디어를 중심으로 그 내용들을 조직해 간다. 이렇게 학교급에 따라 교육과정 내용의 깊이와 폭을 더해 가도록 지식을 구조화하는 것을 나선형(螺旋形) 조직방식이라 부르기도 한다. 나선의 경우 학교급별 혹은 여러 학년별로 크게 반복 확대할 수도 있고, 학년 혹은 학기 내에서 작게 반복 확대할 수도 있다. 지식의 구조 중심의 교육과정은 학문의 기본 아이디어를 강조하고, 학생들로 하여금 학자들이 자신의 연구를 수행하는 것과 유사한 방법으로 탐구 활동에 참여하게 한다(홍후조, 2011: 130-131).

여기서 중요한 것은 지식의 구조란 개념 속에는 각 학문 분야에서 사용되고 있는 '탐구 방법'도 포함하고 있다는 것이다. 따라서 학문중심 교육과정 시기에 사회과의 대표적 수업방법으로 '탐구수업'이 제안된 이유도 자연스럽게 이해될 수 있다.

2. 목표와 교수원리(설명과정으로서의 교수 · 학습 과정)

탐구학습의 핵심은 학생들로 하여금 일반화를 획득하게 하는 과정이다. 학습자가 개방된 학습분위기에서 불확실한 상황에 직면하여 가설을 세우고, 그 가설을 뒷받침할 수 있는 증거자료를 제시하며, 이를 검증함으로써 확실한 결론에 도달하게 하는 것이다. 즉, 학습자가 탐구를 시작하기에 앞서 탐구의 대상으로서 불확실한 상황이 있고, 학습자는 이러한 상황에 직면하여 자유로운 분위기 속에서 통찰력을 발휘하여 잠정적인 문제해결의 방향이나 결론을 가정하게 된다(정병기 외, 1998).

탐구수업은 사회과학자처럼 학생이 스스로 사회현상이나 문제에 대하여 과학적 방법으로 조사하여 일반화된 지식을 형성하는 과정이나 방법을 가르치는 것이다. 한마디로 탐구수업은 과학적 탐구의 과정과 방식을 가르침으로써 탐구능력을 길러 주는 데 있다(박상준, 2022).

탐구학습은 실증주의적 정신과 연구방법을 따른 것이라고 말할 수 있다. 실증주의 정신이란 모든 현상은 불변하는 자연법칙에 종속된다고 보고, 그 법칙을 발견하고 탐구함으로써 자연 및 사회의 여러 현상을 설명하려는 것이다. 실증주의가 표방하는 원리는 과학적 방법만이 타당한 지식을 얻을 수 있으며, 지식의 가능한 대상과 바탕은 '사실(fact)'뿐이라는 것이다. 이를 보다 구체적으로 설명하면 지식은 ① 객관적이어야 하고 ② 보편적 경험에 기초해야 하며 ③ 특정 가치나 이념으로부터 자유스러운 입장에서 ④ 논리학, 수학 등의 공리에 따른 추리와 ⑤ 조사 · 측정된 자료의 과학적 처리를 통하여 사회현상을 탐구할 수 있다는 것이다.

여기서 '설명'이라는 개념은 통상적으로 사용하고 있는 그대로의 사실을 자세히 진술한다는 의미가 아니라, "하나의 사실을 원리에 귀속시키는 일, 또는 하나의 이론을 보다 일반적인 이론에 귀속시키는 일"을 가리킨다. 거꾸로 말하면, 법칙이나 원리, 혹은 이론을 가지고 사실이나 현상 간의 인과관계를 밝히려는 행위로서, 본래 자연과학적 방법론에 기초를 둔 개념이다. 설명은 이해가 내포하는 심리적 지향성을 배제하면서, 이미 기록되어 있는 사실(자료)을 이해 가능하게 하는 과학적 탐구과정 속에 위치한다. 다만 사회과학에 있어서의 설명은 보편성이 결여된 통계적 설명의 수준에 머물게 된다. 시간과 공간을 초월한 보편적 설명은 기대할 수 없다는 것이다.

설명은 일정한 질문에 대한 대답으로서, 질문의 수준에 따라 설명의 질도 달라진다. 설명과정으로서의 교수·학습과정에서 가르치고자 하는 것은 추론적 설명, 즉 법칙이나 이론이다. 그러나 어린이들에게 처음부터 고차적인 이론을 가르친다는 것은 불가능하다. 학습대상자의 수준에 따라 사실관계를 파악한 다음 차츰 높은 차원의 이론학습으로 발전시켜 나가야 한다.

설명과정으로서의 교수·학습과정에서도 '무엇' 혹은 '어떻게'라는 질문에 유도되어 얻어지는 사실적 지식을 무시할 수는 없지만, '왜'라는 질문으로 시작되는 추론은 보다 틀림이 적은 객관적, 개념적 지식을 추구하기 때문에 어느 시점에서 확정된, 의문의 여지 없는 지식의 습득을 기대하기보다 계속적으로 지식을 음미하고, 비판하는 교수·학습 과정을 전개한다. 즉 이 과정에서는 모든 이론, 지식을 가설적인 것으로 받아들이는 것이다. 따라서 설명과정으로서의 교수·학습과정은 열린 과정으로서, 교사와 어린이의 계속적인 의사소통을 통하여 간주관적인—객관적 지식을 탐구해가는 과정이다. 기존의 이론, 지식의 잘못을 밝힐 수 있는 반증자료를 찾고, 잘못을 배제하는 새로운 이론을 정립하고, 또 그 이론의 문제점을 비판적으로 음미하는 과정이다.

설명과정으로서의 교수·학습과정에서는 보다 객관적이고 확실한 개념적 지식을 획득하고, 지식 탐구의 과정·방법을 익힐 수 있다. 뿐만 아니라 사회과만의 고유한 도달목표를 설정할 수 있어 성격이 뚜렷한 사회과의 구축이 보장될 수 있으나 다음과 같은 문제점도 지니고 있다.

① 어린이들이 사회과학 인식과 실제 사회인식을 연계시키기 어렵다.

② 엄밀한 사회과학적 설명과정을 따를 수 있는 어린이는 한정될 가능성이 높다.

③ 국가, 사회적 요구(교육과정)에 충실치 못한 사회과라는 비판을 면하기 어렵다.

과학적 탐구학습이 성립하기 위해서는 적어도 다음과 같은 조건이 갖추어져야 할 것이다.

첫째, 과학적 탐구학습은 실증주의적 조건들—객관성, 보편적 경험성, 가치 자유성, 자료의 과학적 처리 등을 훼손시켜서는 안 된다.

둘째, 과학적 탐구학습에서 도달목표로서의 지식들은 개념적·구조적 수준(법칙, 이론)에 이르러 있어야 하며, 사실적 지식은 개념, 일반화 추출을 위한 자료로 활용된다.

셋째, 과학적 탐구학습의 과정은 검증과정이든 반증과정이든 일정한 과학적 절차에 따라 설정되어야 한다.

넷째, 과학적 탐구학습의 과정은 설명과정으로서, 사회현상 간의 인과관계를 분석적으로 설명·규명하는 절차를 확보해야 한다.

다섯째, 과학적 탐구학습의 과정은 당연히 열려 있어야 한다. 교실에서 탐구하는 지식, 가치는 절대적일 수 없고, 교실 밖에서 진·위, 선·악이 결정되어 교실 안으로 들어와서는 안 된다.

과학적 탐구학습이 실증주의적 방법론에 의하여 과학적 증명 과정으로서의 사회인식 논리를 택하고 있는 이상, 위의 조건들이 원칙적으로 확보되지 않으면 그 본래의 방향이 불확실해진다(강우철, 1991: 111-112).

3. 교수·학습 과정 및 유의점

탐구학습의 전반적 과정은 과학적 탐구의 절차를 준용하여 「문제의 발견 및 인식 → 가설 설정 → 자료의 수집을 위한 실험 설계 → 자료 수집 및 처리 → 자료 해석 및 가설 검증 → 잠정적인 결론 및 일반화」이 순서로 전개된다(윤기옥, 2009). 그러나 학자들에 따라 세부 절차명이나 해당 교수·학습 활동이 조금씩 상이할 수 있다. 사회과 탐구 학습의 경우 전술한 바와 같은 과학적 탐구의 일반적 절차를 준용한 뱅크스(Banks, 1990), 울레버 · 스콧(Woolever & Scott, 1988), 차경수 · 모경환(2021) 등과 같은 학자들이 제시한 탐구학습 모형과 가설의 타당성을 점검하거나 자료 수집 계획을 별도 단계를 두어 구상한 것이 특징적인 마시알라스 · 콕스(Massialas & Cox, 1968), 권오정 · 김영석(2009) 등의 학자들이 제시한 탐구학습 모형이 대표적이다.

전자의 경우 「문제 제기 → 가설 설정 → 용어 정의 및 개념화 → 자료 수집 → 자료 분석 → 가설 검증 및 일반화」의 순서로 전개된다. 후자의 경우는 「탐구 문제 파악 → 가설 설정 → 탐색 → 정보 수집 및 처리 → 결론 및 일반화」의 순서로 전개된다. 두 가지 탐구수업 모형 과정과 유의점을 제시하면 다음과 같다(교육부, 2019).

〈표 21〉 뱅크스, 울레버 · 스콧, 차경수 · 모경환 등의 탐구 학습 모형 단계별 교수 · 학습 과정 및 유의점

단계	교수 · 학습 활동	유의점
	• 학습 주제: 농촌의 인구 감소 요인 탐구	
(1) 문제 제기	• 탐구 문제 상황을 예화로 제시한다. – 인구가 점점 감소하고 있는 농촌 현황을 소개한 신문 기사를 재구성한 예화를 제시한다. • 탐구 주제를 제시한다. – "농촌의 인구 감소 요인은 무엇인가?"를 탐구 주제로 제시한다.	• 탐구 문제를 학생들 스스로 조사할 필요성을 인식하도록 유도한다.
(2) 가설 설정	• 제기된 문제에 대한 잠정적 결론인 가설을 설정한다. 〈가설 예〉 (1) "농촌의 일자리 부족 문제가 농촌의 인구 감소에 영향을 줄 것이다." (2) "농촌의 자녀 교육 여건 부족 문제가 농촌의 인구 감소에 영향을 줄 것이다."	• 교사는 가설 설정에 필요한 정보를 제공할 수 있다. • 교사가 제공한 정보와 학생들 자신이 인지하거나 경험한 정보를 종합하여 가설을 설정하도록 안내한다.

단계	교수 · 학습 활동	유의점
(3) 용어 정의 및 개념화	• 탐구 문제와 관련된 농촌, 인구 이동 등 주요 용어나 개념의 의미를 명확하게 정의한다.	• 용어 정의나 개념화는 가설 검증에 필요한 수집할 자료의 종류나 방법을 고안할 때 유용하다는 점을 인식하도록 한다.
(4) 자료 수집	• 가설 검증에 필요한 자료를 수집한다. – 가설 검증에 적합한 자료 수집 방법(예: 통계청 자료나 연구보고서 등 문헌 조사, 농촌에서 도시로 이주한 사람들을 대상으로 이주 이유 조사 등)을 선택하고, 관련 자료를 수집하도록 한다.	• 가설 검증에 필요한 자료를 학생들이 찾을 수 있도록 자료 수집 방법, 자료 목록, 자료 원천 등을 상세하게 안내해 주거나 학생들 수준에 적합하게 자료를 재구성하여 직접 제공해 줄 수 있다.
(5) 자료 분석	• 수집된 자료를 분석하고 평가한다. – 수집된 자료의 신뢰성과 타당성을 분석하고, 가설 검증의 적합성 여부를 평가하고, 수집된 자료를 분석한다.	• 수집된 자료가 가설을 증명하는 경험적 증거로 활용 가능한지를 검토한다.
(6) 가설 검증 및 일반화	• 수집된 자료에 기초하여 가설을 검증하고 일반화를 도출한다. – "사람들이 일자리 부족과 자녀 교육 문제로 인해 농촌에서 도시로 이주하였다."	• 가설 검증은 수집된 자료에 한정하여 증명된 결론이므로 임시적 성격을 띠고 있음을 인식하도록 한다.

〈표 22〉 마시알라스 · 콕스, 권오정 · 김영석 등의 탐구학습 모형 단계별 교수 · 학습 과정 및 유의점

단계	교수 · 학습 활동	유의점
	• 학습 주제: 인구 분포 변화 요인 탐구	
(1) 탐구 문제 파악	• 탐구 상황을 제시한다. – 시대별 인구 분포 변화를 보여주는 자료(예: 인구분포도)를 제시한다. • 탐구 문제를 파악하여 학습 문제를 설정한다. – 학습 문제로 '인구 분포 변화의 요인 탐구'를 설정한다.	• 탐구해야 할 문제를 구체적으로 제시한다.

단계	교수 · 학습 활동	유의점
(2) 가설 설정	• 탐구 문제 상황 발생의 이유를 사고한다. – 인구 분포에 영향을 줄 수 있는 가능성 있는 이유(예: 지형, 산업, 교통 등)를 사고한다. • 가설 검증의 가능성이 높은 가설을 세워 제시한다. 〈가설 예〉 (1) "지역적 요인이 인구 분포 변화에 영향을 미쳤을 것이다." (2) "산업 발달이 인구 분포 변화에 영향을 미쳤을 것이다." (3) "교통 발달이 인구 분포 변화에 영향을 미쳤을 것이다."	• 탐구 문제 발생 이유에 자유롭게 발언하고 경청하도록 안내한다. • 가설은 인과관계를 포함하거나 경향성을 나타내는 일반화의 형태를 갖추도록 안내한다.
(3) 탐색	• 제시된 가설의 타당성을 검토한다. – 제시된 가설이 제대로 설정되었는지 점검한다. • 탐구 계획을 수립한다. – 적절한 자료의 종류(예: 국토의 지형 분포, 산업 구조 변화, 교통의 변화, 인구 구조 변화 등) 및 자료 수집 방법(통계청 자료, 사회과 부도 등 문헌 분석)을 탐색한다.	• 자료의 종류는 개념(변수)의 대표성, 수집 가능성 등을 기준으로 결정한다. • 자료 수집 방법 숙지를 위한 교사의 시범 및 안내가 요구된다.
(4) 증거 제시	• 가설 검증에 필요한 자료를 수집한다. – 가설 검증에 필요한 자료를 찾아서 수집한다. – 자료를 적절한 형태(예: 도표, 주제도, 그래프 등)로 가공한다. • 자료를 평가하고 분석한다. – 자료의 완성도, 신뢰도, 대표성 등에 대해 평가하고 수집된 자료와 가설의 관계에 대해 분석한다.	• 자료 수집 및 가공 작업이 가설 검증과 밀접하게 관련되어 진행되도록 안내한다.
(5) 일반화	• 결과를 요약하고 증거를 통해 결론을 내린다. – "지형적 요인과 산업, 교통의 발달이 인구 분포 변화에 영향을 미쳤다."	• 가설이 기각될 경우 가설의 수정 및 추가 자료 수집 계획에 대해 논의하도록 안내한다.

4. 교수 · 학습 과정 및 적용 사례

1. 학습 주제: 도시의 입지 조건 알아보기
2. 학습 목표: 도시가 발달하는 곳의 특징을 알 수 있다.
3. 교수 · 학습 과정

단계 (시간)	학습 내용	교수 · 학습 활동		자료 및 유의점
		교 사	학 생	
탐구 문제 파악 (5′)	탐구 상황 자료 제시 하기	□ 우리나라의 여러 도시의 사진 제시하기 T. 무엇을 나타낸 사진인가요? T. 사진에서 공통적으로 찾을 수 있는 도시의 모습은 무엇입니까? T. 이번 시간에는 무엇에 대해 알아보고 싶습니까?	■ 사진에서 도시의 공통적인 모습 찾기 S_1 도시의 전경이 찍힌 사진입니다. S_2 우리나라의 여러 도시들의 사진입니다. S_1 건물이 많습니다. S_2 도로가 잘 발달되어 있습니다. S_3 땅 모양이 대체로 평평합니다. S_4 강이 있는 곳이 꽤 많습니다. S_1 도시는 주로 어떤 곳에 발달되는지 알아보고 싶습니다. S_2 도시가 발달하는 곳의 특징을 알아보고 싶습니다.	■ 사진 자료 (우리나라의 여러 도시) • 학생들이 도시의 공통적인 특징을 쉽게 파악할 수 있는 사진들을 선정하여 제시한다.
	학습 문제 확인 하기	**도시가 발달하는 곳의 특징을 알아봅시다.**		
가설 설정 (3′)	도시의 입지 조건 예상 하기	T. 도시는 주로 어떤 곳에 발달할까요?	S_1 도시는 주로 땅이 평평한 곳에 발달될 것입니다. S_2 도시는 주로 강이 있는 곳에 발달될 것입니다. S_3 도시는 주로 교통이 발달한 곳에 발달될 것입니다. S_4 도시는 주로 산업이 발달한 곳에 발달될 것입니다.	• 검증 가능성이 높은 가설을 설정하고, 가설이 일반화의 형태를 갖추도록 안내한다.
탐색 (3′)	탐구 계획 수립 하기	T. 도시가 주로 어떤 곳에 발달할지 잘 예상했나요? T. 예상한 답을 확인하기 위해서는 어떤 자료가 필요할까요?	S_1 네, 도시가 주로 어떤 곳에 발달할지 지형, 교통, 산업 등과 연관지어 잘 예상했습니다. S_1 우리나라의 주요 도시를 나타낸 지도가 필요합니다. S_2 우리나라의 땅의 모양을 나타낸 지형도가 필요합니다. S_3 우리나라의 주요 도로, 철도 등이 나타난 교통도가 필요합니다. S_4 우리나라의 주요 공업 지역이 나타난 지도가 필요합니다.	• 예상을 바탕으로 계획을 수립한다.

<table>
<tr><th rowspan="2">단계
(시간)</th><th rowspan="2">학습
내용</th><th colspan="2">교수 · 학습 활동</th><th rowspan="2">자료 및
유의점</th></tr>
<tr><th>교 사</th><th>학 생</th></tr>
<tr><td rowspan="7">증거
제시
(22′)</td><td rowspan="7">도시의 발달과 지형, 교통, 산업의 연관성 파악하기</td><td>□ 활동 안내하기</td><td>■ 도시의 발달과 지형, 교통, 산업의 연관성 생각하며 살펴보기</td><td rowspan="7">■ 우리나라의 도시분포도, 지형도, 교통도, 공업 지역을 나타낸 지도

• 학생들이 자료 간의 인과 관계를 파악하여 가설을 검증하는 과정에서 타당성을 확보할 수 있도록 교사가 시범을 보이도록 한다.</td></tr>
<tr><td colspan="2">〈도시가 발달하는 곳의 특징 알기〉
■ 도시분포도에서 우리나라 주요 도시의 위치 파악하기
■ 지형도에서 주요 도시가 위치한 곳의 지형 파악하기
■ 교통도에서 주요 도시가 위치한 곳의 교통망 파악하기
■ 주요 공업 지역과 도시의 위치 관계 파악하기</td></tr>
<tr><td>T. 도시분포도를 통해 알 수 있는 점은 무엇입니까?</td><td>S_1 우리나라의 주요 도시들을 알 수 있습니다.
S_2 우리나라의 주요 도시들이 어디에 있는지 알 수 있습니다.</td></tr>
<tr><td>T. 도시분포도와 지형도를 비교해 알 수 있는 점은 무엇입니까?</td><td>S_1 주로 평야가 있는 곳에 도시가 발달했습니다.
S_2 산지에는 도시가 발달하지 않았습니다.
S_3 도시 사이로 강이 흐르는 경우가 많습니다.</td></tr>
<tr><td>T. 교통도와 지형도를 비교해 알 수 있는 점은 무엇입니까?</td><td>S_1 도로들이 교차되는 곳에 주로 도시가 발달했습니다.
S_2 도시가 형성된 곳에는 도로와 철도가 함께 발달했습니다.</td></tr>
<tr><td>T. 주요 공업 지역과 도시와는 어떤 관련이 있습니까?</td><td>S_1 대부분의 도시들이 공업 지역을 따라 발달했습니다.
S_2 강원도 지역은 공업 지역이라도 작은 규모의 도시만 발달했습니다.</td></tr>
<tr><td rowspan="2">일반화
(7′)</td><td rowspan="2">도시가 발달하는 곳의 특징 확인하기</td><td>□ 우리나라의 도시분포도, 지형도, 교통도, 공업 지역을 나타낸 지도 등을 겹쳐보기</td><td>■ 활동 내용을 바탕으로 도시가 발달하는 곳의 특징을 지형, 교통, 산업 등과 관련지어 말하기</td><td rowspan="2">■ 투명한 도시분포도, 지형도, 교통도, 공업 지역을 나타낸 지도

• 도시가 발달한 곳의 특징을 정리하여 판서한다.</td></tr>
<tr><td>T. 도시가 발달하는 곳의 특징을 설명해 볼까요?</td><td>S_1 도시가 발달한 곳은 대부분 평평한 땅이었고, 도시를 가로질러 강이 흐르는 곳이 많았습니다.
S_2 도시가 발달한 곳은 도로와 철도 등의 교통이 발달되어 있었습니다.
S_3 도시가 발달한 곳은 공업 지역과 같이 주로 산업이 발달한 곳이었습니다.</td></tr>
</table>

참고문헌

강우철 편(1991). 「달라져야 할 사회과교육」. 교학사.

교육부(2019). 「초등 사회 6학년 교사용 지도서」. 지학사.

모경환 · 차경수(2021). 「사회과교육 제3판」. 동문사.

박상준(2022). 「사회과 교재연구 및 교수법」. 교육과학사.

박준영(2009). John Dewey의 반성적 사고와 교육. 「교육사상연구」, 23(3): 273-290.

안 천(2006). 「신사고 사회과 교육론」. 교육과학사.

윤기옥 외(2009). 「수업 모형」. 동문사.

이홍우 역(2017). 「교육의 과정」. 배영사.

정병기 외(1998). 「사회과교육론」. 교육출판사.

최병모 외(1989). 「사회과 교수법과 교재연구」. 교육과학사.

한국교원대학교교과교육연구소(2003). 「교원양성대학의 초등학교 사회과교육학 교재개발 연구」. 한국교원대학교.

한면희(2001). 「새로운 패러다임에 기초한 사회과교육」. 교육과학사.

한춘희 외(2022). 「초등학교 6학년 사회 교사용 지도서」. 아이스크림미디어.

홍후조(2011). 「알기쉬운 교육과정」. 학지사.

제 4 장 의사결정학습

1. 의미

사회과의 궁극적인 목표는 민주시민의 자질을 육성하는 것이다. 또한 민주시민의 자질로서 가장 중요시되고 있는 것 중 하나가 개인적·사회적 문제에 대한 합리적인 의사결정능력과 행위의 실천이다. 사회과의 목표로서 강조되는 의사결정능력은 무엇인가? 사회과에서 의사결정능력이란 사회과학적 지식에 근거한 비판적 사고력과 풍부한 대안을 모색할 수 있는 창의적 사고력, 가치 판단력, 민주적 의사소통능력 그리고 집단적 의사결정 과정에의 참여 능력 등을 종합한 포괄적인 능력이다(박형준·고은희, 2002). 배진숙(2009)은 여러 학자들의 정의를 종합하여 "의사결정이란 문제를 해결하거나 목표를 달성하기 위하여 선택 가능한 대안들 중에서 최적의 대안을 선택하는 과정"으로 정의하고 있다. 결국 의사결정이란 다양한 속성을 지닌 대안들 사이에서 선택을 하는 문제로 귀착되며, 사회과에서는 합리적[1]이어야 함을 강조하고 있다(배진숙, 2009). 합리적 결정이라고 할 때 합리성은 다음과 같은 의미를 내포하고 있어야 한다(이태근, 1988).

첫째, 합목적성이다. 목적의 합리성으로 목표와 수단이 밀착되고 가치와 효과가 있는 것을 의미한다.

둘째, 가치 합리성이다. 가치의 본질과 신념에 비추어서 목적과 수단이 보편타당해야 함을 뜻한다.

1) 합리적이라는 것은 경제적으로는 최소의 비용으로 최대의 효과를 얻고자 하는 절약의 논리를, 사회적으로는 형평성과 통합성에 초점을 두고 배분의 공평성과 복지의 증진을 추구하는 것을, 정치적으로는 사회 전체의 가치를 수렴하여 다양한 이익 내지 목표 간의 갈등과 대립을 조성하는 것을 의미한다(박연호·이상국, 1992).

셋째, 의사소통 합리성이다. 지식과 지성에 국한되지 않는 타인과의 정당한 교제, 관용 그리고 상대방이나 적수의 말을 경청하고 오해를 하지 않으며 반대 논증을 받아들여도 하자가 없는 것을 말한다. 즉 합리성은 감정, 지성, 이성 등 정의적 가치와 모순되지 않아야 한다는 것이다.

따라서 합리적 의사결정능력은 인지적인 영역과 정의적인 영역의 종합적인 능력이다. 따라서 학습 주제 간의 활발한 토론과 의사소통을 바탕으로 하면서 어떤 문제를 해결하기 위하여 문제를 정확하게 파악하고 해결방안으로 대안을 제시하며, 가치판단에 따라 선택되고, 선택된 결정에 의거 행동하는 능력이다.

2. 목표와 교수원리

의사결정수업은 사실과 가치가 혼재된 개인적·사회적 문제를 합리적으로 해결하는 방법과 능력을 가르치는 교수방법이다. 사회가 복잡하고 빠르게 변화하면서 우리는 매 순간 선택의 문제에 직면하게 된다. 이런 선택은 개인뿐만 아니라 다른 사람들의 생활에도 영향을 준다. 따라서 중요한 문제는 심사숙고해서 합리적으로 결정해야 한다. 이러한 합리적인 의사결정능력의 신장을 목표로 한 교수·학습 방법이 의사결정학습이다.

합리적인 의사결정의 특징을 제시하면 다음과 같다.

첫째, 사회과에서 의도하는 의사결정[2]은 무엇보다도 합리적으로 해결하기 위해서 이성에 바탕을 둔 반성적 사고과정이어야 한다. 의사결정학습은 방법적인 측면에서 문제해결학습이나 탐구학습과 마찬가지로 듀이의 반성적 사고에 기초한 사고과정이며, 문제로부터 출발하고 문제해결로 끝나는 일련의 주체적 사고과정을 기반으로 하는 교수·학습 방법이다.

둘째, 합리적 의사결정은 의사결정 상황과 관련된 정확하고 광범위한 사실을

2) 의사결정을 하는 방법으로는 점을 쳐서 신의 뜻을 따르거나 추첨과 같은 방법에 의존하거나, 권위나 전통이나 관습, 관례 또는 우연에 따르기도 하고, 감정에 치우친 충동적인 결정을 할 수도 있다.

바탕으로 이루어져야 한다. 즉 문제상황과 관련된 지식이 타당하고 검증된 사실이어야 하며, 한 영역으로부터의 지식이 아닌 다양한 원천으로부터의 지식, 즉 다학문적, 간학문적 지식이 필요하다. 이를 위해서는 자료수집, 분석, 종합, 평가를 포함하는 정보처리 기능이 요구된다.

셋째, 어떠한 의사결정이 합리적이고 타당하기 위해서는 대안의 발생 가능성과 의사결정자의 유용성이라는 두 가지 조건이 충족되어야 한다(배진숙, 2009).

의사결정학습의 교수론적 특징을 크게 세 가지, 즉 지식관, 인간관, 방법관으로 나누어 설명하면 다음과 같다.

첫째, 지식관에서 볼 때 의사결정학습에서 다루어지는 '지식'은 목적 가치, 즉 지식 그 자체로서의 목적가치보다는 수단적인 가치를 강조한다는 것이다. 문제해결학습이나 탐구학습이 학습자 스스로의 반성적 사고과정에서 지식의 생성이나 발견 및 획득이 목적이라면, 의사결정학습은 '지식의 생성'이나 '지식의 구조'의 차원에 머무르는 것이 아니라 지식을 활용하여 학습자가 경험하는 개인적·사회적 문제의 해결까지 나아갈 것을 요구하고 있으며, 지식 활용 능력을 민주시민이 갖추어야 할 자질로 보고 있다. 따라서 의사결정학습은 지식의 선택, 종합, 적용을 통한 지식의 유용성을 강조하며, 인간 사회의 문제를 해결하기 위한 도구로서 목적이 아닌 수단적 가치를 강조한다.

둘째, 인간관에서 본 의사결정학습의 특성은 공공문제에 대한 능동적이고 적극적이며 책임감 있는 사회 참여자를 기르는 것을 목적으로 한다. 우리가 추구하고자 하는 민주주의 사회는 모든 시민들이 공공정책의 형성에 대한 최대한의 참여를 통해 계속적으로 유지·발전된다는 가정에 기초하고 있으며, 민주주의는 자기통제·자기결정·자기책임을 요구하는 것으로서 민주시민이 갖추어야 할 기본적 자질은 민주적 합리성에 의한 의사결정능력이다.

셋째, 방법관에서 본 특성은 의사결정학습이 결정적인 가치를 전제하지 않고 가치판단에 의한 의사결정 과정의 학습이라는 '방법' 중시의 입장을 취하고 있다는 것이다. 여기서 문제해결·탐구·의사결정을 구분하는 결정적인 기준은 다루어지는 문제가 가치판단을 요구하느냐, 행위를 필요로 하느냐에 달려있다. 즉, 문제해결학습은 관찰된 현상에 대한 설명을 추구하거나 증거만으로 해결될 수 있는 문제를 다루는 것이나, 의사결정은 지식뿐만 아니라 가치판단을 요구하며 결정에 따른 행위를 수반하는 뚜렷한 사고과정을 지닌다는 것이다. 따라서 의사결정학습은 어떤 문제를 해결하기 위한 의사를 '결정'하는 데에 초점을 두기보다는 학생들에게 의사결정 '과정'을 경험하게 하고 의사결정 과정을 연습하고 학습할 수 있는 기회를 제공하는 것에 더 강조점이 있다. 그러므로 사회과수업에서 학생들이 의사결정 과정을 직접 실습할 수 있는 '과정' 중심의 학습이 이루어져야 한다. 실제로 경험하는 의사결정 과정의 기회를 통해 의사결정능력의 향상을 이루고 사회적 실천으로서의 참여적 행동을 기대할 수 있다. 많은 학자들은 이러한 자발적 의사결정능력이 어릴 때부터 키워지는 것이며, 만약 이 시기에 이러한 능력이 배양되도록 기회가 주어지고 뒷받침되지 않으면 청소년기, 성인기 등 일생을 살면서 개개인이 직면하는 의사결정과 선택을 하는 데 있어서 문제점들을 갖게 될 것이라고 하였다(김상수, 2005).

3. 교수 · 학습 과정 및 유의점

사회과에서 의사결정 학습의 수업 과정은 크게 '문제상황에 대한 정보 파악 → 문제상황에 대한 대안 모색 → 여러 대안 선택의 결과 예측에 기반한 최종적인 결정'의 순서로 전개된다. 문제상황의 특성이나 문제해결의 접근 방식 등에 따라 다양한 유형의 의사결정학습 모형이 활용될 수 있다. 대표적인 의사결정학습 모형으로 사실에 대한 인식과 가치에 대한 탐구 과정을 통한 합리적인 문제 해결을 강조하는 뱅크스(Banks, 1990)의 '합리적 의사결정 모형'을 들 수 있다. 이 학습 모형은 '문제 제기 → 사회 탐구 → 가치 탐구 → 의사결정'의 순서로 전개된다(정문성 외, 2010: 293-294; 차경수 외, 2008: 186-187; Banks, 1990: 19-33). 의사결정학습의 수업 과정은 다음과 같다.

단계	교수 · 학습 활동	자료 활용	유의점
결정 상황 확인	▷ **의사결정 상황 제시** − 뭔가 의사결정이 필요한 문제 상황을 제시한다. ▷ **결정할 문제 확인** − 다양한 해결책 중에 어느 것을 선택해야만 한다는 것을 확인한다.	의사 결정 상황 자료	• 의사결정의 결과로 얻게 될 목표가 무엇인지 뚜렷하게 확인시킨다.
대안 개발	▷ **문제의 사실적 측면과 가치적 측면 분석하기** ▷ **가능한 대안 개발하기** − 문제해결을 위해 선택할 수 있는 모든 종류의 대안에 대해 브레인스토밍한다.		• 우선은 비판 없이 모든 종류의 아이디어를 모은 뒤 교사가 비슷한 종류끼리 모아서 너무 많지 않은 범위 내에서 최종 후보를 선정한다
평가 기준 작성	▷ **평가 기준에 대한 브레인스토밍**[3)] ▷ **평가 기준표 작성하기** − 사실적 기준과 가치 기준이 고루 포함되도록 한다.		• 비슷한 것끼리 정리하여 최종 후보를 너무 많지 않은 범위 내에서(예 10가지) 결정한다.
대안 평가	▷ **기준에 따라 각 대안에 대한 점수 매기기** − 선호되는 대안들의 순위를 매긴다. ▷ **선정된 대안들의 장단점 평가하기** − 각 대안을 긍정적 측면과 부정적 측면을 분석한다.	의사 결정표	• 평가 기준에 따라 각 항목을 5점 척도 내지 10점 척도로 평가한다.
최종 결정	▷ **최종 결론 내리기** − 최종적으로 하나의 대안을 선정한다. ▷ **행동계획 수립하기** − 선정된 대안을 실행에 옮길 수 있는 행동계획을 수립한다.		• 대안을 선정하였을 경우 반드시 그 근거를 정리하여 제시하도록 한다.

3) 브레인스토밍은 네 가지, 즉 비판을 하지 않는다, 자유분방함을 권장한다, 아이디어의 양을 추구한다, 결합과 조합을 통해 개선을 한다는 원칙으로 다양한 아이디어를 얻기 위한 기법으로 활용되고 있다.

〈표 23〉 뱅크스의 합리적 의사 결정 모형의 단계별 교수 · 학습 활동 및 유의점

<table>
<tr><th>단계</th><th>교수 · 학습 활동</th><th>유의점</th></tr>
<tr><td></td><td>• 학습 주제: ◇◇ 마을 입구의 좁은 도로를 확장하기 위해 도로에 인접한 은행나무를 어떻게 처리할 것인가?</td><td></td></tr>
<tr><td>(1) 문제 제기</td><td>• '◇◇ 마을에서는 마을 입구의 좁은 진입 도로 때문에 교통사고가 빈번하게 발생되는 문제를 해결하기 위해 도로 확장 공사를 진행하기로 하였다. 그런데 마을 입구 진입 도로에 인접한 커다란 은행나무를 어떻게 처리할지에 대한 의사 결정이 필요하다.'라는 문제 상황을 제시한다.</td><td>• 문제 상황은 사실적 측면과 가치적 측면이 혼재되어 있음을 인식하도록 안내한다.</td></tr>
<tr><td>(2) 사회 탐구
(가설 설정 → 자료 수집 → 자료 분석 → 가설 검증)</td><td>• 의사 결정을 위한 지식 획득을 위해 사회 탐구를 수행한다.
−'은행나무를 보존할 경우 교통사고 위험성이 증가하는가?', '은행나무를 이식하고 관리하는 비용이 많이 드는가?' 등 사실 여부(효과성 여부) 확인을 위한 사회 탐구를 수행한다.</td><td></td></tr>
<tr><td>(3) 가치 탐구
(가치 문제 및 가치 갈등 확인 → 대안의 검토와 결과 예측 → 가치 선택)</td><td>• 가치 문제 해결을 위한 가치 탐구를 수행한다.
−가치 문제 및 가치 갈등: 예) 은행나무 제거: 은행나무 보존: 은행나무 이식[주민 안전 ↔ 생명 보호 및 감상 권리 ↔ 주민 안전 및 생명 보호]
−대안 검토와 결과 예측: 예) '주민 안전', '생명 보호 및 감상 권리', '주민 안전 및 생명 보호'라는 가치를 선택했을 때 각 가치가 가져올 결과를 예측한다.
−가치 선택: 최적의 가치를 선택하고, 가치 선택의 근거를 정당화한다.</td><td></td></tr>
<tr><td>(4) 의사 결정
(대안 검토와 결과 예측)</td><td>• 문제 상황 해결을 위해 각 대안들을 검토하고 결과를 예측한다.
<table><tr><th>대안</th><th>결과 예측</th></tr><tr><td>은행나무 제거</td><td></td></tr><tr><td>은행나무 보전</td><td></td></tr><tr><td>은행나무 이식</td><td></td></tr></table></td><td>• 사회 탐구와 가치 탐구 과정에서 분석한 각 대안 선택의 결과(사실+가치)들을 종합하여 결과를 예측한다.</td></tr>
<tr><td>(5) 행동</td><td>• 가장 적절한 대안을 선택하고, 선택한 대안에 따라 행동한다.</td><td></td></tr>
</table>

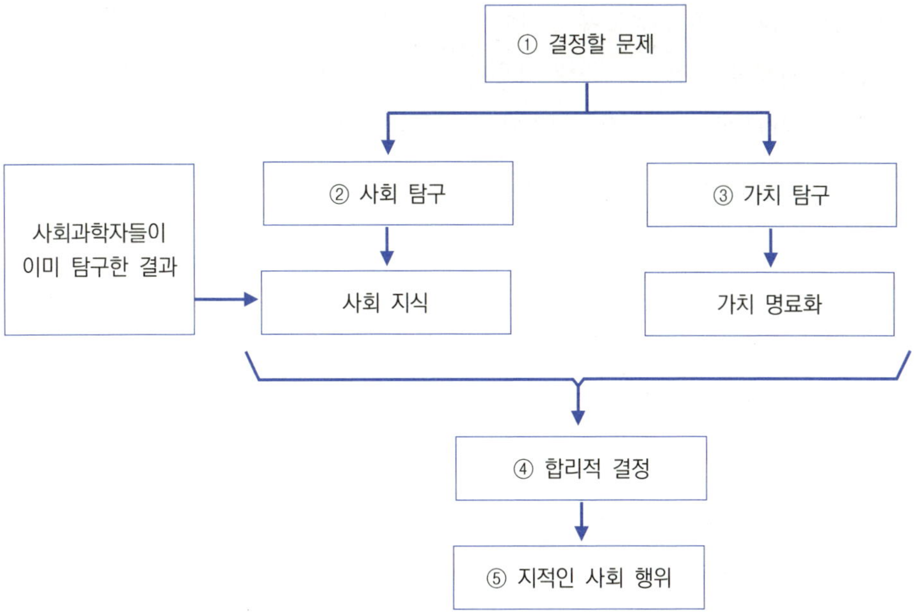

사회탐구 과정을 각 단계에 따라 구체적으로 제시하면 다음과 같다.

첫째, 문제제기의 단계로 문제를 연구 가능한 질문으로 명료하게 진술해야 한다.

둘째, 가설설정의 단계는 연구의 지침이 되는 잠정적인 진술과 주장인 가설을 설정한다. 가설은 연구문제에 관한 잠정적인 해답으로 연구의 초점을 분명히 하는 역할을 한다. 연구를 효과적으로 안내하기 위한 가설은 설정된 문제와 관련되어 있어야 검증 가능한 것이며 기존 이론의 기초에서 형성된다.

셋째, 용어의 정의, 즉 개념화의 단계에서는 탐구과정에서 사용될 주요 용어와 개념들을 분명하게 정의한다. 사회과학 분야에서 개념과 용어들의 의미에 대한 합의가 이루어져 있지 않은 경우가 많다. 이 경우 연구자는 조작적으로 어떻게 정의했는지 명백히 밝혀야 한다.

넷째, 자료수집의 단계는 연구문제에 따라 실험이나 표본, 조사 혹은 사례연구, 역사적 연구, 내용분석 등의 방법을 통해서 체계적인 자료를 수집한다. 자연과학과 같이 객관적인 자료를 얻기는 어려우나 알려진 모든 방법을 동원하여 최대한 객관적이고 믿을만한 자료를 확보하는 것이다.

다섯째, 자료의 평가와 분석 단계로 수집된 정보의 신뢰도와 유의미성을 판단해야 한다. 자료를 수집하기 위해 사용된 도구들은 자료의 의미와 유용성에 크게 영향을 미친다. 이미 유효성이 검증된 도구를 이용하는 것이 자료의 신뢰도를 높일 수 있으며, 탐구자는 정보를 평가할 때 그 정보의 원천과 그것을 수집하기 위해 사용된 방법을 주의 깊게 검토하여 그 방법들이 수반하는 단점과 제한점을 밝히도록 노력해야 한다.

여섯째, 가설검증 단계로 연구질문과 관련하여 설정된 가설들을 수집된 정보에 기초하여 검증하고 여기서는 일반화와 이론을 도출한다. 탐구의 과정에서 변인들 간의 관계에 대한 진술인 가설이 증명된다면 이 가설은 일반화가 되고, 이 일반화가 광범위한 상황, 장소, 시간이 성립된다면 이론으로 형성된다(최병모 외, 1989).

가치탐구 과정을 각 단계에 따라 구체적으로 제시하면 다음과 같다.

첫째, 가치문제의 인식과 정의의 단계로 학습자가 해결해야 할 문제가 가치의 요소를 포함하고 있다는 점을 인식하고 이를 명확하게 진술하는 것이 중요하다.

둘째, 가치 관련 행동의 서술 단계로 교사는 적절한 질문을 통하여 학습자가 문제 상황에서 행동을 정확히 서술하도록 도와주어야 한다. 이때 학습자는 가능한 한 주의 깊게 관찰하고 관찰한 바를 정확하게 기술하는 연습을 충분히 하도록 해야 한다.

셋째, 가치의 명명과 행동의 확인 단계로 학습자는 2단계에서 서술한 행동에 대한 관련 가치를 명명해본다. 이를 위해 교사는 칠판에 행동들을 열거하고, 학습자로 하여금 열거된 행동과 그에 따른 가치들을 연결하여 적도록 한다. 이러한 과정을 통해 학생들은 추론을 하게 되는데, 이러한 학생들의 추론은 다양하게 나타날 수 있다. 교사는 학습자의 다양한 사고를 자극하는 한편 학습자가 연결한 가치들에 대해 그 근거를 제시하도록 요구해야 한다. 교사는 학습자에게 사례연구나 뉴스 등을 읽게 함으로써 이 단계를 학습시킬 수 있다.

넷째, 가치갈등의 확인 단계로 학습자는 개인 차원뿐만 아니라 사회 전체의 차원에서 많은 가치갈등이 존재함을 깨닫게 된다. 이를 위해 교사는 가치상충의 사례를 제시하여 학습자로 하여금 상충하는 가치를 파악하도록 한다.

다섯째, 가치의 원천 파악 단계로 학습자는 3단계에서 인식한 가치의 원천에 대한 가설을 세우고 그 근거를 말할 수 있어야 한다. 학습자가 다른 사람의 가치의 원천뿐만 아니라 자신의 가치의 원천까지 인식하게 된다면 그들은 다양한 상황에서의 가치들의 건전성과 적절성 등을 평가할 수 있게 된다.

여섯째, 대안적 가치의 명명 단계로 학습자는 우리 사회 내에 선택 가능한 여러 대안적 가치가 있다는 것을 알게 된다. 가치의 선택이란 여러 대안이 있음을 전제로 하는 것이다. 이 단계는 학습자 스스로 여러 대안적 가치를 발견할 수 있도록 구성되어야 한다.

일곱째, 가치의 결과 예측 단계로 학습자로 하여금 각각의 가치들은 서로 다른 결과를 초래한다는 것을 알도록 하고, 자신이 선택한 가치가 가져오는 결과를 받아들이는 것을 배우도록 하며, 다른 신념들의 결과를 고려하도록 도와주는 것이다.

여덟째, 가치 선택의 선언 단계로 학습자는 자신이 선호하는 가치를 선언한다. 이 단계에서 교사는 교사 자신의 가치와 모순되는 가치를 선택하는 학습자를 비난하지 않도록 주의해야 한다. 그러기 위해서는 교사는 학습자보다 먼저 자신의 가치 선호를 표명해서는 안 된다. 따라서 개방적인 교실 분위기가 중요하며 학습자는 이러한 분위기에서 다른 가치들이 가져오는 결과들에 대해 신중히 생각한 후에 가치선호를 자유롭게 표현할 수 있어야 한다.

마지막으로, 가치 선택의 이유·원천·결과 서술의 단계로 학습자가 자신의 신념에 따라 행동하기 위해서 자신의 가치를 명료화한다. 교사는 학습자가 자신의 가치를 정당화하고 그 원천과 결과를 인식하도록 돕기 위해서 일련의 질문을 하는 교수전략을 사용할 수 있다. 이때 학습자가 자유롭게 표현한 신념에 대해 비난하거나 벌을 주어서는 안 된다.

한편, 여러 가지 선택 기준에 따라 선택 가능한 다양한 대안들을 구안해서 최적의 대안을 결정해야 하는 문제 상황에 직면했을 때에 유용한 의사결정학습 모형으로 의사결정 매트릭스(decision-matrix) 모형을 들 수 있다. 이 학습 모형은 '문제 정의 → 대안 나열 → 선택 기준 작성 → 대안 평가 → 의사결정'의 순서로 전개되는데, 특히 학습자 자신이 구성한 선택 기준에 따라 여러 대안들을 평가하는 데 유용한 의사결정 도표(matrix)를 활용하는 것이 특징적이다(최용규 외, 2011: 174-175).

〈의사결정 도표〉

기준 / 대안	의 사 결 정 기 준				
	기준 1	기준 2	기준 3	기준 4	합 계
대안 1					
대안 2					
대안 3					

의사결정 수형도 모형은 의사결정 매트릭스 모형과는 달리 각 단계의 순서가 고정되어 있는 것이 아니라 문제에 따라 특정 단계를 먼저 거칠 수도 있고 나중에 거칠 수도 있다. 의사결정 수형도 모형의 단계는 ① 의사결정 상황 진술, ② 가장 좋아하는 대안의 나열, ③ 각 대안에 따른 결과의 나열: 자신과 타인에 대하여 대안이 미치게 되는 긍정적인 결과와 부정적인 결과를 각각 나열, ④ 자신의 목표 및 가치를 고려하여 각 대안에 따른 결과 평가, ⑤ 빠뜨린 대안이 없는지, 그리고 고려하기 원하는 다른 가치나 목표가 있는지 생각하기, ⑥ 의사결정의 단계로 이루어진다. 이 모형을 의사결정 수형도라고 부르는 이유는 마치 나무가 가지를 뻗어 나가는 것처럼 개인의 선택이 위로 뻗어나가면서 결정되기 때문이다. 그것은 결정 상황을 진술하고 대안을 나열하고 대안에 따른 결정을 서술한 후 가치에 따라 평가한다는 의미이다. 의사결정 수형도 모형은 의사결정 매트릭스 모형과는 달리 자신의 목표 또는 가치에 따라 대안이 유도해 낼 결과를 총체적으로 평가한다. 즉, 각 대안이 전반적으로 '긍정적' 결과를 유도할 것인가, '부정적' 결과를 유도할 것인가를 고려하여 선택한다.

[의사결정 수형도]

4. 교수 · 학습 과정 및 적용 사례

1. 학습 주제: 현명하게 선택해보기
2. 학습 목표: 경제 활동에서 선택의 문제가 발생하는 것을 이해하고, 만족감이 클 수 있도록 현명하게 선택하려는 태도를 가질 수 있다.
3. 교수 · 학습 과정

<table>
<tr><th rowspan="2">단계
(시간)</th><th rowspan="2">학습
내용</th><th colspan="2">교수 · 학습 활동</th><th rowspan="2">자료 및
유의점</th></tr>
<tr><th>교 사</th><th>학 생</th></tr>
<tr><td rowspan="6">문제
제기
(5′)</td><td rowspan="2">문제
상황
알아
보기</td><td>□현장체험학습 장소를 선택해야 하는 문제 상황을 제시하기</td><td>■2학기 현장체험학습 장소를 선택해야 하는 상황 인지하기</td><td rowspan="6">■컴퓨터자료 (현장체험학습 후보 장소 관련 영상 자료 1′)

• 학생들이 직접 현장체험학습 장소를 선택해보는 가능성을 제시하며 학습 문제에 대한 관심을 불러일으킨다.</td></tr>
<tr><td colspan="2">◇◇학교에서는 학급별로 현장체험학습 장소를 선택해서 가고 있다. 학급 담임교사는 현장체험학습 후보 장소로 ○○산성, △△놀이공원, □□동물원을 제시했다. 학급에서는 2학기 현장체험학습 장소를 어디로 갈 것인지에 대한 결정이 필요하다. ○○이는 어떤 곳으로 현장체험학습을 가면 좋을지 고민하고 있다.</td></tr>
<tr><td rowspan="2">결정
문제
확인
하기</td><td>T. 어떤 내용이었나요?</td><td>S_1 2학기에 갈 수 있는 현장체험학습 장소의 후보가 세 곳이라는 것입니다.
S_2 2학기에 어디로 현장체험학습을 가야 할지 결정하는 내용입니다.</td></tr>
<tr><td>T. ○○이가 고민하는 이유는 무엇인가요?</td><td>S_1 현장체험학습 장소의 종류가 많기 때문입니다.
S_2 현장체험학습을 어디로 가면 좋을지 고민이 되기 때문입니다.</td></tr>
<tr><td rowspan="2">학습
문제
확인
하기</td><td>T. 이번 시간에 무엇에 대해 알아보면 좋을까요?</td><td>S_1 내가 가고 싶은 현장체험학습 장소를 선택해보고 싶습니다.
S_2 모두가 즐겁게 놀 수 있는 현장체험학습 장소를 선택해보고 싶습니다.</td></tr>
<tr><td colspan="2">2학기 현장체험학습 장소를 선택해 봅시다.</td></tr>
<tr><td>사회
탐구
(20′)</td><td>사전
선택
하기</td><td>T. 여러분은 어떤 장소로 현장체험학습을 가고 싶나요?</td><td>S_1 저는 ○○산성으로 가고 싶습니다. 왜냐하면 ~ 때문입니다.
S_2 저는 △△놀이공원이 좋을 것 같습니다. 왜냐하면 ~ 때문입니다.
S_2 저는 □□동물원으로 가고 싶습니다. 왜냐하면 ~ 때문입니다.</td><td>■현장체험학습 카드, 아크릴 쇼케이스
• 개인이 선택한 현장체험학습 장소 사진을 아크릴 쇼케이스에 끼워 둔다.</td></tr>
</table>

단계 (시간)	학습 내용	교수 · 학습 활동 교 사	 학 생	자료 및 유의점
	현장체험학습장소정보수집하기	□모둠별로 세 가지 현장체험학습 장소의 정보 제공하기 T. 알게 된 사실은 무엇인가요?	■세 가지 장소에서 알 수 있는 사실을 찾아 정리하기 S_1 ○○산성은 입장료가 무료이며 우리 지역의 역사를 알 수 있는 곳입니다. 버스에서 내려 좀 걸어가야 하는 불편한 점이 있습니다. S_2 △△놀이공원은 재미있는 놀이기구가 많지만 입장료와 놀이기구 이용료가 필요합니다. 버스를 한 번 갈아타야 해서 대중교통이 불편한 편입니다. S_3 □□동물원은 희귀한 동물을 많이 볼 수 있지만 입장료가 필요합니다. 버스정류장과 가까워 대중교통이 편리합니다.	■현장체험학습 장소 자료, 스마트기기 • 모둠별로 현장체험학습 장소의 특징을 스마트기기나 자료를 활용하여 자세히 찾아보면서 객관적인 사실을 찾을 수 있도록 한다.
가치 탐구 (20′)	현장체험학습장소의가치생각해보기	□현장체험학습 장소의 가치를 탐구하는 활동 안내하기	■현장체험학습 장소의 가치 기준을 생각하며 살펴보기	■모둠토의판, 붙임딱지, 붙임스티커 • 제시된 가치 기준을 유목화하여 토의판에 정리한다.
		〈현장체험학습 장소의 선호도 알아보기〉 1. 현장체험학습 장소 후보들의 특징을 생각해본다. 2. 현장체험학습 장소를 정할 때 무엇에 더 큰 의미를 둘 것인지 생각해보고 붙임딱지에 써서 붙인다. 3. '복수선택질적의사결정' 토의 방법으로 스티커를 활용하여 현장체험학습 장소 선택에 대한 선호도를 살펴본다. 4. 토의 결과를 발표한다.		
		T. 모둠별로 현장체험학습 장소를 선택할 때의 기준을 세워봅시다. T. 우리 모둠에서 현장체험학습 장소를 정한 기준은 무엇이 있었나요?	■모둠별로 현장체험학습 장소를 선택할 때의 기준을 브레인라이팅으로 세워본다. S_1 우리 모둠에서는 현장체험학습 장소를 정할 때에는 재미가 중요하다고 생각했습니다. S_2 우리 모둠에서는 돈이 적게 들면서 친구들과 어울릴 수 있는 장소면 좋겠다고 생각했습니다. S_3 우리 모둠에서는 교통이 편리한 곳으로 가는 것이 좋다고 생각했습니다.	• 개별로 붙임딱지 색깔을 달리하여 참여를 유도하고 수업이 끝난 후 평가자료로 활용한다. • 교사의 순회지도를 통해 가치 기준표가 합리적으로 작성되는지 살펴본다.
의사 결정 (20′)		□조사한 내용과 선호도에 따라 현장체험학습 장소를 선택하는 활동 안내하기	■현장체험학습 장소를 조사한 내용과 선호도를 생각하며 선택해 보기	

<table>
<tr><th rowspan="2">단계
(시간)</th><th rowspan="2">학습
내용</th><th colspan="2">교수 · 학습 활동</th><th rowspan="2">자료 및
유의점</th></tr>
<tr><th>교 사</th><th>학 생</th></tr>
<tr><td rowspan="2">의사
결정</td><td rowspan="2">현장
체험
학습
장소
선택
하기</td><td colspan="2">(예시)
<table>
<tr><th>대안</th><th>결과 예측</th></tr>
<tr><td>○○산성</td><td>버스에서 내려 걸어가야 해서 교통이 불편한 편이나 입장료가 없고 친구들과 역사 공부를 할 수 있다. 역사를 좋아하지 않는 친구는 재미가 없을 수 있다.</td></tr>
<tr><td>△△놀이공원</td><td>버스를 한 번 갈아타야 해서 교통이 불편한 편이나 놀이기구가 많아 친구들과 재미있게 놀 수 있다. 입장료가 있고, 놀이기구를 이용하려면 별도의 이용 요금이 필요하다.</td></tr>
<tr><td>□□동물원</td><td>교통이 편리한 편이나 입장료가 필요하다. 평소에 쉽게 볼 수 없는 희귀한 동물을 많이 볼 수 있다. 동물을 좋아하지 않는 친구는 즐겁지 않을 수 있다.</td></tr>
</table></td><td>• 모둠마다 다른 결과를 존중하고 차이를 인정한다.
■ 실물화상기
• 사회탐구와 가치탐구 과정에서 분석한 각 장소의 선택 결과를 종합하여 결과를 예측해 본다.</td></tr>
<tr><td>T. 모둠별로 세운 기준에 따라 현장체험학습 장소를 선택하고 그 결과를 예측해봅시다.

T. 자신이 속한 모둠이 선택한 현장체험학습 장소를 홍보하며 다른 모둠을 설득해봅시다.

T. 처음 선택과 기준을 세워 평가한 뒤 선택을 비교해봅시다.</td><td>■ 스티커를 활용하여 현장체험학습 장소를 선택해보고 그 결과를 예측해 발표한다.

■ 자신이 속한 모둠에서 선택한 현장체험학습 장소로 가는 것이 좋은 것임을 설득한다.

S_1 처음에는 □□동물원이 재미있을 것 같아 선택했는데 친구들과 조사해보고 좋아하는 기준을 정해 평가해보니 ○○산성을 선택하게 되었습니다.
S_2 처음에는 ○○산성이 좋아보였는데 친구들과 기준을 따라 평가해보니 △△놀이공원을 선택하게 되었습니다.</td><td>■ 붙임스티커
• 모둠별로 선택한 장소를 소개한 후 같은 장소가 있으면 모여 그룹을 형성한다. 각 그룹은 자신이 선택한 장소를 홍보하고 학생들이 자유롭게 다니며 스티커를 활용해 투표하게 한다.</td></tr>
<tr><td rowspan="2">행동
(15′)</td><td rowspan="2">현장
체험
학습
계획
세우기</td><td>T. 우리가 선택한 장소로 현장체험학습을 가는 계획을 세워봅시다.</td><td>■ 최종 선택된 장소로 현장체험학습을 가는 구체적인 계획을 세워서 발표한다.</td><td rowspan="2">■ 스마트기기
• 학생들의 의사결정에 따라 현장체험학습 계획을 세울 수 있는 기회를 제공한다.</td></tr>
<tr><td colspan="2">(예시)
<table>
<tr><th>장소</th><th>△△놀이공원</th></tr>
<tr><td>준비물</td><td>입장료, 놀이기구 이용료, 간식, 차비, 쓰레기 봉투, 마실 물이나 음료수, 돗자리 등</td></tr>
<tr><td>이동 방법</td><td>○○번 버스(학교-△△놀이공원 앞)</td></tr>
<tr><td>체험 순서</td><td>△△놀이공원 정문-청룡열차-바이킹-대관람차-점심식사-□□정원-단체사진 찍기-학교</td></tr>
</table></td></tr>
</table>

참고문헌

김상수(2005). 「창의적인 문제해결과 의사결정」. 명경사.

모경환 · 차경수(2008). 「사회과교육 제3판」. 동문사.

박연호 · 이상국(1992). 「현대 행정 관리론」. 박영사.

박형준 · 고은희(2002). 브레인라이팅 의사결정모형 개발. 「시민교육연구」, 34(2):123-148.

배진숙(2009). 초등학생의 의사결정 과정 분석. 한국교원대학교박사학위논문.

이태근(1988). 「사회과 교수법」. 교학연구사.

정문성 외(2008). 「사회과 교수 · 학습법」. 교육과학사.

최병모 외(1989). 「사회과 교수법과 교재연구」. 교육과학사.

최용규 외(2011). 「사회과, 교육과정에서 수업까지-수정판-」. 교육과학사.

Banks, J. A.(1999). Teaching strategies for the social studies(5th edition). New York: Longman.

제 5 장

쟁점중심 토론수업 (논쟁 문제 수업)

사람들은 일상 속에서 수없이 많은 의사결정 상황에 직면하며 이러한 의사결정 상황은 일반적으로 다른 사람들과의 상충하는 가치나 이해관계를 바탕으로 상호 대립하는 쟁점과 연관되어 있을 때가 많다. 이때 쟁점의 형태로 존재하는 문제에 관하여 사회적 합의를 이끌어낸다는 것은 결코 쉽지 않으며 서로 다른 관점에 대한 새로운 인식과 반대되는 관점에 대한 치열한 논쟁의 과정을 거쳐야만 합의에 도달할 수 있다. 사회적 합의에 이르지 못한 쟁점은 사회적 갈등의 씨앗이 되기도 하고 개인적 딜레마의 요인이 되기도 한다. 그러므로 논쟁 과정을 통해 합의를 이끌어내는 능력은 개인에게 필요한 능력일 뿐 아니라 공동체 안에서 살아가는 시민이라면 누구에게나 요구되는 공적 자질이자 태도라고 할 수 있다.

이처럼 쟁점상황에서의 논쟁과 합의 능력이 현대사회를 살아가는 시민의 필수 자질이라는 점에서 시민적 자질 육성을 교과 목표로 하는 사회과가 쟁점을 활용한 논쟁 수업에 관심을 갖는 것은 너무나 당연하다. 다음에서는 사회과 쟁점중심 토론수업(논쟁 문제 수업)의 의미, 목표, 교수원리, 수업에의 적용 가능성 등을 살펴봄으로써 쟁점의 차원을 보다 분석적으로 이해하여 수업에 활용하려는 노력들이 어떻게 다양한 형태로 발전되고 있는지 소개한다.

1. 의미

어떠한 현상이나 문제가 사회 구성원 전체에게 영향을 비치고 사회적 관심의 대상이 되고 있으나 그 현상을 둘러싼 의견이 찬성과 반대로 나뉘어 있어 합의에 이르는 과정이 필요한 문제를 우리는 논쟁문제(controversial issues) 혹은 공공 쟁점(public issues)이라고 한다. 사회적으로 찬반이 팽팽히 대립하고 있는 쟁점(social issues)을 대상으로 하는 토론은 사회 구성원 다수가 인식을 공유하는 사회문제(social problem)를 대상으로 하는 의사결정 과정보다 첫째, 자기주장의 논리를 세련화할 수 있고, 둘째, 자발적인 참여를 유도하며, 셋째, 토론의 내용뿐 아니라 방법의 학습도 가능하게 한다는 이유로 사회과 수업의 관심 대상이 되어왔다.

현재 우리나라에서도 점차 활용도가 높아지고 있는 쟁점중심 토론수업의 기원은 미국에서 찾을 수 있다. 미국에서는 1936년 NCSS의 학술지인 Education이 해치(Hatch)의 '교실에서의 논쟁문제'를 출판한 이래 쟁점을 활용한 사회과 수업이 관심을 끌기 시작했으며 그로스(Gross), 헌트(Hunt), 메트칼프(Metcalf) 등이 논쟁문제와 관련한 연구 활동을 꾸준히 진행해왔다. 또, 올리버와 셰이버(Oliver & Shaver)의 공동 저작인 'Teaching public issues in the high schools(1966)'는 공공쟁점을 활용한 사회과 교육과정 및 수업의 대표적 안내서라고 할 수 있는데 올리버와 셰이버가 쟁점을 해결하는 기준으로 윤리적·법률적 원칙과 가치를 중시했다는 점에서 윤리-법률모형(ethical-legal model), 또는 법리모형(jurisprudential model)이라고 불린다. 또한 하버드대학교 대학원 사회과교육 프로그램에서 개발하였기 때문에 하버드 모형이라고도 한다.

이후 뉴먼과 올리버(Newmann & Oliver)는 'Clarifying the public issues in the social studies-사회과에서 공공적 논쟁문제의 명료화(1970)'라는 저서를 출판하여 법리모형을 교실 현장에서 사용할 때 적용 가능한 과정을 보다 상세히 제시함으로써 논쟁수업의 확산에 큰 영향을 미쳤다. 이후로도 스위니와 파슨스(Sweeny & Parsons)의 '논쟁적 사회문제를 위한 교사의 준비와 모형' 연구, 뱅크스(Banks)의 '의사결정모형' 등 논쟁적 가치의 문제를 해결하는 데 중점을 둔 다양한 수업모형이 연구되었다.

엥글과 오초아(Engle & Ochoa)도 7단계의 수업과정을 적용한 '의사결정모형'을 제안하였는데 이 모형은 특히 정치적인 의사결정과 관련된 문제를 중심으로 구성되어 있다. 현대 민주정치에서 발생하는 갖가지 문제와 논쟁점을 제시하고 그 속에서 의사결정을 경험하는 것이 시민으로서 민주정치에 참여하기 위한 최선의 준비작업이라는 입장이다. 현실사회에서 발생하는 사회문제 중 기존 교육과정의 주제와 연관될 수 있는 것을 선택하게 하였고 하버드 모형에 비해 보다 구체적인 수업단계를 제시하였다. 하지만, 논쟁문제에 대해 타인, 혹은 타 집단과 합의를 도출함으로써 문제를 해결하기보다는 가치의 분석과 개인적인 의사결정에 초점을 맞추고 있다는 점에서 올리버와 셰이버 모형과 같이 개인의 인지적 판단을 강조한다는 한계를 지닌 것으로 평가받는다.

논쟁문제 수업은 미국에서뿐 아니라 우리나라에서도 관심 연구 분야가 되고 있다. 1990년대 이후 사회과교육 관련 연구물들을 통해 하버드 모형에 대한 소개와 이론적 탐구는 물론 한국의 교육현실에 적용 가능한 쟁점중심, 논쟁문제 중심의 수업들이 점차 다양한 형태로 연구・제안되고 있다. 따라서, 이제는 사회과 논쟁문제 수업을 특정 학자의 단일한 수업과정이나 모형으로 파악하기보다는 공공 쟁점을 소재로 삼거나 이를 모티브로 수업을 구상하고, 합리적・논리적・비판적 논증과 토론 과정을 거쳐 결론에 이르는 과정을 수업에 접목하려 한 다양한 노력들을 '쟁점중심 토론 수업' 혹은 '논쟁문제 수업'이라는 범주적 개념으로 파악하는 것이 적절할 것이다.

2. 목표와 교수원리

1) 목표

쟁점을 활용한 사회과 수업의 전형으로 큰 가치를 인정받고, 그만큼 많은 연구물에서 인용되는 것이 올리버와 셰이버의 법리적 모형이므로 우선 이를 기준으로 논쟁문제수업의 목표를 소개하고자 한다.

올리버와 셰이버는 공동체 안에서 갈등과 논쟁이 발생하는 이유를 인간 삶의 본질적 특징에서 찾는다. 모든 인간은 신념, 욕구, 취향, 사고 면에서 다를 수밖에 없지만 그럼에도 불구하고 함께 살아가는 공동체 안에서의 안전, 휴식, 우정을 위해 자신의 개인적 욕구와 신념, 선호 등을 조정한다. 하지만 누군가 자신의 욕구와 이익을 우선하게 될 때, 또는 어떤 것이 공동체의 이익을 증진시키는가에 대한 생각이 다를 때 논란과 불일치가 발생한다. 이 경우 분쟁 당사자(개인)는 모두 자신의 입장이 타당하다는 것을 보여주고자 하며 타인에게 지지를 호소하기 위해 '사회적 가치'를 활용하게 된다. 사회적 가치는 다수의 사람들에 의해 오랜 기간 옳다고 지지되고 더 많이 실현되는 것이 바람직하다고 여겨지는 가치이기 때문이다. 따라서 공공 논쟁에서 사람들에 의해 활용되는 사회적 가치의 역할을 이해하는 것이 중요한데 사회적 가치는 그 가치가 공유되는 공동체 안에서의 윤리·도덕적 행위의 일반 원칙이자 지침이 되어준다.

올리버와 셰이버는 이처럼 바람직한 행위의 원칙이자 지침이 되는 사회적 가치를 학습자에게 일방적으로 전수하는 방식이 아닌 합리적인 가치 명료화와 논쟁을 통해 학습하는 방식을 제안하였다. 논쟁(분쟁)을 평화적이고 존엄하게 해결하기 위해서는 합리적인 동의의 과정이 반드시 필요하며 합의의 방향은 '인간의 존엄성'이라는 미국 공동체의 기본적 가치를 지향해야 한다고 보았다. 예를 들어, 강력한 개인이 힘으로 갈등을 해결하거나 사고 통제를 통해 믿음과 가치를 규제, 사회의 획일화를 유도해서는 안 되는데 그것이 바람직하지 않은 이유는 이러한 방법이 미국 사회의 기본적 가치와 신념으로 존재하는 인간의 존엄성에 위배되기 때문이다. 모든 인간의 존엄성을 인정하는 인간존중을 실현하면서 합리적 동의에 도달하는 유일한 방법은 열린 토론에 합의하고 이를 실행하는 과정을 통해서만 가능하며 이러한 과정이 곧 학습과정이 되어야 한다고 주장한다. 이때의 '동의'는 구체적인 결정 내용에 대한 합의와, 합리적이고 타당한 동의절차에 따라 결정된 것을 모두 준수한다는 방법과 절차 차원의 동의를 포함한다.

미국 사회의 기본적 가치인 인간의 존엄성, 민주주의와 정부 구성의 다양한 원칙들을 이해하고, 그러한 원칙 아래 논쟁이라는 과정을 거쳐 합의에 이르는 학습방법으로 올리버와 셰이버는 수업 과정에서의 'jurisprudential framework' 활용을 강조하였다. 이는 '논쟁적 상황이 담긴 자극적인 메시지 속에 담긴 쟁점이나 문제의 실체에 관하여 참여자들의 논의가 계속적으로 일어날 수밖에 없게 구성된 대립적인 논의 과정의 틀'을 말한다. 즉, 그들은 공공문제가 포함된 법적 사건의 갈등문제를 다루는 과정을 통하여 학생들이 가치문제를 검토하는 경험을 갖는 것이 학습의 주요 과정이 되어야 한다고 보았다. 그리고 여기에서 발생하는 가치갈등 해결 기준으로 인간의 존엄성이라는 사회적 기본가치, 헌법에 제시된 여러 가지 민주적 원리를 제시한 것이다.

이는 미국이 다양성과 다원주의 성향이 매우 큰 사회임에도 불구하고 미국적 신조(American Creeds)라고 명명되는 기본 가치들에 대한 폭넓은 합의가 존재한다는 전제가 성립하기 때문에 가능한 것이다. 즉, 인간의 존엄성, 언론의 자유, 사유 재산의 불가침, 다수결, 소수의 권리, 개인의 자율성 등과 같은 일반적 가치들에 대해 미국인들 간에는 그것이 미국사회를 바람직한 방향으로 이끄는 기본 가치라는 데에 폭넓은 합의가 이루어져 있으며 이러한 기본가치들을 기준으로 가치갈등이 포함된 공공문제를 다루는 경험이 학습자들에게 제공되어야 한다고 본다.

이러한 특징 때문에 법리모형을 활용한 수업에서는 공공정책과 관련된 문제들을 둘러싼 비교적 합리적이라 여겨지는 복수의 관점들을 학습자가 스스로 '명료화'하는 과정을 매우 중요하게 여긴다. 아직 합의된 가치에 이르지 못하고 갈등상태로 남아있는 가치 쟁점 간의 관계와 특성을 명료화함으로써 합리적인 의사결정이 가능하도록 돕는 것이 법리모형에서 말하는 논쟁문제 수업의 최종 목표가 된다.

이처럼 논쟁 문제 수업이 최종적으로 발달시키고자 하는 목표는 '의사결정력'이지만, 사회적 쟁점과 관련된 사실과 가치를 조사하고 해결 방안에 관하여 토론하는 과정을 통하여 다음과 같은 교육적 효과 역시 거둘 수 있다. 첫째, 쟁점을 해결하기 위해 사실적 자료를 수집하고 검증하며 경험적으로 확인하는 과정을 통해 논쟁문제와 관련된 사실에 대한 이해를 증가시킬 수 있다. 둘째, 쟁점과 관련된 대립 가치들을 비교 분석하여 어느 가치가 우선해야 하는지 선택하는 과정을 통하여 가치 판단력을 향상시킬 수 있다. 셋째, 쟁점을 해결하기 위해 다른 사람과 토론하고 상호작용하는 과정에서 의사소통 능력을 함양하고 상호 협력적인 태도를 형성할 수 있다. 또한 쟁점에 대한 관심을 높이고 쟁점으로 인해 발생하는 문제 해결에 적극적으로 참여하는 태도를 형성할 수 있다.

2) 교수원리

올리버와 셰이버 모형에서는 교실 수업에서 제기된 논쟁문제를 ① 개념의 명료화 ② 경험적 증거에 의한 사실의 증명 ③ 가치갈등의 해결 등 세 가지 방법에 의하여 해결하고자 한다. 특히 가치갈등의 해결을 가장 어려운 것으로 보고 해결에 필요한 다양한 기준으로 인간존엄성이라는 사회의 기본가치, 미국 헌법에 제시된 다양한 민주주의 원리, 가치의 위계적 차이, 가치의 보편성과 구체성에 대한 고려 등을 제시하였다.

여기서 기본가치란 그 사회의 구성원들에게 암묵적으로 합의되어 있는 도덕적 가치를 의미하는 것으로 민주주의 공동체 사회에서는 자기실현, 자유, 타인에 대한 사랑과 이해 등을 전제로 하는 인간의 존엄성이 곧 기본가치에 해당된다. 따라서 법리모형에서는 이러한 기본가치를 기준으로 가치갈등을 해결하는 과정을 다루게 되는데 이러한 특징은 그들의 접근 방식이 보수적이라는 비판을 받는 요인이 되기도 하였다. 하지만, 주체적이고 자율적인 구성원 간에 민주주의적이고 합리적인 동의 절차에 따라 형성된 사회적 가치가 가치갈등은 물론 공공정책에 대한 의사결정의 기준이 될 수 있다는 것에는 일반적으로 동의하는 시각이 많다.

특히 올리버와 셰이버 모형에서 쟁점의 차원을 인간의 사고체계에 따라 분류함으로써 과학적 논쟁이 가능한 교수-학습 원리를 제시한 것은 큰 주목을 받았다. 그들에 따르면 논쟁문제를 해결하는 과정에서 무엇보다 우선되어야 하는 것은 먼저 논쟁 문제의 특성을 명확하게 밝히는 것이다. 논쟁 문제는 보통 '사실문제', '가치문제', '용어정의문제'와 관련되어 있기 때문에 3가지 측면을 구분하여 각 쟁점 차원에 효과적인 방법을 활용하여 접근하는 과정이 필요하다. 올리버와 셰이버는 사람들 간에 알고 있는 사실정보가 다르거나, 쟁점과 관련된 용어나 개념이 명확하지 않거나, 기본적 가치들이 충돌하기 때문에 쟁점이 발생한다고 보았다. 공공쟁점에 내재된 3가지 형태의 불일치에 대한 이해가 논쟁수업의 기본적 교수원리가 되어야 한다는 것이다. 3가지의 서로 다른 차원에서 쟁점이 발생하는 이유와 이를 활용한 수업의 구체적 전략을 소개하면 다음과 같다.

① 사실적 차원에서의 논쟁

학습자는 자신이 알고 있는 사실 자체 혹은 그 근거에 대한 확신이 다를 때 서로 다른 의사결정을 한다. 사람은 저마다 본인이 알고 있는 사실에 기반하여 판단하기 마련이며 사실에 대한 확신이 강할수록 신속한 결정이 이루어짐은 물론 자신의 결정이 옳다는 판단 또한 확고해진다. 하지만 학습자가 알고 있는 사실이 진짜 사실인지, 또 다른 사실적 근거와 충돌하는 부분은 없는지, 사실과 가치의 관련성이 분명하게 존재하는지를 확인하는 과정은 그리 단순하지 않으며 신중하게 점검되어야 한다.

공적 결정을 둘러싼 논쟁에서 사실정보에 대한 점검이 중요한 이유는 다음과 같다. 첫째, 의사결정의 상황에서 사람들에게 사실 정보는 가치보다 더 큰 영향력을 발휘할 때가 많다. 일반적으로 사람들은 인간의 판단이나 의사결정이 단순한 사실 증거보다 자신이 옳다고 믿는 가치에 의해 더 큰 영향을 받을 것이라고 기대하지만 다양한 사회적 가치 중 어느 것이 더 중요하고 우선순위를 가져야 하는지 결정하는 것은 결코 쉽지 않다. 특히 사회 구성원이 점차 다양해지고 공동체의 가치가 다원화될수록 어떤 가치결정이 옳은지를 타인에게 증명하기는 더욱 어려워진다. 이처럼 가치의 증명이 어려운 상황에서 의사결정을 해야 한다면 사실관계의 영향력은 매우 커지게 된다.

둘째, 사람들은 가치결정을 할 때에도 그 가치결정을 지지하기 위해 사실 예측을 자주 활용한다. 자신이 지시하는 가치를 선택하였을 때 어떠한 결과가 나올 것인지를 예측함으로써 자신의 선택에 정당성을 확보하고자 하는 것이다. 이때 실제로 한 개인의 주장은 가치의 타당성이 입증됨으로써 다른 사람에게 수용되기보다는 그 사람이 제시하는 구체적인 사실의 신뢰성에 따라 판단이 달라지는 경우가 많다.

따라서 학습자가 자신이 알고 있거나 새롭게 수집한 사실을 주장의 근거로 제시하고 그에 따른 의사결정이 타당하다고 주장하기 위해서는 다음과 같은 방법에 익숙해져야 한다. 첫째, 자신이 구체적으로 알고 있는 사실, 또는 관찰한 사실이 일반화 가능한 결론을 지지하고 있음을 보여주어야 한다. 이를 위해서는 보다 많은 사실 정보를 수집하는 것이 필요하며 대표성을 가질 수 있는 사실 정보를 수집하기 위해 노력해야 한다. 이때 활용 가능한 증거의 유형에는 통계자료, 충분한 양의 표본 조사, 상식적인 수준에서 수용 가능한 사실정보, 권위 있는 전문가 혹은 객관적으로 검증이 가능한 출처에서 인용한 자료 등이 있다.

둘째, 수집한 정보 간에 논리적으로 모순이 없음을 보여주어야 한다. 동일한 사실에 관해 사람들 사이에 존재할 수 있는 의견 차이를 다루는 것을 도와주기 위해서는 (a) 관련 사실들을 조사하면서 정보의 출처를 다시 읽어보기 (b) 백과사전, 실제 데이터와 같은 객관적인 근거 자료 찾아보기 (c) 판단을 위해 신뢰할 수 있는 권위자에게 물어보기와 같은 방법을 활용할 수 있다.

② 용어 정의적 차원에서의 논쟁

학습자는 각자가 내면화시킨 용어 정의상의 차이가 있을 때 서로 다른 의사결정을 한다. 논쟁에서 사용되는 단어나 기호가 모호하고 혼란스럽게 사용되고 있을 때, 혹은 특정 개인이나 집단의 이념이나 가치가 개입된 계층화된 이름들(class name)이 사용되고 있을 때 이러한 현상이 자주 나타나는데 정의적 차원의 논쟁을 돕기 위해 교사는 (a) 사전을 활용할 것 (b) 사전의 말뜻을 수용하는 것에 동의할 것 (c) 객관적인 정의에 동의하기 어렵다면 토의를 진전시키기 위해 한시적으로 약정적 정의를 내리는 것에 동의할 것 등을 학습자에게 제안할 수 있다.

토론에 참여하는 사람들이 동일한 단어나 개념을 서로 다른 의미로 각자 사용하는 상태로 토의가 마무리된다면 합의된 토의결과가 도출되더라도 실제로 그 결과가 아무런 효력을 갖지 못하는 경우가 발생하므로 같은 용어에 대한 공통된 의미를 모두가 분명히 인지하고 사용할 수 있도록 합의하는 과정이 반드시 필요하다.

③ 가치 도덕적 차원에서의 논쟁

학습자는 각자가 우선되어야 한다고 믿는 가치의 차이가 있을 때 서로 다른 의사결정을 한다. 이러한 가치관의 차이가 갈등을 유발하는 상태에 머무르지 않고 서로에 대한 가치 이해를 거쳐 보다 바람직한 가치 선택의 과정으로 나아가도록 돕기 위해서는 (a) 토론의 대상이 되고 있는 가치가 무엇인지 분명하게 설명하기 (b) 한 가지 대안이 다른 대안보다 더 가치 있다고 주장하는 이유를 명확히 제시하기 (c) 상반되는 가치 간의 관계를 명료화하고 구조화시키기에 관심을 두어야 한다.

하지만 올리버와 셰이버는 이러한 교수원리를 제시하였을 뿐 논쟁문제를 다루기 위한 공식화된 수업모형을 구체적으로 제시하지는 않았다. 쟁점의 다양한 차원을 탐구해가는 절차를 하나의 모형만으로 이해하기에는 지나치게 복잡하다는 것이 그 이유이다. 결국 본인들이 제시한 참고 가능한 논쟁의 원리를 활용하여 교사가 적절하다고 판단하는 방식으로 상황에 따라 학습자를 안내하라는 수준의 지침을 주는 방식을 택하였으며 다음에 소개한 원칙들이 유용한 수업전략 지침이 될 수 있다고 하였다.

- 구체적 상황에서 일반적 가치를 추출하도록 도울 것
- 일반적 가치 개념을 차원적 틀로 활용하여 가치갈등 해소에 활용할 것
- 하나의 가치를 증진하는 것이 다른 가치의 실현 기회를 축소하는 결과를 초래할 수 있다는 것을 이해하게 할 것
- 어느 특정한 상황이든 그 안에는 일반적인 형태의 가치갈등이 내포되어 있다는 점을 알게 할 것
- 현재 논의 중인 문제 상황과 유사한 가치갈등 상황을 발견 혹은 창출하는 경험을 하게 할 것
- 동일한 종류의 가치갈등이 내재된 두 개의 유사상황을 구별하기 위한 기준을 찾는 과정을 통해 어떤 조건하에서 하나의 가치가 다른 가치에 비해 우선순위를 가질 수 있는지 생각해보게 할 것
- 논쟁 상황에서 일관성이 부족한 판단을 내렸던 상황들을 활용함으로써 자신의 가치판단 과정을 성찰하게 하고, 보다 진전된 명료화를 경험하게 할 것
- 하나의 진술이 일반적 요인에는 적절하지만 구체적 요인에는 적절하지 않을 수 있음을 이해함으로써 진술이나 전략을 평가할 때 구체적인 요인과 일반적 요인을 모두 고려하게 할 것

3) 교수상의 유의점

제대로 된 토론은 학생의 지적·기능적 성장을 돕는 수단뿐 아니라 궁극적으로는 민주 시민으로서의 태도와 역량을 육성하는 핵심 수단이 될 수 있지만, 반대로 낮은 수준의 토론은 냉소적이고 비관용적인 태도, 더 나아가서는 깊은 생각 없이 남의 의견에 순응해버리는 태도마저 낳을 수 있다. 올리버와 셰이버는 더 높은 도덕성에 기반하여 일반가치로 접근하는 것을 가능하게 해주는 원동력이 '민주적인 과정으로서의 열린 토론(democratic process of open discussion)'이라고 보았으며 미국 사회에서는 서로 다름 속에서도 공통적으로 공유하는 기본적 가치가 존재하기 때문에 이것이 상호 비판에 대한 기준이 되어줌으로써 토론을 통해 보다 나은 선택과 공적 결정이 가능해진다고 보았다.

다원주의 사회에서는 공공정책의 결정에 모두가 합의한다는 것은 불가능하며 단일한 방식으로 인식하는 진리 역시 존재하지 않는다. 하지만 다원주의 사회의 특성상 모든 공적 의사결정 과정에도 선택 가능한 하나 이상의 대안이 존재하기 마련이므로 다양한 가치, 아이디어, 신조들을 대상으로 자유로운 토론과 논쟁을 허용함으로써 최선의 결과를 도출할 수 있다. 현대사회의 논쟁문제를 수업에서 다루고자 하는 교사가 지켜야 할 원칙 역시 이러한 다원주의 사회의 특성에서 찾아야 한다.

① 교사는 교육적 목적하에 불편부당성(impartiality)을 유지해야 한다. 교사의 입장과 발언 하나하나가 학습자에게 미치는 영향이 적지 않은 만큼 교사는 객관성과 중립성을 유지하도록 노력해야 한다. 하지만 실제로 학생에 미치는 교사의 영향을 아예 없애는 것은 불가능하므로 민주적인 모델을 유지하는 것이 더 중요하다. 교사가 자신의 의견을 말하되 학생으로 하여금 반대의견을 개진할 수 있도록 장려해야 하며 개방적인 분위기 속에 학습자와 교사 간의 민주적인 학습 동맹을 유지하는 것이 중요하다.

② 개방적이면서도 건설적인 토론이 가능한 분위기를 조성해야 한다. 학생 개개인의 의견이 존중받는 분위기를 만들어주고 학생들이 스스로 절제할 수 있는

분위기 속에서 교사가 리더십을 발휘하는 것이 중요하다. 이때 교사는 때때로 핵심적인 질문을 던지기도 하고 배경지식을 설명해주기도 하면서 수준 높은 토론이 가능하도록 안내 및 중재하는 역할을 수행해야 한다.

③ 이를 위해 교사는 수업 과정에서 조정자, 중개자, 반대 역할 담당자 역할을 복합적으로 수행해야 한다. 무엇보다 중요한 교사의 역할은 토론의 중요한 포인트를 감지하여 논의가 어떤 방향으로 흘러갈지 예상할 수 있어야 한다는 점이다. 이 과정에서 교육과정 목표를 달성하는 데에 효과적인 전략적 발문이 가능해야 한다. 또한, 토론의 기본은 듣기이므로 교사는 토론하는 학생들이 다른 학생들의 말을 주의 깊게 들을 수 있도록 '대기시간'을 적절히 활용하는 토론 관리 기술이 필요하다.

④ 학생들이 궁금해서 좀 더 알아보고 싶다고 생각하게 되는 문제, 학생들이 인지적 비평형 상태를 경험하게 되는 문제를 주제로 선정해야 한다. 사회적으로 의미 있고 학습자의 실제 생활과 관련성이 있는 주제를 선정하는 것도 중요하지만 다양한 배경 지식을 활용하여 보다 높은 수준의 지적인 탐구가 함께 이루어질 수 있는 주제를 선정한다면 보다 의미 있는 토론이 가능해진다.

⑤ 토론의 형태를 다양하게 활용해야 한다. 주제와 상황에 따라 소집단 토론, 패널토의, 모의재판, 시뮬레이션 토론, 15분 혹은 40분 토론 등 다양한 토론의 형식을 활용해야 한다. 더불어 학습의 목표에 따라 효과를 최대화하면서 토론을 마무리할 수 있도록 다양한 방법을 활용하도록 한다. 토론 내용을 요약 혹은 분류(주장 간의 공통점과 차이점)하게 하는 분석적 질문을 던지기나, 토론 과정에 대한 성찰노트를 쓰게 하거나, 토론의 결과에 따라 실천계획을 세워보게 하는 등의 다양한 활동을 통해 각각의 토론이 의미 있게 마무리되도록 안내해야 한다.

3. 교수 · 학습 과정 및 적용 사례

1) 교수 · 학습 과정

쟁점중심 토론수업(논쟁문제수업)이 실질적으로는 다양한 형태의 쟁점 활용 논쟁수업을 포괄하는 개념으로 활용되고 있고, 올리버와 셰이버의 법리적 모형에서도 공식화된 수업의 절차를 밝히지 않은 만큼 여기에는 다양한 형태의 교수-학습과정이 존재한다. 따라서 다음에서는 학자별로 제안한 몇 가지의 교수 단계를 간략히 제시하고, 쟁점의 3차원을 활용하여 구성 가능한 실제 수업 사례를 두 가지 정도 지도안의 형태로 제시하고자 한다.

• 뉴먼의 논쟁문제 해결 과정

① 쟁점을 인식하기 ② 쟁점을 명료하게 진술하기 ③ 쟁점을 연속적으로 탐색하기 ④ 새 문제로 전환하여 토론하기 ⑤ 주장과 쟁점의 적합성을 결정하기 ⑥ 입장을 정하고 토론을 정리하기

• 엥글과 오초아의 의사결정 모형(1988)

① 문제 인식과 정의 ② 가치의 가정에 대한 인식 ③ 대안들의 인식 ④ 결과 예측 ⑤ 결정의 도출 ⑥ 결정의 정당화 ⑦ 결정의 임시성 인식

• 조이스와 웨일의 "Models of Teaching"에 소개된 법리적 접근법

① 사건 소개 ② 문제의 규명 ③ 자신의 입장 천명 ④ 입장의 상호 탐색과 논쟁 ⑤ 입장의 재정리 및 수정 ⑥ 입장에 대한 평가

• 차경수 · 모경환의 논쟁문제 학습과정

① 문제제기 ② 가치문제의 확인 ③ 분석 (a) 정의와 개념의 명확화 (b) 사실 확인과 경험적 증명 (c) 가치갈등의 해결 (d) 비슷한 다른 경우와의 비교 (e) 대안 모색과 결과의 예측 ④ 선택 및 결론

2) 적용 사례

■ 수업지도안 1(조이스와 웨일의 법리적 접근법을 활용하여 구성한 수업사례)

학습주제	양심적 병역 거부자의 권리를 인정하고 대체복무를 허용할 것인가?		
학습목표	• 쟁점에 반영된 서로 다른 입장의 주장과 가치를 명료화할 수 있다. • 사실근거, 개념과 가치의 명료화 과정을 토대로 갈등 해결을 위한 의사결정에 참여한다.		
단계	교수-학습활동		학습 준비물
	교 사 활 동	학 생 활 동	
사건 소개	• 오늘의 사건 소개 특정 종교인의 집총거부 문제가 사회적으로 쟁점이 되고 있음을 보여주는 사건을 소개한다.	• 사건의 내용과 특성 파악하기 영상을 보며 3년의 옥살이, 전과자로서의 삶, 가족의 피해를 고려하여 양심적 병역거부자 문제를 생각해본다.	신문 및 영상 자료 양심적 병역 거부자 가족의 생활상
문제 규명	• 발문 - 화두 던지기 Q: 특정 종교인의 집총거부를 양심적 병역거부로 인정하고 제도 내에 수용하여야 하는가?	• 쟁점 주제 파악하기 사건의 내용을 이해하고 무엇이 문제이고 쟁점의 핵심인지 파악한다.	
지신의 입장 천명	• 친 · 빈 입징 명료화하기 - 찬성과 반대의 입장에서 주장 근거를 발표하도록 하고 칠판에 정리해준다.	• 찬 · 반 근거에 대해 발표하기 브레인스토밍으로 찬성과 반대의 근거를 발표한다.	찬/반 명료화 학습지
입장의 상호 딤색과 논쟁	• 하위논쟁 문제의 3가지 차원을 명료화하며 토론하기 ① 학생과 함께 주장 근거를 논쟁주제별로 명료화한다. ② 하위수제에 관해 각각의 논쟁방법을 충분히 숙지한 후 찬·반 토의를 하도록 안내한다.	• 개념의 명료화, 사실의 증명, 가치 갈등의 해결과정 경험하기 ① 논쟁주제에 대한 입장선택이 달라지는 이유를 사실, 정의, 가치-윤리적 차원으로 구분하여 명확히 한다. ② 세 가지 차원의 하위쟁점을 해결하는 데 적합한 논의 방법을 활용하면서 모둠별로 토의한다.	쟁점의 3차원 분석 활동지
입장 재정리	③ 각 그룹의 발표를 듣고 종합하여 최종 가치판단을 할 수 있도록 안내한다.	③ 세 가지 쟁점을 종합하여 자신이 선택한 입장을 평가한 후 최종 판단을 내린다.	
입장 평가	• 토론의 정리 －자신의 가치판단 근거를 확인하며 토론을 정리하도록 한다.	• 최종 의사결정하기 －토의의 결과를 종합하여 자신의 최종 선택을 학습지에 정리하고 발표한다.	최종 의사결정 학습지

■ 학습지 1 – 쟁점의 3차원을 구분하기 위해 찬/반 의견을 명료화해보기

–“양심적 병역 거부자의 권리를 인정하고 대체복무를 허용할 것인가?”

찬성 입장	반대 입장
• 양심적 병역거부=초실정법적인 양심의 자유와 실정법상의 국방의 의무가 충돌 → 논리적 검증을 결여한 인권침해 • 이미 대체 봉사제도로 전환한 많은 국가가 있음 예) 이스라엘, 브라질, 대만 • 전과자가 됨으로써 겪게 되는 병역거부자의 피해가 지나치게 가혹함 • 대체복무의 필요성에 대한 국민 공감대가 이미 형성되었음 → 성우 양○○ 아들 사례에 대한 여론조사 자료	• 대체복무제를 허용하면 병역의무 거부자가 대폭 증가하여 안보에 문제가 발생함 • 양심적 병역거부는 헌법에서 보장한 종교와 양심의 자유에 속하는 것이 아님 • 분단이라는 특수한 상황상 우리나라에서 국방의 의무는 국민의 기본권과 동일한 가치가 있다고 보아야 함 • 군 회피수단으로 악용될 소지가 많음 • 우리나라의 역사와 지정학적 특성을 고려할 때 안보상의 문제로 시기상조임

■ 학습지 2 – 찬/반 명료화 학습지 내용을 쟁점의 3차원으로 분석해보기

양심적 병역 거부자의 권리를 인정하고
대체복무를 허용하여야 하는가?

사실적 논쟁주제	정의적 논쟁주제	가치-도덕적 논쟁 주제
• 양심적 병역 거부자의 대체복무 인정 또는 논의가 병역의무 반대 분위기를 확산시킨다는 사실 증거가 있는가? • 대체복무제로 전환한 국가들에서 병역 거부 증가, 심각한 사회문제 발생 사례가 있는가?	• ‘종교의 자유’, ‘양심’의 범위를 어디까지 볼 것인가? • ‘개인의 신념’에 해당하는 범주를 어느 영역까지 허용할 것인가? • ‘대체 복무제’란 어느 수준의 복무 역할을 부여하는 제도인가?	• 개인의 신념 및 종교의 자유 가치와 공익의 향상 및 병역의무 가치 중 인간의 존엄성 실현에 더 핵심적인 역할을 하는 가치는? • 국방의 의무와 종교, 양심의 자유 중 어느 것이 우선되어야 하는가?

■ 학습지 3 - 최종 의사결정결과를 반추노트에 적기

Q: 양심적 병역거부자의 권리를 인정하고 대체복무를 허용하여야 하는가? A:
〈의사결정과정을 간략하게 요약하여 적어보기〉 ______________________________ ______________________________ ______________________________ ______________________________ ______________________________

■ 수업지도안 2(차경수 · 모경환의 논쟁문제수업 단계를 활용하여 구성한 수업 사례)

학습주제	안락사 허용 찬반 쟁점으로 본 기본권 보장 문제	
학습목표	• 쟁점에 반영된 서로 다른 입장의 주장과 가치를 명료화할 수 있다. • 사실근거, 개념과 가치의 명료화 과정을 토대로 갈등 해결을 위한 의사결정에 참여한다.	
단 계	교수-학습활동	학습준비물
문제제기	• 발문하기 Q: 회생 불가능한 환자에게 안락사를 법적으로 허용하는 것에 찬성하는가? - 교사는 식물인간이 된 야구선수(임○○)에 대해 알고 있는지 학생들에게 물어보고, 자신이 임○○ 선수의 가족이라면 어떨 것 같은지 질문한다. • 교사의 발문을 통해 쟁점 주제 파악하기 - 학생들은 교사의 질문에 답하면서 안락사 허용에 관한 서로 다른 의견이 있음을 이해하고 자신은 어떠한 선택을 할 것인지 진지하게 판단해본다.	사진자료 - 식물인간이 된 야구선수
가치문제 확인	• 안락사 허용 문제를 둘러싼 재판사례 동영상을 보고 안락사를 법적으로 허용해야 한다고 주장하는 쪽과 반대하는 쪽의 주장에 어떠한 가치가 대립하고 있는지를 파악한다. - 교사는 영상 자료를 활용하여 식물인간 카렌 앤 퀸란의 안락사 재판 사례를 제시하고 내용을 설명해준다. • 상반되는 입장의 가치에는 인간의 존엄성에 대한 인식차이가 존재함을 파악한다.	동영상자료- 카렌 앤 퀸란의 안락사 재판

단 계	교수-학습활동	학습준비물
정의와 개념의 명확화	• 토의를 통해 합의되지 않은 정의와 개념을 명확히 한다. -안락사에 대한 일반적 정의, 적극적 안락사, 소극적 안락사 -회생 불가능한 환자의 상태를 어떻게 정의할 것인가? -환자 본인의 의사표현의 범위를 어떻게 설정할 것인가?	학습지
사실 확인과 경험적 증명	• 주장의 근거가 되는 사실을 확인하며 객관적 자료에 의한 검증 과정을 거친다. -카렌 앤 퀸란의 부모 및 변호인, 주치의의 변호인 등의 진술에 관해 객관적인 자료를 동원하여 설명하도록 한다. -스스로 죽음을 선택하는 환자들의 결정이 진실 혹은 거짓된 결정이라고 증명할 수 있는 근거를 수집하는 활동을 한다.	인터넷 자료 수집 신문자료
가치갈등의 해결	• 카렌 앤 퀸란의 재판사례를 통해 안락사 허용을 둘러싼 가치갈등 문제를 확인하고 해결해간다. -인간답게 살 권리와 존엄하게 죽을 권리에 대한 가치 선택, 그 자체로 존엄한 생명권에 대한 가치 부여의 차이, 인간의 존엄성이라는 헌법적 가치에 대한 상이한 해석 등의 문제를 가치 명료화 과정을 거쳐 판단하도록 한다. • 자신과 상반되는 선택을 한 학습자의 견해를 충분히 들어가며 본인이 선택한 입장의 타당성을 평가한다.	
비교분석	• 유사 사례의 비교분석을 통해 자신이 선택한 가치에 대해 한번 더 판단해보도록 한다. -우리나라 최초의 안락사 허용 사례인 김 할머니 사건을 소개하고 자신의 선택에 대해 다시 한번 성찰하도록 한다. -김 할머니가 인공호흡기 제거 후에도 상당 기간 삶을 영위했던 점을 고려하여 자신이 가치갈등의 해결에 적용했던 사실 확인의 과정, 가치 선택 과정 등 의사결정 과정을 다시 한번 분석해본다.	동영상 자료 및 신문자료 - 김 할머니 안락사 재판 사례
대안 모색과 결과예측	• 수업에 활용된 세 가지 사례와 자신이 수집한 다양한 사례들을 토대로 하여 대안을 모색하고 결과를 예측하는 시간을 갖는다. -안락사를 허용하였을 때와 허용하지 않았을 때에 예측되는 결과, 보호되는 가치와 그렇지 못한 가치에 관하여 충분히 예측하고 검토하는 시간을 갖는다.	학습지

단 계	교수-학습활동	학습준비물
선택 및 결론	• 최종 선택 및 결론을 내리되, 이것이 고정불변의 가치를 지닌 결론이 아님을 인식하면서 수업을 마무리한다. - 우리 반에서는 오늘 회생 불가능한 환자에게 안락사를 법적으로 허용할 것인가에 대한 문제에 관하여 토의했고 그 결과 (찬성/반대)로 결정을 내렸습니다. 실제 재판에서 판결은 어떻게 났을까요? 실제로는 안락사를 허용하는 판결이 나왔습니다. 하지만 당시의 판결이 그렇게 났다고 해서, 그 가치가 절대적으로 옳다는 것은 아닙니다. 여러분이 찬성의 입장이든 반대의 입장이든, 인간의 존엄성이라는 기본적 가치와 관련된 가치 갈등 문제에 대해 끊임없이 탐구하고 성찰하는 사람이 되었으면 합니다. 그리고 자신의 견해뿐 아니라 상대방의 견해와 가치를 존중하는 자세를 갖게 되기를 바랍니다. • 상이한 가치의 갈등 문제에 대해 끊임없이 탐구하는 자세를 가지고, 상대방의 의견 역시 존중하는 자세를 가진다.	학습지

참고문헌

Evans, R. W. & Saxe, D. W. ed.(1996). *Handbook on Teaching Social Issues*. NCSS Bulletin 93.

Evans, R. W. ed.(2021). *Handbook on Teaching Social Issues, 2nd ed*. Information Age Publishing, Inc.

Hertzberg, H. W.(1981). Social Studies Reform 1880-1980. Social Science Education Consortium, Inc.

Joyce, B. & Weil, M.(1986). *Models of Teaching, 3rd ed*. Prentice-Hall, Inc.

Newmann, F. M. & Oliver, D. W.(1970). *Clarifying Public Controversy: An Approach to Teaching Social Studies*. Little, Brown and Company.

Oliver, D. W. & Shaver, J. P.(1966). *Teaching Public Issues in the High School*. Utah State University Press.

제 6 장 가치수업

가치는 개인과 공동체 모두에게 삶의 기초가 되는 신념이자 목표이며 사람과 사물, 현상에 대한 판단 기준이 된다. 가치는 일반적으로 자신이 속한 사회·문화 환경의 영향을 받아 형성되어 일상의 선택과 행동을 결정하는 데에 영향을 미치는데 이처럼 개인의 선택과 행동의 기준이 되는 가치가 점차 일관성과 안정성을 지니게 되면 삶의 지침으로서 역할하게 된다. 이러한 가치는 개인적인 삶과 선택뿐 아니라 사회적 의사결정과 선택에도 영향을 미친다는 점에서 사회과의 중요한 교육 목표로 여겨지고 있다. 하지만 가치는 지식과 기능에 비해 가르치기 어렵고 목표 달성 여부를 확인하기도 쉽지 않다.

그럼에도 불구하고 현대사회에서 가치교육의 중요성은 날로 커지고 있다. 사회변동의 속도와 폭이 증가하면서 가치혼란과 갈등이 심화되고 있으며, 다양성으로 상징되는 현대사회의 문제해결과 의사결정 과정에 개입되는 가치문제 역시 훨씬 복잡해지고 있기 때문이다. 매일 반복되는 의사결정상황에서 맞이하게 되는 가치판단의 문제는 개인과 집단 모두에게 매우 중요하므로 바람직하고 효과적인 가치교육 방안을 모색하는 것은 사회과의 오랜 과제가 되고 있다.

가치의 형성을 목적으로 하는 가치교육의 전통은 크게 세 가지로 분류할 수 있는데 20세기 초반과 후반에 유행하였던 인성교육(character education), 개방적인 가치 형성을 지향하는 가치 명료화(value clarification), 사실적 근거와 객관적이고 과학적인 가치탐구의 과정을 강조하는 가치분석(value analysis)이 그것이다.

이 중 인성교육은 개인적으로 만족하는 삶을 유지하면서도 사회적 차원에서는 공동선에 기여할 수 있는 삶을 살아갈 수 있도록 돕기 위해 지·정·의를 조화롭게 발달시키는 마음의 교육으로 정의되는데 이를 위해서는 삶과 세계에서 무엇이 소중한가를 가르치는 가치교육이 포함되어야 한다고 본다. 인성의 의미에는 인간이 지향하고 성취해야 하는 인간다운 면모, 성질, 자질, 성품, 덕성이라는 의미가 내포되어 있기 때문에 인류 보편적 가치와 덕목 혹은 공동체의 전통과 상황적 특수성에 기초한 가치와 덕목 등이 인성 교육에 포함되어야 하는 것이다(정창우, 2015).

다시 말해, 인성(character)은 철학, 신학, 심리학, 사회학 분야 등 다양한 학문 영역에 걸쳐 중요한 개념이지만 특히 교육과 연관되는 경우 얼마나 '좋은(good)' 사람인가를 설명하는 개념으로 사용된다. 사회적으로 바람직하다고 여겨지는 개인적 특성을 소유한 사람이 곧 훌륭한 인성을 지닌 존재로 여겨지고 그러한 특성을 함양하는 것이 교육의 목적으로 간주된다. 또한 여기서 '좋다'라고 여겨지는 것은 일반적으로 인류 보편적 가치, 사회적 가치와 연계되기 때문에 인성교육이 가치교육의 목표이자 하나의 유형으로 분류될 수 있는 것이다.

인성교육의 전통 이외의 가치교육에는 개인의 가치관 형성을 지향하는 가치 명료화(value clarification), 사실적 근거를 바탕으로 객관적이고 과학적인 가치탐구 과정을 강조하는 가치분석(value analysis) 전통에 해당되는 유형이 존재한다. 다음에서는 이 두 유형에 대해 보다 상세히 소개한다.

1절 가치 명료화수업

1. 의미

본 절에서 소개하는 가치 명료화 수업은 루이스 래스(Louis E. Raths), 메릴 하민(Merill Harmin), 시드니 사이먼(Sidney B. Simon)이 1966년에 공동집필하고 1978년에 2판을 발간한 'Value and Teaching: Working with Value in the Classroom(Raths et al., 1978)'이라는 저서에 소개된 가치교육 이론에 토대를 둔 수업이다. 당시의 미국은 산업과 교통통신이 급속도로 발달하면서 생활양식이 크게 변화하였으며 급격한 사회변동으로 인한 가치 혼란을 심하게 겪고 있었다. 이처럼 빠른 사회변화는 아직 본인만의 확고한 가치정립이 이루어지지 않은 젊은 세대들이 큰 혼란에 직면하는 요인이 되었는데, 자신의 가치관을 정립하는 것은 물론 스스로 독자적인 선택을 하는 것에 어려움을 겪었으며 선택한 것에 확신을 갖는 것 또한 어려워하는 현상이 발생하였다. 이러한 상황에서 청소년들이 스스로 책임 있는 선택을 하고 자신만의 가치관을 정립할 수 있도록 연습시키는 교육이 필요하다는 사회적 요구가 커졌고 이에 따라 등장한 가치교육 방법론이 가치 명료화이다.

가치 명료화 이론에 따르면 가치는 본질적으로 개인적인 것이므로 가치수업은 개인적인 가치문제를 명료화하는 과정으로 시작해야 한다. 즉, 가치는 절대적이고 객관적인 것이 아니며 저마다의 환경 속에서 생활 경험을 통해 형성된 것이므로 모두에게 적합한 어떤 가치가 존재할 수 없다. 따라서 우리는 가치를 명료화하는 과정을 반복적으로 경험함으로써 자신만의 가치를 정립해야 하고 각각의 개인이 가치 명료화 경험을 통해 가치관 정립에 성공할 때라야 자발적이고 실질적인 행동 변화가 나타나게 된다(Raths et al., 1978: 26). 래스 등의 이러한 생각은 다음의 문장에 잘 표현되어 있다.

오늘날 많은 사람들은 감정을 통제하고 마음을 가다듬는 것(pulling themselves together)에 어려움을 겪고 있다. 결정은 복잡하고, 압력은 다양하고 변화는 너무 어지럽다. 그 결과 사람들은 혼돈, 무관심, 무일관성 속에서 헤매고 있다. 그들은 자신의 가치를 명확히 밝히지 못하며 스스로 목적 지향적이고 만족스러운 삶의 양식 또한 찾을 수 없는 상태에 있다. 가치 명료화 이론은 이러한 사람들이 자신의 가치를 해명할 수 있도록 돕는다. 사람들이 가치 명료화 과정에 성공한다면 그 결과로 행동 역시 변화할 것이다(Raths et al., 1978: 4).

즉, 가치 명료화는 가치에 대한 무관심과 가치혼란이 일상화된 사람들이 혼동과 무일관성에서 벗어나 자신의 가치를 정립하고 가치에 따른 행동을 실천하게 하는 역할을 한다. 가치 명료화 수업은 이러한 가치 명료화의 과정을 수업 절차와 방법에 적용함으로써 개인의 가치정립과 함께 행동 변화를 도모하는 수업이라 할 수 있다.

2. 수업 절차의 구성과 수업 전략

가치 명료화는 가치가 불분명하여 혼란을 겪는 사람들에게 자신이 가진 가치를 명확히 드러내게 하는 것에서 시작된다. 자신이 원하는 가치를 드러내고, 그 가치를 내면화함으로써, 궁극적으로는 그 가치를 일상생활 속에서 실천하고 습관화하는 것을 목표로 삼는다. 따라서 가치 명료화는 가치정립을 위해 필요한 과정이고 자신만의 확고한 가치정립은 가치 명료화의 목표가 된다.

가치 명료화 수업은 학습자가 가치화 과정을 충분히 경험할 수 있는 장면과 절차로 구성되어야 한다. 래스 등은 가치화 과정이 첫째, 자유롭게, 여러 대안들로부터, 각 대안의 결과를 신중히 고려한 후에 선택하는 과정, 둘째, 선택을 소중히 여기고 행복해하며, 다른 사람들에게 나의 선택을 기꺼이 공언할 수 있는 존중의 과정, 셋째, 선택에 따라 행동하고, 반복을 통해 자신의 생활양식으로 정착시키는 행위의 과정에 기초하고 있다고 보았으며, 다음 조건들 중 어느 것 하나에라도 해당되는 경우 이를 진정한 가치로 간주할 수 없다고 하였다.

① 자유롭게 선택되지 않았다.
② 선택 가능한 대안이 한두 개밖에 없었다.
③ 심사숙고의 과정이 충분하지 않은 채 선택되었다.
④ 선택 후 자신의 선택이 자랑스럽지 않거나 소중히 여겨지지 않는다.
⑤ 선택의 결과를 다른 사람에게 공언하는 것이 부끄럽거나 부정하게 된다.
⑥ 선택의 결과가 실제 행동으로 연결되지 않는다.
⑦ 시간이 흐르면 망각되고 지속되지 않는다.

따라서 학생들은 '선택-존중-행위'의 세 과정 모두에서 가치화에 필요한 조건을 충분히 경험해야 하며 그렇게 함으로써 자신만의 가치를 정립할 수 있다. 또한 각 활동 단계에 다음과 같은 교사의 역할이 더해질 때 더욱 효과적으로 가치 명료화가 이루어질 수 있다.

① 학생들이 선택을 보다 많이 하고 자유로이 선택하도록 자극한다.
② 학생들이 선택에 직면했을 때 대안들을 발견해 내도록 돕는다.
③ 학생들이 각 대안의 결과를 충분히 고려하면서 신중하게 비교하도록 돕는다.
④ 학생들이 소중히 여기고 존중하는 것이 무엇인지를 생각해 보도록 자극한다.
⑤ 학생들이 선택한 것을 타인 앞에서 공언할 수 있는 기회를 부여한다.
⑥ 학생들이 선택에 따라 행동하고 그 행동을 지속할 수 있도록 자극한다.
⑦ 학생들이 반복된 행동 또는 자신의 생활양식에 대하여 이해하도록 돕는다.

이 중 ① ② ③은 1단계인 선택의 과정에서 ④ ⑤는 존중, ⑥ ⑦은 행위의 단계에서 지켜야 할 원칙이다.

래스 등은 가치 명료화의 과정을 하나의 명확한 수업모형으로 제시하지는 않았지만 명료화 수업의 절차가 다음과 같은 세 과정에 기초하여 구성된다고 하였다. 이는 가치 명료화 수업에 반드시 포함되어야 할 활동과 그러한 활동을 통해 도달해야 할 가치 명료화의 목표가 무엇인지를 보여준다(Raths et al., 1978: 28).

1. 선택하기:	① 자유롭게
(Choosing)	② 여러 대안들로부터
	③ 각 대안의 결과를 신중히 고려한 후에
2. 존중하기:	④ 선택을 소중히 여기고 행복해하며
(Prizing)	⑤ 다른 사람들에게 나의 선택을 기꺼이 공언하고
3. 행위하기:	⑥ 선택에 따라 행동하고
(Acting)	⑦ 반복을 통해 자신의 생활양식으로 정착시킨다.

여기에서 '선택'은 가치 형성의 기초를 마련하는 단계이다. 선택은 자율적으로 이루어져야 하며 심사숙고의 과정을 거쳐야 한다. 강요된 선택, 충동적 선택, 불가피한 선택은 궁극적으로 가치형성에 영향을 미치지 못하므로 자유롭고 주체적이며 신중한 선택이 되도록 이끌어야 한다.

'존중'의 과정은 선택에 대한 감정적 선호도와 인지적 확신과 판단, 그리고 타인의 인정과 지지가 포함되는 단계이다. 긍정적인 평가의 과정을 통해 형성된 가치는 더욱 강화되고 지속가능성이 높아지므로 자신이 심사숙고해서 선택한 가치가 충분히 의미 있는 것이라고 느낄 수 있도록 타인으로부터 인정받고 지지되는 경험을 하는 것이 중요하다.

'행위'의 과정에서 선택의 실천적 행동이 일관성과 반복성을 가질 때 가치는 강화되고 지속될 수 있다. 선택의 결과를 만족해하고, 그 선택의 좋은 점을 인정하고 확인하게 되면 그것이 실천에 영향을 미쳐 행동양식과 생활방식의 변화에까지 이르게 된다. 이러한 가치화 과정을 통해 개인에게 가치가 내면화되고 인지, 정의, 행동 간의 일관성과 통합성이 형성될 수 있다.

또한, 래스 등은 가치 명료화의 원칙을 ① 생활에 초점을 둔다 ② 있는 그대로 받아들인다 ③ 심사숙고하게 한다 ④ 개인적인 능력을 증진한다는 4가지로 제시하였는데 이는 학습자의 가치화를 가능케 하는 학습 요건으로 가치 명료화 수업의 특성에 반드시 반영되어야 할 요건이다.

하지만 지금까지 살펴본 가치화의 과정이나 원칙이 학교현장에 바로 활용 가능한 구체적인 교수-학습 과정안의 형태를 띠는 것은 아니기 때문에 가치화 과정의 특성과 그에 따른 교사의 역할을 단계별로 적용한 가치 명료화 수업의 절차를 우리 학교 수업의 실정에 맞게 재구성할 필요가 있다. 다음에 제시된 가치 명료화 수업 모형은 정호범(1977)이 제안한 것으로 래스 등의 가치화 과정을 수업단계별로 적용한 사례이다.

〈표 24〉 가치 명료화 수업 모형(최용규 외, 2014: 246)

수업 단계	주요 활동	가치화 과정
1. 가치문제 제시 및 파악	• 가치갈등을 유발할 수 있는 문제 상황 제시하기 • 학생들의 생활이나 경험과 관련되는 문제 제시하기 • 문제에서 사실적 요소와 평가적 요소 구분하기 • 가치문제에 내재된 가치갈등 파악하기 • 각자 자신의 개인적 관점에서 문제 파악해 보기	
2. 대안탐색 및 최선의 대안선택	• 두 가지 이상의 가능한 대안 생각해 보기 • 대안과 관련된 사실적 측면과 가치 측면 구분하기 • 대안의 결과를 여러 관점에서 예측해보기 • 각자 자신이 생각하는 관점에서 대안을 선택하기 • 자율적이고 합리적으로 대안 선택하기 • 선택의 결과를 종합적으로 예상해 보고 최선의 대안 선택하기	선택하기
3. 각자의 선택에 대한 의사소통 및 최종 선택	• 각자 자신이 선택한 대안의 결과를 발표하기 • 자신의 선택에 대한 근거와 예상되는 결과를 발표, 토의하기 • 자신의 견해와 다른 의견 경청하기 • 개인적 관점과 사회적 관점에서 선택 대안의 결과를 비교하기 • 선택 대안이 서로 갈등하는 경우, 이를 해소할 필요가 있는 것인지, 해결할 수 있는 방안이 있는지 검토하기 • 입장전환, 감정이입, 역할교환의 관점에서 자신의 선택과 다른 사람의 선택을 비교, 평가하기 • 최종 선택을 결정하기 - 자신의 선택을 수정, 조정하거나 확고히 하기	
4. 실천동기 부여 및 실천 계획 수립	• 자신의 최종적 결정에 대해 긍지 갖고 소중하게 생각하기 • 자신의 선택에 대한 실천 의지를 굳히기 • 실천상의 어려움과 곤란성에 대해 검토하고, 이를 해소할 수 있는 방안 찾기 • 현실적 실천 계획 세우기	존중하기 행위하기

래스 등은 가치 명료화 수업의 절차를 구체적으로 제시하지는 않았지만 가치화 과정의 핵심이라 할 수 있는 '선택' 과정에서 활용 가능한 가치 명료화 방법들을 다양하게 소개함으로써 가치 명료화 수업의 실천을 용이하게 하였는데 그들이 소개한 대표적인 가치 명료화 전략을 소개하면 다음과 같다.

① 대화전략(명료화 응답): 학생들의 생각을 자극하기 위하여 학생이 말한 것 또는 행동한 것에 대하여 교사가 적절한 반응을 제공함으로써 가치 명료화를 이끄는 전략이다. 특정 학생과의 비형식적인 대화 또는 전체 학급토의 중간중간에 적절한 반응을 하거나 학생이 제출한 숙제에 대해 간단한 평을 하는 것이 이에 해당된다. 즉, 명료화 응답은 대화로서 명료화 반응을 끌어내는 전략이며, 주로 특정 학생에 초점을 맞춰 대화를 이어나간다. 가치 명료화 전략 중 가장 융통성 있는 방법이다.

② 쓰기전략(가치지): 일대일의 대화에서 느낄 수 있는 학습자의 부담감을 줄이는 대신 가치지를 활용하여 다수의 학생들의 주의를 명료화 주제로 끌어들이는 전략이다. 대화전략(명료화 반응)이 언어적 대화를 통해 특정한 한 학생이 가치 명료화에 도달하도록 이끄는 것에 목표를 두는 반면 쓰기전략(가치지)은 전체 학생을 대상으로 한다. 따라서 가치지는 대부분의 학생들에게 중요하다고 여겨지는 생각들을 다루도록 해야 하는데 예를 들어 돈, 우정, 사랑, 종교, 도덕, 여가, 일, 가족 등의 문제를 주로 활용한다. 주로 직접 글을 써보는 형태의 수업으로 진행하지만 그 밖에 열거하기, 전달문 쓰기, 가치그림 그리기 등 쓰기와 활동을 병행하기도 한다. 자신의 이야기를 활용하는 방법과 책이나 이야기에 포함된 에피소드를 활용하는 것 모두 가능하다.

③ 토론전략: 그룹별 혹은 학급 전체의 토론을 통해 가치를 명료화할 수 있도록 이끄는 전략이다. 일반적으로 가치지를 작성하여 자신의 생각을 점검한 다음 학급학생들과 토론하는 방법을 활용한다. 래스 등은 가치 명료화 과정으로

토론을 활용하는 것이 결코 쉬운 일이 아니므로 신중하게 계획을 세워야 한다고 강조하였다. 반성적 사고에 의한 풍부한 토론이 가능하기 위해 수업의 단계와 각 단계에서 유의해야 할 점을 다음과 같이 제시하였다.

• **1단계: 주제 선택하기**

– 중요한 가치가 함축되어 있으면서도 학생들이 일상 속에서 경험했을 만한 의미 있는 주제를 학생들에게 제시한다.

예〉 우정, 돈(소비), 규칙(학급규칙), 가족, 종교, 사랑, 성, 일, 직업, 여가

• **2단계: 말하기 전에 생각하도록 자극하기**

– 토론 전에 개별적으로 생각하는 시간을 충분히 가져야 한다. 이 단계에서 쓰기 전략에서 주로 활용하는 가치지를 써보게 하는 것도 좋은 방법이다.

• **3단계: 조직적으로 토론에 참여시키기**

가치 명료화 수업은 학생들이 각각 자신의 가치를 점검하고 가치관을 정립해 나가는 데에 목적이 있으므로 다양한 방법을 활용하여 모든 학습자가 가치 명료화를 경험할 수 있도록 체계적인 토론이 진행되어야 한다. 모든 학생이 한 번씩 말할 수 있는 규칙 만들기, 소그룹 토론하기 등의 방법을 활용할 수 있다.

• **4단계: 배운 것을 이끌어 내기**

– 수업의 마지막 단계에서는 반드시 학생들이 차분히 토론 과정을 되돌아보고 토론의 결과에 대해 생각해 보게 하는 단계가 필요하다. 이 과정을 통해 자신의 가치를 명료화하고 명료화 과정 자체에 대해서도 반성적으로 사고하게 한다. 또한 가치토론 과정에서 교사에 의한 가치 전수나 교화가 발생하지 않도록 유의한다.

④ 기타 전략들

- **순서 정하기:** 명료화의 대상이 된 모든 가치를 중요도에 따라 순서를 정하게 하는 전략. 최선의 대안 하나만을 선택하고 나머지를 버리는 일반적인 선택과 달리 모든 대안에 대해 신중히 고민하게 하므로 의사결정 연습으로 매우 유용하다.
- **가치연속선:** 특정 가치를 '옳고/그름'의 단순한 기준으로 판단하는 것이 아니라 어느 정도 옳거나 중요하다고 생각하는지 평가하게 하는 전략. 가치에 대한 다양한 수준의 성찰과 상대적인 평가가 가능하다.
- **미완성문장:** 가치가 포함된 명사나 상황을 주어로 제시하고 문장의 마무리를 학습자에게 맡기는 전략. 자신만의 사고명료화에 유용하게 활용될 수 있다.
- **공개 인터뷰:** 한 사람을 대상으로 인터뷰하면서 인터뷰 내용에 포함된 특정 가치에 대해 모든 학습자가 함께 성찰하게 하는 전략. 대상이 된 한 사람과 가치를 심층적으로 이해할 수 있다.
- **의사결정 인터뷰:** 특정 문제에 관해 의사결정이 필요할 때 그 사람에게 필요한 문제해결과정을 돕는 과정으로 인터뷰를 활용하는 전략. 일반적인 합리적 문제해결의 과정이 아니라 대상자가 원하는 것(소중하게 생각하는 가치)이 무엇인지 드러내는 과정을 통해 의사결정을 잘 할 수 있도록 돕는 전략이다.
- **자서전적 질문지:** 질문지에 답하면서 자신에 대한 이야기를 하도록 유도하는 전략. 평소 깊이 들여다보지 못했던 자신의 내면과 가치에 집중하도록 하는 효과가 있다.
- **기호 붙이기:** 자기 생각을 학습지나 칠판 등에 나열하고 특성에 따라 기호를 붙여가며 재검토하는 전략

- **가치투표:** 자신의 가치가 드러난 입장을 공개적으로 드러내고 다른 학습자들의 투표를 받아 가치를 점검하게 하는 전략

- **가치 파트너:** 개별 학습자에게 파트너를 지정하고 자신의 가치에 대해 말하게 하는 전략. 자신의 가치를 명료화함과 동시에 이를 효과적으로 설명하고 전달하는 말하기 연습이 가능하다.

3. 수업 내용 자료 및 활용상의 유의점

그렇다면 위와 같은 경험을 가장 효과적으로 활성화시킬 수 있는 소재, 즉 가치 명료화 수업의 내용은 어떻게 선정하는 것이 좋을까? 래스 등은 가치 명료화 수업에서 내용자료가 될 수 있는 것들은 학습자가 자신의 생각을 명료화하는 데 실질적인 도움을 줄 수 있는 것이어야 한다고 설명하면서 다음 세 가지가 내용 자료로 적합하다고 제안하였다.

① 가치 및 가치 선택과 매우 밀접한 관계에 있으나 아직 가치에는 이르지 못한 '가치징표들' 예〉 개인의 목적, 포부, 태도, 관심, 감정, 믿음, 활동, 근심걱정 등
② 우리 모두가 직면하고 있고 우리 생활을 자주 복잡하게 만드는 개인적인 문제들 예〉 사랑, 우정, 성, 인생에서 직업의 선택과 역할 등에 관한 문제
③ 어느 정도 사회적인 문제이면서 개인과 사회와의 관계에 관한 것들 예〉 규칙, 가족, 이웃, 학교에서 변화하고 있는 것들, 자신의 이익과 사회의 이익 사이의 갈등을 해결하는 문제들에서 각 개인은 어떻게 해야 하는가의 문제 등

이상에서 알 수 있는 것은 가치 명료화 수업에 적합한 내용자료는 타인과의 가치 갈등과 관련된 것보다는 자기 내부의 가치선택 상황에 집중할 수 있도록 선정되어야 한다는 것이다. 일상생활 속에서 마주하는 자신의 미래, 목적, 관심, 가치관 확립과 관련된 가치선택 및 결정 상황 등이 가치 명료화 수업에 가장 적합한 주제이다.

이러한 가치 명료화 수업은 적용하기 쉽고, 학습자의 흥미를 유발하기에 용이하다는 점에서 개발 당시 미국의 학교 현장에서 큰 호응을 받았다. 하지만 가치상대주의에 기반하고 있어 학생들이 어떤 가치관을 가지고 있다 하더라도 문제제기를 하지 않는다는 특징이 오히려 가치 혼란을 가져올 수 있다는 점에서 크게 비판을 받기도 하였다. 올바른 가치 형성을 주저함으로써 오히려 학생들에게 모호한 선택과 적당히 순응하는 태도를 길러준다는 점, 가치선택에 필요한 관련 사실정보를 충분히 제공하지 않는다는 점, 자신이 선택한 가치에 대해 명료화하는 과정을 강조할 뿐 비판적으로 검토할 기회를 충분히 제공하지 않기 때문에 실제로는 사회에 만연한 가치관을 무비판적으로 수용하는 결과를 초래한다는 점 등에서 비판받았다.

하지만 가치화의 과정만을 지나치게 강조하여 지적인 목표를 소홀히 한다는 비판에 대한 반론도 있다. 래스 등은 '지식 없는 가치화 과정은 피상적일 수밖에 없으며 가치화 없는 지식 역시 피상적'이라는 점을 분명히 경고하였다. 다만, 어느 한쪽도 다른 하나가 완수될 때까지 기다릴 수 없기에 아동들이 교과 내용을 먼저 배우고 가치화를 나중에 배워야 한다는 입장에 반대한다고 밝혔다. 가치로 변화하지 않은 지식은 기억이 반감되며 오히려 파괴적으로 이용될 수 있는 만큼 가치화는 언제나 사고를 동반해야 하며, 가치 명료화의 방법론에는 언제나 두 가지 요소, 즉 내용과 과정이 함께해야 한다는 점도 강조하였다.

또한 개인적 가치의 명료화가 사회적 가치에 대한 합의와 판단을 방해한다는 지적에 대해서도 이것이 과연 극복 불가능한 문제인가를 고민해야 한다. 학습자에게 유용하고 흥미로운 개인적 가치의 명료화 및 선택을 반복적으로 연습하는 과정은 사회적 가치에 기반한 사회적 의사결정과 문제해결 과정에 필요한 역량의 기반이 될 수 있으며 이 두 과정이 유리되지 않도록 보다 나은 방법을 고민하는 것은 학교현장에서 수업을 실천하는 교사가 유념해야 할 과제이기 때문이다.

4. 교수·학습 과정 및 적용 사례

학습 주제	나의 가치 실현을 위한 진로(직업) 선택하기			
학습 목표	• 나에게 소중한 가치가 무엇인지 알고 그에 적합한 진로를 선택할 수 있다. • 내가 선택한 진로를 실현시키기 위한 계획을 수립하고 실천할 수 있다.			
단 계	교수-학습활동		학습도구	가치 명료화
	교 사 활 동	학 생 활 동		
가치 문제 제시 및 파악	• 도입활동: 직업에 담긴 가치를 발견하고 자신의 가치를 실현시킬 진로를 결정하는 것이 학습주제임을 파악하기 • 발문 1: 우리 학교 학생들이 진로희망에 적은 직업의 종류가 유사함을 보여주는 통계자료를 제시하며 질문을 던진다. • 발문 2: 자신이 선택한 진로(직업)에 자기 가치가 반영되어 있는지 성찰하는 것이 중요하며 다음의 질문에 답하면서 나만의 소중한 가치를 명료화하는 것이 오늘의 학습주제임을 인식시킨다.	• 교사 발문에 따라 다음과 같은 생각을 하면서 명료화 대상이 되는 문제를 파악한다. ① 직업을 통해 실현 가능한 가치는 다양하고 각기 다르다. ② 직업과 진로는 나 자신의 가치와 삶의 목표에 따라 결정되어야 한다. ③ 나는 어떤 가치를 소중히 여기는 사람인지 파악할 필요가 있다. ④ 내가 소중히 여기는 가치를 실현시킬 수 있는 직업에는 어떤 것들이 있는지 파악하고 선택해야 한다.	Q&A형 대화전략 학습지 1 학급별로 조사된 진로희망 통계자료 혹은 한국의 청소년 희망직업 통계자료	
선택 가능한 대안의 탐색 및 최선의 대안 선택	• 대화전략을 활용한 대안탐색 및 선택활동 - 교사는 대화전략 학습지를 활용하여 학생 스스로 자신이 선택한 직업이 자신의 가치를 반영한 자율적 선택이었는지 성찰하도록 안내한다. - 자신의 가치를 실현시켜줄 대안적 진로를 탐색하고 최선의 대안을 선택하도록 이끌어준다.	• 교사의 질문에 답하면서 가치 명료화 과정을 경험한다. - 적어낸 직업이 진짜 자신의 선택 결과인지 성찰한다. - 자신이 평소 좋아하는 일, 행복을 느끼는 활동을 생각하며 내가 어떤 가치를 소중히 여기는 사람인지 이해한다. - 그 가치를 실현할 수 있는 직업에 어떤 것들이 있는지 대안을 탐색한 뒤 진로	Q&A형 대화전략 학습지 2 (사용 전략에 따라서는 가치지, 가치연속선 활용 가능)	선택하기

단 계	교수-학습활동		학습도구	가치 명료화
	교 사 활 동	학 생 활 동		
		를 결정한다.		
각자의 선택에 대한 의사 소통 및 최종 선택	- 모둠별로 나누어 자신이 선택한 대안에 대해 이야기 나누면서 대안 선택 결과를 다시 한번 점검한다. - 의사소통의 결과 자신의 선택에 확신과 긍지를 가지면서 최종 선택한다.	- 진로(직업) 선택에 반영된 가치와 평소에 나를 행복하게 하는 가치의 일치 여부를 모둠별 대화를 통해 다시 한번 점검한다. - 최종 선택을 진짜 가치 있다고 여길 수 있는지 한번 더 점검하고 확인한다.	Q&A형 대화전략 학습지 3	
실천 동기 부여 및 실천 계획 수립	• 선택을 타인에게 공언함으로써 자신이 선택한 직업과 가치에 대한 긍지와 소중함을 느낄 수 있도록 안내한다. • 선택에 따른 행동실천계획을 수립하도록 안내한다.	• 최종 선택의 결과를 학급에 공언하면서 자신의 선택에 대한 긍지와 소중함을 느낀다. • 그 선택을 실천할 수 있는 구체적인 계획을 수립하고 장기적으로 실현하겠다는 의지를 갖는다.	가치 명료화 결과 확인・강화를 위한 공개인터뷰, 의견지 활용	존중하기 행위하기

■ 학습지 1 - 도입활동 대화전략 Q&A활동지

교사발문	학생활동
<u>가치문제 제시 및 파악</u> Q1. 각각의 직업을 통해 어떠한 가치를 실현할 수 있을까? Q2. 우리 학교 학생들의 진로희망이 상당히 유사한데 우리는 모두 비슷한 가치관을 갖고 있을까? Q3. 나는 어떤 삶을 살 때 행복한 사람일까? Q4. 나의 행복을 위해 어떤 직업을 선택해야 할까?	① 직업을 통해 실현할 수 있는 가치는 다양하고 각기 다르다. ② 직업과 진로는 나 자신의 가치와 삶의 목표에 따라 결정되어야 한다. ③ 내가 어떤 가치를 소중히 여기는 사람인지 파악할 필요가 있다. ④ 내가 소중히 여기는 가치를 실현시킬 수 있는 직업에는 어떤 것들이 있는지 파악하고 선택해야 한다.

■ 학습지 2 – 전개활동 대화전략 Q&A활동지

교사발문	학생활동
대안의 탐색 및 최선의 대안선택 • 교사는 대화전략 학습지를 활용하여 학생 스스로 자신이 선택한 직업이 자신의 가치를 반영한 자율적 선택이었는지 성찰하도록 안내한다. Q1. 맨 처음 어떻게 그런 생각(진로희망)을 하게 되었나요? Q2. 그 생각은 얼마 동안 지속된 것인가요? Q3. 자신의 생각이 최우선된 선택인가요?	① 자신이 적어낸 직업이 진짜 자신의 선택 결과인지 성찰한다. ② 자신이 평소 좋아하는 일, 나를 행복하게 하는 활동의 특성 등을 생각해보며 내가 어떤 가치를 소중히 여기는 사람인지 이해한다.
• 자기 가치를 실현시켜줄 대안적 진로를 탐색하고 최선의 대안을 선택하도록 이끌어 준다. Q4. 선택하기 전에 다른 대안을 고려했나요? Q5. 가능성이 있는 다른 대안들보다 선택한 대안이 더 좋은 점은 무엇인가요?	③ 내가 소중히 여기는 가치를 실현할 수 있는 직업에 어떤 것들이 있는지 대안을 탐색한다.
각자의 선택에 대한 의사소통 및 최종선택 Q6. 선택한 직업이 나를 더 행복하게 해줄 거라고 생각하나요? Q7. 내가 선택한 직업을 통해 실현할 수 있는 가치와 내가 평소에 소중히 여기는 가치가 같은가요? Q8. 그것이 가치 있는 선택이라고 생각하는 근거는 무엇인가요? Q9. 오랫동안 그 직업을 유지하고 싶은가요? Q10. 그럴만한 가치가 있다고 느끼나요?	④ 진로(직업) 선택에 반영된 가치와 평소에 나를 행복하게 하는 가치의 일치 여부를 검토한다. ⑤ 자신이 소중히 여기는 가치의 실현이 가능한 다양한 직업을 고려하여 어떠한 진로를 선택할지 최종 결정한다. ⑥ 그 선택을 진짜 가치 있다고 여길 수 있는지 한번 더 점검하고 확인한다.

■ 학습지 3 - 정리활동 대화전략 Q&A활동지

교사발문	학생활동
실천동기 부여 및 실천계획 수립 Q1. 자신이 선택한 결과를 학급원들에게 공언할 수 있나요? Q2. 선택의 결과가 자랑스럽나요?	① 최종 선택의 결과를 학급원에게 공언하면서 자신의 선택에 대한 긍지와 소중함을 느낀다.
• 선택에 따른 행동실천계획을 수립하게 한다. Q. 내가 선택한 진로를 성취하기 위해 필요한 계획을 세워봅시다.	② 그 선택을 실천할 수 있는 구체적인 계획을 수립하고 장기적으로 실현하겠다는 의지를 갖는다.

2절 가치분석 수업

1. 의미

가치분석 이론은 가치 명료화 이론과 함께 1960년대의 신사회과 운동의 결과로 미국사회에 나타난 교육적 한계와 문제점을 해결하는 대안으로 등장하였다. 신사회과는 학문중심 사조를 강하게 반영하고 있었으므로 미국의 사회과 교육이 일상생활 속에 나타나는 문제(problems) 중심의 교육에서 사회현상에 관련된 과학적 지식과 그 지식을 생성해내는 탐구 방법 중심으로 변화하는 계기가 되었다. 하지만 곧이어 미국사회에 몰아닥친 사회·국가적 혼란은 신사회과에 위기를 가져왔다. 1960년대 말부터 심화된 인종갈등, 대학생들을 중심으로 한 반전운동 확산, 인권운동가 킹 목사와 케네디 대통령 암살 등으로 인해 미국 사회의 충격과 혼란이 극심해졌으며 사람들은 가치갈등과 대립에 대한 사회·교육적 대응을 강력하게 요구하였다.

이러한 상황에서 지구촌 교육, 국제이해교육, 도덕교육, 가치교육, 상호문화 교육, 다문화 교육 등이 강화되어야 한다는 주장은 힘을 얻게 되었고 자연스럽게 사회과의 성격과 목표에 대한 반성 또한 일어났다. 그중 가치교육 이론과 교수전략으로 먼저 관심을 받은 가치 명료화 이론은 가치를 다루는 구체적인 수업전략을 제시함으로써 학교 현장의 큰 호응을 얻었지만 개인적 차원의 가치문제 해결에 효과적이라는 강점에 비해 사회적 가치 갈등 문제를 효과적으로 해결하기에는 한계를 지닌다는 지적을 받게 되었다. 이에 따라 신사회과의 한계와 가치 명료화 이론의 한계를 함께 극복할 수 있는 방안으로 등장한 것이 가치분석 이론이다. 즉, 개인이 자신의 뚜렷한 가치관을 정립하는 과정 자체를 중시한 것이 가치 명료화 이론이라면 사회적 가치의 혼란과 그로 인한 갈등을 해결할 수 있는 능력과 자질을 습득하는 것에 중점을 둔 것이 가치분석 이론이라 할 수 있다.

이처럼 가치분석 이론은 개인적 차원의 문제보다는 사회적 차원의 문제에 관심을 두고, 기본적으로 사회적 가치의 존재를 인정하는 가운데 가치갈등을 해결하고자 하였다. 하지만 사회적 가치를 절대적·객관적인 선택 기준으로 인정하는 것은 아니다. 오히려 사회적 가치를 비롯한 모든 가치를 구체적인 상황 속에서 분석·검토하고자 하며 합리적인 가치판단이 되기 위한 조건을 적용하여 객관적·과학적으로 판단하게 한다. 즉, 가치분석 이론은 "어떻게 해야 가장 합리적이고 객관적이며 정당화 가능한 판단을 내릴 수 있는가?"라는 질문에 답하기 위해 개발된 가치교육 방법론이라고 할 수 있으며 이를 교육적 목적에 따라 수업절차로 구성한 것이 가치분석 수업이다.

2. 수업 절차와 방법

가치분석 이론에서는 무엇보다도 합리적이고 객관적이며 정당화 가능한 판단을 강조하므로 가치분석 수업 역시 합리적인 가치판단 기준을 충족시킬 수 있는 과정으로 구성되어야 한다. 쿰스와 뮤(Coombs & Meux)는 가치분석을 교수전략화하기 위해 필요한 '합리적 가치판단의 기준'을 다음과 같이 제시하였다(Metcalf, 1971: 41).

① 가치판단을 지지하는 가능적 사실들이 참이거나 또는 충분히 확인되어야 한다. (가치 판단은 사실적 근거에 기초해야 한다)

② 사실들은 진정한 관련성이 있어야 한다. 즉, 사실들은 판단을 내리는 사람에게 실제로 가치 있거나 유용해야 한다. (구체적 유용성, 실용성)

③ 다른 고려사항이 똑같다면, 판단을 하는 데 고려되는 관련된 사실들의 범위가 클수록 적합한 판단을 내릴 가능성 또한 커진다. (많은 사실이 뒷받침될수록 가치판단의 합리성, 정당성, 일반화 가능성이 커진다)

④ 가치판단에 함축되어 있는 가치원리는 그 판단을 내린 사람이 받아들일 수 있는 것이어야 한다. (수용 가능성 - 가치판단을 받아들인다는 것은 그 판단이 함축하고 있는 가치원리까지 받아들인다는 것을 의미한다)

학습자들이 경험하게 될 가치 판단의 과정이 이러한 기준을 충족시키기 위해서는 학습자들이 사실에 기반한 합리적 가치판단을 경험할 수 있도록 수업 장면과 절차를 구성해야 한다. 즉, 많은 사실 증거를 확보할 수 있는 문제이면서 학습자에게 의미 있고 유용한 학습 주제를 제시해야 하며 이를 정당화 가능한 가치판단 기준을 적용하여 분석할 수 있는 경험이 포함되도록 수업절차를 구성해야 한다.

쿰스와 뮤는 평가적 의사결정 과정에 반드시 포함되어야 할 여섯 가지 수행과제를 다음과 같이 제시하였는데(Metcalf, 1971: 53), 이를 바탕으로 가치분석 수업의 단계를 구성할 수 있다.

평가적 의사결정에 필요한 필수 수행 과제	가치분석 수업의 단계
① 가치문제를 확인하고 명료화하기	① 가치문제의 확인 및 명료화
② 가능적 사실들을 수집하고 조직하기	② 가치판단과 관련된 사실 수집
③ 가능적 사실들의 참을 평가하기	③ 사실 주장의 평가
④ 사실들의 관련성을 명료화하기	④ 사실-가치의 관련성 명료화
⑤ 잠정적 가치결정을 내리기	⑤ 잠정적 가치판단
⑥ 가치결정에 함축된 가치원리 검사하기	⑥ 원리의 수용성 검사 및 최종 판단

가치분석 수업의 단계로 설정한 6단계의 특징을 순서대로 설명하면,

① 단계는 가치분석의 첫 단계로, 무엇을 평가해야 하는지(판단대상 확인), 어떤 관점에서 평가해야 하는지(가치판단 관점 확인)를 명확히 하는 단계이다. 평가대상을 규정하는 용어가 모호하면 가치분석의 전 단계의 논의가 난해해지므로 필요한 용어에 대해 정의를 내리는(용어 정의) 과정도 첫 단계에 포함되어야 한다.

② 단계는 가치판단과 관련된 사실을 수집하는 단계이다. 가치판단에 필요한 다양한 사실을 수집하는 과정뿐 아니라 사실적 진술과 평가적 진술을 구별하기, 긍정적 사실과 부정적 사실을 구분하기 등이 포함된다. 특히 이 단계에서는 가치분석의 대상이 되는 문제의 복잡성을 줄이는 과정이 매우 중요한데 복잡성 해결의 방법에는 다음과 같은 전략이 적용될 수 있다.

-수집된 사실을 여러 관점에 따라 구분함으로써 복잡성과 혼돈을 감소시키기
  예〉 경제적/미적/도덕적/오락적 관점에 따라 구분
-일반적 사실과 특수적 사실을 구별하고 일반적인 주장을 위해서는 일반적 사실이 필요하다는 점을 설득하기
-동일한 사실이 다른 말로 표현되는 경우가 많으므로 사실 속성을 명확히 하기
-수집된 사실의 중요도에 따라 순위를 매기기

〈사실수집표의 예〉 - 수업의 ②단계에서 작성하고 ③단계에서도 활용

평가대상: 강한 인공지능 로봇의 상용화 정책
(딥러닝이 가능한 가정용 AI로봇의 자유로운 구입, 사용, 폐기를 허용할 것인가?)

학생의 기본적 관심(우선순위)	긍정적 사실		부정적 사실		보조적 가치판단
	일반	특수	일반	특수	
도덕적 관점 (우선순위:)		독거노인의 고립감, 고독사를 감소시키는 효과 있음	감정표현이 가능한 인공지능인 경우 인간과의 경계 모호	도덕적으로 용납 어려운 목적의 로봇 판매·활용 사례가 있었음	○, △, × 중 선택
경제적 관점 (우선순위:)	맞벌이, 1인가구 비중이 큰 현대인의 생활 조력				예〉 ○ 효율적 유용성
사회적 관점 (우선순위:)			사회계층 간 불평등 확대 우려		○, △, × 중 선택
기술적 관점 (우선순위:)	인간의 삶을 더 편리하게 만드는 기술발전의 계기가 됨		안전하고 부작용 없는 폐기가 가능한지 불확실		○, △, × 중 선택

③ 단계는 사실 주장을 평가하기 위해 사실 진술 속에 숨어있는 용어를 정의하고, 사실의 유형을 특수, 일반, 조건적 사실로 구분하는 단계이다. 구분된 사실이

특수한 사실이라면 단일 사건 혹은 사건들의 단일 상태를 기술하고 있는 진술로 서술되며 주로 관찰에 의해 증명 가능하다. 일반적 사실은 경험적 일반화가 가능한 사실이므로 그 주장을 지지할 수 있는 사실들을 수집 혹은 그 주장을 반박할 수 있는 특수한 사실들을 발견함으로써 평가가 가능하다. 조건적 사실은 특정 조건하에서라야 진실이 되는 사실이므로 과거에도 유사한 조건이 있었는지, 특정한 조건하에서는 같은 현상이 나타나는지 조사함으로써 평가가 가능해진다.

④ 단계는 사실과 내가 가진 가치 간의 관련성을 검증하는 단계이다. 평가와 관련 없는 사실을 근거로 제시하거나 중요성을 부여하는 것은 가치판단 결과의 합리성과 타당성을 감소시킬 수 있으므로 합리적인 가치판단을 위해서는 사실과 가치 간의 관련성을 반드시 검토해야 한다. 다음과 같은 조건들을 신중히 평가함으로써 검토의 질을 높일 수 있다.

- 나의 가치판단이 옳다고 주장하기 위해 근거로 사용한 사실이 의미 있다고 판단한 준거가 내가 가치 결정할 때의 판단과 같은 관점을 유지하고 있는가?
- 그 준거는 내가 정말 믿고 있는 것을 나타내고 있는가?
- 그 준거를 믿는 어떤 정당한 이유가 있는가?

〈증거카드의 활용 예〉 - 수업의 ④단계에서 활용

가치판단	강한 인공지능 로봇 사용은 도덕적으로 바람직하지 않다.
사실	사회적으로 합의가 어려운 성적 쾌락 목적의 로봇이 상업적으로 거래되면서 문제가 발생하였다.
준거	사회규범으로 허용되지 않는 거래가 발생하는 것은 옳지 않다.

가치판단	강한 인공지능 로봇 사용은 도덕적으로 바람직하다.
사실	사회적 약자인 독거노인에게 생활형 인공지능 로봇이 보급되면서 고독사와 고립감이 감소하였고 정서적, 사회적 안정감이 회복되었다.
준거	사회적 약자에게 도움을 주는 것은 바람직하다.

⑤ 단계는 앞의 네 단계를 거친 후 결론적 단계에 다다르는 과정이다. 하지만 이는 최종적 의사결정이라 할 수 없으며 일반화 가능한 가치판단을 위해 다음 단계의 활동, 즉 원리수용성 검사가 뒤따라야 한다.

⑥ 단계는 자신이 내릴 가치판단 속에 함축되어 있는 가치원리를 지속적으로 받아들일 수 있는지를 재검토하는 단계이다. 다음에 제시된 다양한 방식의 원리수용성 검사 활동을 통해 자신의 가치판단에 대한 지속가능성, 일반화 가능성을 평가해 본 뒤 최종적인 가치판단을 내린다.

〈원리수용성 검사〉 - 수업의 ⑥단계에서 활용

- **새로운 사례검사(New Cases Test)**: 가치원리를 명료하게 형식화한 다음, 논리적으로 관련이 있는 다른 사례에 그 원리를 적용했을 때에 도출되는 결과 역시 받아들일 수 있는지를 평가하게 한다. 평가대상에 대한 중요한 사실들, 즉 가치판단의 근거가 되는 사실들을 취합하고 똑같은 특징을 갖는 모든 사례는 똑같은 가치평가를 갖는다는 것을 진술함으로써 가치판단 속에 함축되어 있는 가치원리를 형식화할 수 있다.

> 상황: 세계적 추세에 맞추어 우리나라에서도 투표 연령을 18세로 낮추어야 한다는 논의가 이루어지고 있다.
> 주장: 선거권자 나이를 18세로 낮추는 것은 적절하지 않다.
> 근거: 18세는 정서적으로 성숙하지 않고, 재산이 거의 없으며 사회에 대해 잘 알지 못한다.
> 원리수용성 검사: '정서적으로 성숙하지 않고 재산이 없으며 사회에 대해 알지 못하는 사람에게 투표를 허용하는 것은 바람직하지 않다'는 가치원리가 적용되어야 한다면, 그와 비슷한 저학력 · 저소득층의 미성숙한 성인(새로운 사례)의 투표권도 제한해야 하는가?

• **포섭검사(Subsumption Test):** 평가자는 그 가치원리가 그가 받아들일 수 있는 보다 일반적인 가치원리의 예가 되는 사실들을 수집한 뒤, 보다 일반적인 사례에서도 동일한 가치판단이 이루어지는지를 평가한다.

> 상황: 최근 새로 도입된 차로 우회전 시 일시정지로 처벌받는 사람이 늘고 있다.
> 주장: 법을 어긴 사람은 처벌받아야 한다.
> 근거: 구성원들이 함께 지키기로 결정한 것은 누구나 지켜야 하므로 어떠한 불이익이 있더라도 감수해야 한다.
> 원리수용성 검사: 구성원이 함께 지키기로 한 학급규칙이나 학교규칙에 불만을 제기해 본 적은 없는가? 내가 의사결정 과정에 참여하지 않았더라도 모든 개인은 모든 사회적 규칙에 무조건 따라야 하나?

• **역할교환 검사:** 평가자는 그 가치원리를 적용했을 때 영향을 받는 다른 사람의 역할과 상상으로 바꾸어 본 다음, 그 역할에 있는 자신에게 그 가치원리를 적용했을 때에도 그 가치원리를 계속 받아들일 수 있는지를 생각해 본다.

> 상황: 노키즈 존이 확대되면서 이것이 어린이의 인권 침해라는 주장과 소비자의 선택권 보장이라는 주장이 맞서서 갈등을 빚고 있다.
> 주장: 노키즈 존을 확대하는 것에 찬성한다.
> 근거: 소비자의 선택권을 다양화하는 것은 자본주의 사회의 자연스러운 현상이며 자유의 확대라는 측면에서도 바람직하다. 더구나 어린이나 어린아이의 부모들에게는 충분한 대안적 선택지가 있다.
> 원리수용성 검사: 네가 아이 둘을 키우는 부모이고 자주 가는 지역의 카페가 모두 노키즈 존으로 운영된다고 해도 찬성할 수 있을까?

• **보편적 결과 검사:** 평가자는 만약 비슷한 상황에 있는 모든 사람이 그가 평가하고 있는 그런 행동을 한다면 어떤 결과가 생길 것인지를 상상해 본 다음, 그 결과를 받아들일 수 있는지를 생각해 본다.

상황: 코로나 상황에서 세금 체납이 크게 증가하여 사회적으로 문제가 되고 있다.
주장: 납세의 의무를 다하지 않는 사람은 처벌받아야 한다.
근거: 납세의 의무는 전 국민이 지고 있는 헌법상의 의무이다.
원리수용성 검사: 코로나 시국에 정상적인 경제활동을 할 수 없었던 소상공인들의 상황을 전혀 고려하지 않고 평소와 똑같은 납세의 의무를 부과한다면 어떤 결과가 나올까? 그러한 결과 예측에도 불구하고 나는 똑같은 의사결정을 할 것인가?

3. 수업 내용 자료 및 활용상의 유의점

가치분석의 내용은 '무엇이 가치분석의 대상이 되어야 하는가?'에 대한 답변을 통해 결정할 수 있다. 또한 가치분석의 대상이 되어야 하는 것은 '사람들의 의견이 주로 어떤 장면에서 충돌하고 갈등이 발생하는가?'를 살펴봄으로써 선정할 수 있는데 쿰스와 뮤는 다음과 같은 것에서 의견충돌이 발생한다고 설명하였다.

① 어떤 사실적 주장의 참에 대해서
② 특정한 사실의 관련성에 대해서
③ 특정한 사실의 값에 대해서
④ 특수한 가치 준거의 해석에 대해서
⑤ 가치판단 속에 함축되어 있는 가치원리의 수용성 여부에 대해서

그들이 말한 의견 충돌의 장면들은 가치분석 수업의 소재가 되는 가치문제들이 갖추어야 할 요건들을 보여줄 뿐 아니라 앞에서 살펴본 가치분석 수업의 각 단계에서 이루어지는 활동과도 깊이 연관되어 있다. 즉, 교사는 의견 충돌의 발생 장면들이 다양하게 포함된 가치문제를 학습주제로 선정하여 학습자에게 제시할 필요가 있으며 각각의 의견 충돌 해결은 수업의 각 단계에서 충분히 경험할 수 있도록 수업이 구성되어야 한다.

〈수업 단계별 의견충돌 해결 활동〉

- 어떤 사실적 주장의 참에 대해서: '가치판단과 관련된 사실 수집, 사실 주장의 평가' 단계에서 사실적 주장의 참에 대한 의견 충돌을 해결한다. 다음에 제시된 사실수집 체계화를 위한 사실 수집표를 활용할 수 있다.
- 특정한 사실의 관련성과 사실의 값, 특수한 가치 준거의 해석에 대해서: '사실-가치의 관련성 명료화' 단계에서 의견 충돌을 해결한다. 가치판단과 사실, 준거의 관계를 명료화하는 데에 도움이 되는 증거카드를 활용할 수 있다.
- 가치판단 속에 함축되어 있는 가치원리의 수용성 여부에 대해서: '원리의 수용성 검사' 단계에서 의견충돌을 해결한다. 다양한 원리 수용성 검사 중 제시된 가치문제의 특성에 가장 적합한 방법을 활용하면 된다.

이처럼 가치분석 모형은 상당히 체계적인 가치분석의 과정과 수업에서의 활용 방안을 제안했지만 다음과 같은 측면에서 비판이 제기되었다. 첫째, 가치분석의 과정이 지적인 훈련에 치중한 나머지 감정이나 정서적인 측면을 간과할 우려가 있다. 둘째, 지적으로 합리적인 판단을 한다고 해서 이것이 곧바로 사회적 행동으로 이어지는 것은 아니다. 셋째, 가치를 논리적으로 평가하고 판단하는 작업이 다수의 학생들에게 너무 어렵다. 하지만 쿰스와 뮤가 제시한 가치분석 수업 활용상의 유의점들을 살펴보면, 위에서 지적한 문제점들 역시 가치분석 수업의 근본적인 한계라기보다는 가치분석 수업을 본래의 취지대로 실천하지 못하였을 때 발생하는 실천상의 한계로 보는 것이 적절해 보인다. 다음은 쿰스와 뮤가 강조한 가치분석 수업의 특징이자 활용상의 유의점이다.

첫째, 인지적 영역과 정의적 영역 간의 유기적 관계를 유지하여야 한다. 어떠한 교사도 인지적 영역과 정의적 영역 중 어느 한 영역을 배제한 채 한 영역만을 가르칠 수는 없으며 그렇게 분리하는 것은 바람직하지 않다. 오히려 인지적 내용을 정의적 영역에 적용시키기 위해 논리와 합리성이 강조되어야 한다.

둘째, 학교에서의 인지적 목표와 상충되는 목표를 가치교육에서 추구해서는 안 된다. 예를 들어 미국의 반공교육 프로그램에서는 공산주의에 대한 정보가 국가나 당국의 목표에 불리할 것으로 판단되면 해당 정보를 삭제하여 가르치는 일이 일반화되어 있는데, 이러한 관행은 무익할뿐더러 학습자를 속이는 것이다. 더구나 이는 진정한 애국심을 가르치는 효과로 이어지지도 않는다. 태도나 가치교육이라는 목적하에 지식 증거를 삭제하는 것은 매우 무책임한 짓이며 효과도 없으므로 이성적이고 논리적인 가치교육을 지향해야 한다.

셋째, 가치교육이 의미를 갖기 위해서는 현 사회의 요청에 부합해야 한다. 전쟁, 생태학, 공해, 인종차별 등의 사회문제는 학습자들에게 그 의미와 중요성이 인식되어야 하며 그 과정 안에서 가치교육은 보다 바람직한 세계를 규정하고 설정하려고 애쓰는 학생들에게 도움을 주어야 한다.

즉, 가치분석 수업은 현 사회의 요청에 부합하는 사회문제를 활용하면서 인지·정의적 영역의 상호 조화가 가능한 교육목표를 달성하기 위해 사실에 기반한 합리적 가치판단 경험을 제공하는 과정으로 구성되어야 한다. 다만 사실과 합리적 가치판단만을 지나치게 강조하는 경우 인지적 영역의 교육목표에 비해 정의적 영역의 목표가 소홀해지기 쉽기 때문에 수업실행상의 세심한 주의가 필요하다.

4. 교수·학습 과정 및 적용 사례

<table>
<tr><th>학습주제</th><td colspan="3">AI의 법적 권리(재산권(지식저작권), 인격권)을 인정해야 할까?</td></tr>
<tr><th>학습목표</th><td colspan="3">• AI의 법적 권리 허용에 대해 도덕-윤리적 관점, 과학-기술의 관점을 고려하여 판단을 내릴 수 있다.</td></tr>
<tr><th rowspan="2">단 계</th><th colspan="2">교수-학습활동</th><th rowspan="2">학습
준비물</th></tr>
<tr><th>교 사 활 동</th><th>학 생 활 동</th></tr>
<tr><td>가치문제
확인 및
명료화</td><td>• 평가대상+평가관점 밝히기
AI가 생산해내는 정보에 대한 지식저작권, 인격권, 법적 책임 소재 등이 이미 문제가 되고 있으며 이 문제에 관해 판단이 필요함을 인식시킨다.
• 현재 AI가 활용되고 있는 영역,</td><td>• 교사의 안내에 따라 판단대상과 판단에 필요한 관점을 확인하고, 용어의 정의를 명확히 한다.
① 판단대상 - AI의 법적 권리 인정 여부
② 용어의 정의 - 인격권, 강한 인공지능, 약한 인공지능</td><td></td></tr>
</table>

단 계	교수-학습활동		학습 준비물
	교 사 활 동	학 생 활 동	
	실태 등을 파악하고 어떠한 현상과 관련하여 AI의 권리와 책임이 문제시되는지 파악할 수 있도록 안내한다.	③ 가치판단의 관점 확인 - 과학·기술적 차원, 도덕·윤리적 관점에서 판단이 필요한 문제 구분	
가치판단과 관련된 사실수집	• 사실주장과 평가주장을 구분하면서 사실수집 활동을 할 수 있도록 안내한다.	• 사실수집 활동 참여 • 복잡성 해결을 위한 다음 활동에 참여 ① 사실/평가적 진술 구분 ② 긍정/부정적 사실 구별	
사실주장의 평가	• 수집된 사실이 특수한/일반적/조건적 사실인지 판단하게 한다.	• 수집된 사실이 특수한/일반적/조건적 사실인지 사실판단 활동지를 채워가며 판단하는 활동을 한다.	사실판단 활동지 증거카드 만들기
사실의 관련성 평가	• 사실과 내 가치 간의 관련성을 평가하기 위하여 증거카드 만들기를 안내한다.	• 증거카드 작성을 통해 다음의 내용에 집중하여 사실의 관련성을 검사한다. ① AI의 법적 권리 허용을 찬성하는 입장에는 어떤 관점이 반영되어 있는가? 반대 입장은? ② 그 관점은 내가 중요하게 여기는 가치와 관련이 있는가? ③ 그 준거를 믿을만한 정당한 이유가 있는가?	
잠정적 가치판단	• 판단내용+근거 제시	• 가치원리, 사실, 가치판단의 구조화를 통해 잠정적인 의사결정하기	
가치원리 수용성 검사	• 다시 생각해 보기 ① 새로운 사례 검사 ② 포섭검사 ③ 역할교환검사 ④ 보편적 결과검사	• 교사가 제시하는 검사사례를 통해 자신의 가치판단을 다시 한번 점검하기	원리수용성 검사지
최종적 가치판단	• 가치원리 수용성 검사의 결과를 종합 판단하여 최종적인 가치판단을 하도록 안내하기	• 가치원리 수용성 검사의 결과를 종합적으로 반영하여 자신의 최종적인 의사결정에 도달한다.	

참고문헌

정창우(2015). 「인성교육의 이해와 실천」. 교육과학사.

최용규 · 정호범 · 김영석 · 박남수 · 박용조(2014). 「사회과 교육과정에서 수업까지」. 교육과학사.

Metcalf, L. E. ed.(1971). Value Education: Rational, Strategies, and Procedures, NCSS. 정선심 · 조성민 역(1992), 「가치교육: 가치분석의 이론적 근거, 교수 전략, 교수 과정」. 철학과현실사.

Raths, L. E., Harmin, M., & Simon, S. B.(1978). Value and Teaching: Working with Values in the Classroom, 2nd ed. Charles E Merrill Publishing Company.

제3부

사회과 수업 기법과 협동학습

제 1 장 사회과 수업의 다양한 기법

1절 강의법

1. 의미

강의법은 다양한 교수·학습 방법들 가운데 가장 오랜 역사적 전통을 가지고 있고 실제 수업에서 가장 많이 활용되는 교수방법이다. 학생 중심의 문제해결학습 등과는 대조적으로 교사 위주의 주입식 교수법이다. 강의는 '학문이나 기술의 일정한 내용을 체계적으로 설명하여 가르침'을 의미하는 것으로, 박성익(1998)은 강의식 수업은 한 사람이 여러 사람들에게 한 주제에 대하여 이야기를 통해 가르쳐주는 것으로 정의하고, 박상준(2014)은 강의식 수업은 한 교사가 다수의 학생들 또는 청중들에게 지식이나 정보를 언어로 전달하는 교수방법이라고 정의하고 있다. 강의법은 보통 교사가 어떤 지식이나 정보에 대해 설명하면 다수의 학생은 수동적으로 듣고 정리하는 교수방법이다. 강의법은 학생들의 능력, 흥미, 요구 등에 대하여는 크게 고려를 하지 않고 주입시키는 교과중심 교육과정에서 주축을 이루고 있는 학습방법이다. 그러나 강의법은 여러 가지 다른 학습지도의 방법이 활용되는 과정에서도 많이 활용되기도 한다. 특히 사회과에서 개념, 원리, 법칙 등에 관한 내용을 중심으로 가르치게 될 때 활용되는 교수학습법이다. 구조화된 내용의 지식을 가르친다는 것은 사회적 기능을 길러주거나 사회적 경험을 풍부하게 해주는 데 기여한다.

2. 장 · 단점

일반적으로 강의법은 바람직하지 않고 지양해야 될 교수법으로 평가절하되고 있다. 그러나 모든 교수법이 활용하는 사람에 따라 효과도 달라지듯이 강의법도 잘 활용하면 우리나라 교육환경에서는 좋은 교수법이 될 수 있다(박성익, 2000: 82-84).

1) 장점

- 1명의 교사가 다수의 학생을 동시에 가르칠 수 있다.
- 짧은 시간 동안 많은 정보를 체계적으로 빠르게 전달하는 데 효과적이다.
- 학습의 과정을 통제하기 쉽다.
- 새로운 개념에 대하여 전반적 소개를 하기에 유리하다.
- 노트필기와 청취능력을 기르기에 유리하다.
- 사실이나 정보를 하나의 논리적 흐름에 조직하여 사건의 흐름이나 개념의 관련성을 파악하기에 유리하다.
- 교사는 학습할 지식의 범주를 상당히 통제할 수 있다.
- 학습내용을 이해하는 데 필요한 시간과 노력을 절약할 수 있다.

2) 단점

- 흥미를 자극할 만한 수단이 부족할 경우 지루하기 쉽다.
- 학생의 참여가 한정되어 있다.
- 자칫 낮은 수준의 지적 기능인 암기에 치우칠 가능성이 높다.
- 노트필기 능력이 부족한 학생들에게 손해이다.
- 민주적인 의사소통과 상호작용이 부족하다.
- 고차사고력을 향상시키기 어렵다.
- 일방적인 강의로 들은 지식은 빨리 망각된다.

- 학습에 있어서 수동적이 되기 쉽다.
- 학습자의 학습 진행 정도를 확인하기 어렵다.
- 정서적 영역이나 운동기능적 영역을 소홀히 하기 쉽다.
- 개인적 욕구를 확인하거나 충족하기 어렵다.
- 민주적인 가치와 태도를 기르기 어렵고, 주입식 교육이 될 가능성이 높다.

3. 강의의 핵심 전략

강의는 교수자 중심의 수업방법의 핵심으로, 교수자가 효과적인 강의를 하기 위한 교수전략으로 최은수(2013)는 10가지를 제시하고 있다.

① 흥미롭게 내용을 구성하고 자신감을 가져라.
② 내용을 쉽고 명쾌하게 설명하라.
③ 적극적이고 변화 있게 설명하라.
④ 학습에 대한 관심과 애정을 갖고 강의하라.
⑤ 교수자와 학습자 간의 인간적인 관계를 유지하라.
⑥ 효과적인 강의 기법을 활용하라.
⑦ 중요한 내용은 적시에 제시하라.
⑧ 수업목표와 부합하는 형성평가 및 피드백을 시행하라.
⑨ 강의의 기교보다는 철저히 준비하라.
⑩ 교수자만의 개성 있는 강의 스타일을 개발하라.

4. 강의법 지도상의 유의점

강의법 지도 시 유의할 점을 아래와 같이 제시하고 있다(정병기 외, 1998: 395-396).

① 교사는 강의법을 활용함으로써 효과를 얻을 수 있는 내용을 잘 선정해야 한다.

② 교사는 지나친 권위주의를 지양하고 학생들의 여러 가지 입지적인 여건을 고려하여 질의응답할 수 있는 기회를 주어서 창의적인 사고활동을 할 수 있도록 해야 한다.

③ 교사는 강의내용에 진실성과 정확성이 있도록 해야 한다.

④ 교사는 학생들의 반응에 따라 수시로 변형시켜 다른 학습형태와 병용할 수 있어야 한다.

⑤ 교사는 필요에 따라서 시청각 자료 또는 실증적인 자료 등의 활용을 통해 역동적인 활동이 이루어지도록 한다.

⑥ 교사는 개념, 원리, 법칙 등의 지식을 설명하는 경우에도 실제적인 사회적 사상에 유기적으로 관련시켜 사회적 기능의 능력이 배양되도록 해야 한다.

⑦ 교사는 강의의 정리 단계에서 정리, 평가, 발전시키는 과정을 효과적으로 잘 마무리 지어야 한다.

⑧ 교사는 강의법으로 지도하려고 할 때에는 학습문제에 대하여 예습을 해 오도록 해주는 것이 효과적이다.

⑨ 교사는 강의법의 지도 과정에서 항상 자기 반성을 함으로써 잘못된 점을 수정・보완할 수 있어야 한다.

참고문헌

박상준(2014). 「사회과 교재연구 및 교수법」. 교육과학사.

박성익(2000). 「교수 · 학습 방법의 이론과 실제(Ⅰ)」. 교육과학사.

정병기 외(1998). 「사회과교육론」. 교육출판사.

최은수(2003). 대학 강의의 질 제고를 위한 효과적인 교수 강의법 원리와 수업운영모델 탐색. 「인문학연구」, 33: 1-22.

2절 토의 · 토론

1. 의미

토의 · 토론은 과거부터 강조되어 왔지만 최근 기존의 토론 학습에 대한 비판과 함께 토의 · 토론 학습이 새롭게 부각되고 있다. 토의(discuss)는 고대 희랍어 'dischos'에서 나왔고 '주의 깊게 검사하다'의 뜻이며, 문제를 협의하고 해결 방안을 공동으로 도출하는 의사소통 활동이다. 토론(debate)은 라틴어 'debattuo'에서 나왔으며 '서로 떨어져 분리되어 싸운다.'라는 뜻이다. 토의는 여러 사람들이 정보와 의견을 교환하는 활동으로 볼 수 있고, 토론은 서로 다른 주장을 논증과 실증으로 정당화하여 상대를 설득하는 활동으로 볼 수 있다. 그러나 실제 생활 속에서 토의와 토론이 같이 일어나는 경우가 많다. 토의하다가 토론이 되기도 하고, 토론하다가 토의가 되기도 한다. 그러므로 토의 · 토론이라는 용어가 사용하기에 훨씬 자유롭다.

토의 · 토론은 기존의 지식을 암기하고 숙달하는 수업과는 달리 주제에 대하여 스스로 혹은 모둠원들과 함께 찾은 자료를 바탕으로, 분류-분석-종합-평가-응용-합성 등을 통해 의견을 주고받으며 대안을 모색하거나 설득, 논박하는 과정을 거쳐 어떤 합의에 도달하도록 한다. 이로써 능동적으로 학습하는 방법을 학습하게 하는 메타인지적 성격이 매우 강하여 사전에 세밀한 계획과 충분한 지도가 이루어진다면 좋은 성과를 얻을 수 있는 수업방법 중 하나이다.

2. 토의 · 토론의 전제 조건

생산적인 토의 · 토론이 가능하려면 반드시 전제되어야 할 조건이 있다(최용규 외, 2014).

첫째, 상대주의이다. 토의·토론이 성립하려면 토의·토론에 임하는 당사자들이 상대방도 옳을 수 있고 나도 옳을 수 있다는 점을 전제해야 한다. 나만 옳고 상대방은 무조건 잘못되었다는 것을 전제하고 토의·토론에 임했을 경우 이는 상대방을 굴복시키기 위한 언어폭력에 지나지 않는다. 토의·토론은 여러 가지 대안을 제시하고 그 가운데 보다 나은 대안을 찾아 합의에 이르는 과정이라 할 수 있다. 토의·토론에서 하나의 정답을 찾기보다는 여러 가지 대안 중에서 최선의 것을 찾아야 하는 이유는 일상생활에서 문제에 대한 정답을 찾기가 어렵거나 불가능하기 때문이다. 그러나 일상생활에서 발생하는 문제들, 특히 사회과의 소재가 되는 문제들의 경우는 이러한 확실한 전제가 주어지는 경우가 거의 없다. 때문에 정답을 찾기보다는 여러 대안 가운데 가장 나은 것을 고르는 것이 보다 현명한 선택이 될 수 있다.

둘째, 논증적 사고이다. 토의·토론을 통해 여러 가지 대안을 비교하고 최선의 대안을 찾기 위해서는 논증적 사고가 필요하다. 논증적 사고란 어떠한 주장의 건전성을 판단하는 데, 주장이 근거하고 있는 전제의 타당성에 근거하여 주장을 평가하는 과정이다. 때문에 토의·토론에 참여하는 사람들이 어떤 주장을 하기 위해서는 반드시 그 주장의 근거를 제시해야 한다. 법정이나 국회와 같은 공적인 토론의 장에서도 이러한 논증적 사고가 반드시 요구되며 공적인 토의·토론의 장이 아니더라도 주장을 제기하기 위해서는 반드시 증거를 제시할 의무가 토론자에게 부여된다.

셋째, 협조적인 의사소통이다. 토의·토론의 목적이 상대방을 굴복시키는 것이 아니라 보다 나은 대안을 모색하기 위한 과정이라고 했을 때, 토론 당사자들 간의 협조적인 의사소통이 필수적이다. 영국의 저명한 분석철학자 그라이스는 협조적인 대화의 조건으로 네 가지를 제시하였다.

- 양: 더도 말고 덜도 말고 딱 필요한 만큼만 말하라.
- 질: 스스로 잘못되었다고 생각하거나 증거가 없는 이야기는 하지 마라.
- 관계: 토론의 주제와 관련이 있는 말만 하라.
- 매너: 논리정연하고, 간결하고, 명확하게 말하라. 모호한 말은 하지 마라.

명료한 의사소통을 함으로써 그만큼 효과적인 토의・토론이 이루어질 수 있고, 토론 당사자들 간의 지적인 성장에도 도움이 된다는 것이다.

독일의 저명한 철학자 하버마스는 대화가 순조롭게 진행되기 위해서는 다음 네 가지 조건이 충족되어야 한다고 주장하였다.

－이해 가능한 것을 말하고 있는가?

－말하는 것이 진지한가?

－말하는 것이 진실인가?

－말하고 있는 가치, 규범, 증거에 대해 말하는 자와 듣는 자가 동의하는가?

3. 사회과에서 토의・토론이 강조되는 이유

특히 사회과에서 토의・토론이 강조되는 이유를 네 가지로 정리하면 다음과 같다.

첫째, 사회과의 목표인 훌륭한 민주 시민의 중요한 자질은 주요한 문제에 대해 합리적으로 의사결정을 하고 실천하는 능력이다. 이때 합리적 의사결정을 위해서 토의・토론은 필수적이다. 즉, 민주주의 사회에서 토의・토론 능력은 민주 시민이 갖추어야 할 기본적 자질에 속하며 이는 사회과에서 육성되어야 한다.

둘째, 사회과에서 강조하는 고급 사고력을 육성하기 위해 필요하다. 예를 들어 설명식 수업에서는 블룸의 분류에 의하면 지식의 암기와 이해라는 낮은 수준의 사고를 경험할 수밖에 없으나, 토의・토론 수업에서는 적용, 분석, 종합, 평가하는 고급 사고를 활용하게 된다.

셋째, 과학적 사고를 하게 된다. 토의・토론의 핵심은 논증과 실증이다. 즉, 논리적으로 증명하고, 실제로 증명하는 과학적 사고를 요구한다.

넷째, 수업의 참여도를 높인다. 국어과에서의 토의・토론은 형식을 강조하는 데 비하여, 사회과에서는 사회적 이슈를 중심으로 한다. 즉, 토의・토론의 내용이 사회과의 내용이 된다. 그렇기 때문에 논쟁중심수업, 문제중심수업 등이 사회과에서 토의・토론과 함께 강조되는 것이다.

4. 토의 · 토론의 교육적 효과

토의 · 토론 수업이 학교 현장에 꼭 필요한 이유는 수업의 결과뿐만 아니라 그 과정에서 얻어지는 인지적 · 정의적인 효과, 더 나아가 개인과 공동체의 성장을 도모하는 면에서 큰 효과가 있기 때문이다. 대표적인 교육적 효과를 살펴보면 다음과 같다.

첫째, 사회현상을 바라보는 안목과 문제의식을 기를 수 있다. 토의 · 토론 수업에서 다루는 주제는 우리 사회 현실과 깊은 관련이 있다. 실제 생활 속에서 일어나는 일들을 다루는 활동에 직접 참여함으로써 그 문제를 객관적으로 바라보고 다양한 관점에서 비판적으로 생각해 보려는 시도를 하게 되며, 그 과정에서 사회현상을 바라보는 안목과 문제의식이 자연스럽게 배양된다.

둘째, 민주시민의식을 함양할 수 있다. 우리 모두는 민주시민사회의 일원으로서 평생을 살아가면서 크고 작은 의사결정의 연속을 경험하게 되지만, 상당히 많은 경우는 다른 사람과 서로 영향을 주고받으며 정반합 과정을 거치거나 여러 가지 대안 중 가장 합리적인 것 하나를 찾아 합의하고 결정하는 과정에 이른다. 다시 말해서 의사결정을 위한 토의 · 토론은 이미 우리 삶의 일부가 되어 있었던 것이다.

셋째, 학습능력 및 고등정신능력을 계발하는 데 도움이 된다. 토의 · 토론 수업을 하면서 학습능력 및 고등정신능력이 계발된다는 것은 '제대로 된 토의 · 토론이 이루어져야만 한다.'라는 전제 조건이 따른다. 그러므로 토의 · 토론 수업의 효과를 잘 살리기 위해서 많은 준비를 하고, 열정을 갖고 해야 한다.

넷째, 가치관과 태도의 변화를 통해서 성장할 수 있다. 토의 · 토론 수업을 통해 학생들은 공동의 이해를 바탕으로 대안을 모색하기 위한 협동적 논의 과정을 거치기도 하고, 때로는 서로 다른 입장을 가진 상대팀과 논쟁을 벌이기도 하지만 갈등을 원만히 해결하며 바람직한 결론에 도달하는 집단사고 과정을 경험하게 된다. 그 속에서 학생 개개인은 의사소통과 관련된 태도와 예절을 배워 나감과 동시에 자신들이 갖고 있었던 잘못된 가치관이나 태도 등을 돌아보고 반성하면서 도덕적, 정신적 성장을 하게 된다.

다섯째, 의사표현능력을 신장할 수 있다. 토의·토론 수업은 기본적으로 의사표현을 바탕으로 한다. 다시 말해서 토의·토론 활동은 경험을 통해 알게 된 사실이나 이미 알고 있는 지식, 책이나 각종 자료 속에 담겨 있는 정보를 자신의 언어로 소화하여 조리 있게, 적절한 시간에 적절한 속도로 표현해야 하기 때문에 수업에 참여하는 학생들은 의사 표현 능력 및 언어적 유창성을 기를 수 있게 된다.

여섯째, 수업에 대한 흥미 및 참여를 증가시킬 수 있다. 토의·토론 수업은 활동에 참여하는 학생들을 능동적 활동가로 만들어 준다. 왜냐하면 토의·토론 활동은 기본적으로 구성원들의 적극적인 참여를 통해서 비로소 완성되기 때문이다.

일곱째, 비교적 높은 학습효과를 거둘 수 있다. 토의·토론 수업의 주제는 주로 참여하는 학생들의 경험이나 인지 구조와 일치하지 않는 것들이어서 내적 자극을 받음으로써 심적 불균형 상태를 경험하게 되고, 이를 해결하기 위해서는 다른 학생들과 협동적 상호작용을 하거나 찬성과 반대로 나누어 논쟁을 벌이면서 주제와 관련된 다양한 내용들을 여러 관점에서 검토하고 자신을 드러내면서 심적 평형 상태를 만들어 나간다. 이러한 결과로 학습 효과는 배가되고 학업 성취도 또한 높아지게 되는 것이다.

5. 토의·토론에서 교사의 역할

토의·토론 수업에서 교사는 사회자 역할을 할 수도 있겠지만, 더 큰 임무를 위해 사회자 역할을 학생에게 맡기고 교사 본연의 자세로 돌아가 수업 본연의 목적 달성을 위한 역할과 책임을 다해야 한다. 여기에서는 토의·토론 수업을 할 때 교사의 역할과 자세를 살펴보고자 한다.

첫째, 토의·토론 수업에 대한 준비가 철저하게 되어 있는지를 점검한다(주제 선정, 패널 선정, 대소집단 편성, 준비도, 역할 나누기, 주제 관련 자료의 조사와 탐구 등).

둘째, 토의·토론 수업에서 교사는 되도록 말을 아끼도록 하고, 침묵을 유지하면서 수업을 분석하고 과정 및 내용을 평가하는 일에 집중한다.

셋째, 토의·토론 수업에서 학생들의 질문에 대해서는 스스로 해결책을 찾을 수 있도록 유도하는 일에 신경을 쓴다.

넷째, 토의·토론 수업을 방해하는 요인을 적절히 차단하여 활동이 원활하게 이루어질 수 있도록 도움을 주어야 한다.

다섯째, 토의·토론 활동에 필요한 규칙이나 원칙이 잘 지켜질 수 있도록 교실 분위기를 만들어 나간다.

여섯째, 토의·토론 수업을 특정인이 이끌어 가는 일이 없도록 활동을 적절히 구조화시키도록 한다(말하는 순서 정하기, 말하기 카드 사용하기, 규칙에 따라 말하기, 역할 및 책임 부여하기 등).

일곱째, 토의·토론 수업과정이나 결과에 있어서 방향성을 잃어버리거나 잘못된 사실이 수용될 가능성이 높을 때, 토의·토론 활동의 중단이 길어질 때, 토의·토론 활동이 소극적일 때, 논리적 오류가 발생했을 때, 갈등이 깊어질 가능성이 높을 때 등에는 교사의 적극적인 개입이 필요하므로 시기를 적절히 살펴서 토의·토론 수업이 원활히 진행될 수 있도록 한다.

여덟째, 도입 단계에서 학습 목표와 관련된 동기유발을 확실하게 하여 학생들이 토의·토론 수업 활동에 적극적으로 참여할 수 있도록 한다.

6. 교수 · 학습 과정 및 적용 사례

단원명	2. 인권 존중과 정의로운 사회	차시	6~7/25
차시명	인권 보호를 실천하는 태도를 길러볼까요		
학습 주제	학원 심야 교습 제한 찬반 논쟁		
성취 기준	[6사04-02] 생활 속에서 인권 보장이 필요한 사례를 탐구하여 인권의 중요성을 인식하고, 인권 보호를 실천하는 태도를 기른다.		
학습 목표	학원 심야 교습 제한에 대한 찬반의 의견을 분석하여 자신의 의견을 제시할 수 있다.		
준비물	스마트기기, 동영상, 신문기사, 통계자료, 활동지		

단계	학습 과정	교수 · 학습 활동	시간	자료(▶) /유의점(※)
도입	동기 유발	▣ 동기 유발 ▷ 학원 심야 교습 제한에 대한 논쟁 영상 제시하기 －학원 심야 교습 제한에 대한 찬/반의 의견을 제시하는 사람들의 모습을 보며 쟁점이 있는 문제라는 것을 인식하도록 한다. ▷학원 심야 교습에 대한 경험 나누기 －영어, 수학 학원에 갔다가 오면 밤이 되기도 합니다. －형이 밤늦게까지 학원에서 공부하고 옵니다. ▷ 학원 심야 교습 제한에 대해 헌법재판소에 심판을 요청한 이유 생각해보기 －부모들이 자녀 교육을 자유롭게 할 권리가 있습니다. －학원을 자유롭게 운영하는 자유를 침해했다고 생각하기 때문입니다. ▷ 학원 심야 교습 제한에 대한 자신의 생각 말하기 －저는 학원 심야 교습 제한을 찬성합니다. 그 이유는 학원 심야 교습이 제한되면 학생들은 일찍 자고, 건강한 생활을 할 수 있을 것이라고 생각하기 때문입니다. 등 －저는 학원 심야 교습 제한을 반대합니다. 그 이유는 학원에 다니는 것은 개인이 선택하는 문제이고, 자신의 부족함을 보충하기 위해서 시간을 내 학원에서 공부하는 것인데 개인이 선택하면 되		▶ 컴퓨터 자료(학원 심야 교습 제한에 대한 영상 1′) ※ 학생들의 생활 경험과 관련된 발문을 통해 문제 상황에 친숙히 접근하도록 한다. ※ 학생이 자신의 입장을 정할 시간을 주고 찬성과 반대 팀을 나눈다. 찬성과 반대를 선택하지 않은 학생을 배심원으로 두거나 따로 배심원 역할을 둔다.

단계	학습 과정	교수 · 학습 활동	시간	자료(▶) /유의점(※)
		는 문제를 제한하는 것은 사람들의 선택을 막는 것이라고 생각합니다. 등		
	학습 문제 파악	▣ 학습 문제 확인하기 학원 심야 교습 제한에 대해 토론해봅시다.	10′	
	학습 활동 안내	**▣ 학습 활동 안내하기** **〈활동 1〉 학원 심야 교습 제한에 대한 자료 조사하기** **〈활동 2〉 학원 심야 교습 제한에 대한 토론하기**		
전개	활동 1	**▣ 〈활동 1〉 학원 심야 교습 제한에 대한 자료 조사하기** ▷ 학원 심야 교습 제한에 대한 개념 알아보기 -학원의 교습 시간을 정해 시간을 제한하는 것입니다. -오후 10시 또는 11시부터 다음 날 오전 5시까지 학원 교습을 금지하는 것입니다. ▷ 학원 심야 교습 제한의 효과에 대한 자료 조사하기 -학원 심야 교습 제한으로 인한 학교 교육의 정상화, 학생의 건강증진 효과 등에 대한 자료를 안내하고, 신문, 뉴스 등을 찾아 읽어보도록 한다. -학원 심야 교습 제한의 효과에 대한 자료를 찾을 때는 자료가 믿을만한 자료인지, 출처가 명확한지를 생각하며 자료를 찾아보도록 한다. ▷ 학원 심야 교습 제한에 찬성하는 의견을 뒷받침하는 자료의 내용 확인하기 -학생의 수면 시간이 확보되어 건강한 성장에 도움이 된다는 자료를 확인한다. -과다한 학원 수강으로 인해 발생하는 경제적 부담을 덜어줄 수 있다는 내용의 자료를 확인한다. ▷ 학원 심야 교습 제한에 반대하는 의견을 뒷받침하는 자료의 내용 확인하기 -부족한 부분을 학원에서 늦게까지 공부하는 것이 효과적이라고 생각하는 학생이 많다는 내용의 자료를 확인한다. -학원 심야 교습 제한으로 오히려 고액 개인 과외가 많아져 경제적 부담이 늘어날 수도 있다는 내용을 확인한다.	25′	※학원 심야 교습 제한의 내용을 이해하여 논쟁의 방향을 분명히 하도록 한다. ▶스마트기기, 신문 기사, 통계 자료 ※학원 심야 교습 제한과 관련된 자료를 파악할 때 자료의 신뢰도를 생각하며 비판적으로 볼 수 있도록 안내한다. ※학원 심야 교습 제한의 찬반이 엇갈린 정보를 같은 양으로 제시하여 쟁점에 대해 균형을 유지하도록 한다.

<table>
<tr><th>단계</th><th>학습 과정</th><th>교수 · 학습 활동</th><th>시간</th><th>자료(▶)
/유의점(※)</th></tr>
<tr><td></td><td>활동 2</td><td>
▣ 〈활동 2〉 학원 심야 교습 제한에 대한 토론하기
▷ 학원 심야 교습 제한에 대한 토론 활동 안내하기
– 학원 심야 교습 제한의 적절성에 대한 양측의 입장을 확인하고, 찬성과 반대에서 추구하는 가치를 생각하도록 한다.
– 정당한 근거를 들어 토론에 참여한다.
▷ 학원 심야 교습 제한에 대한 토론하기
– 학원 심야 교습은 제한되어야 합니다. 왜냐하면 학원비 등의 사교육비를 줄일 수 있고 청소년들은 건강하게 성장할 수 있기 때문입니다. 등
– 학원 심야 교습 제한을 찬성하는 쪽에서는 청소년의 인권 보장, 사교육비 절감, 학교 교육 정상화 등의 가치를 제시할 수 있다.
– 학원 심야 교습 제한은 폐지되어야 합니다. 왜냐하면 청소년들도 필요에 따라 자유롭게 학원에 다닐 수 있고, 학원 심야 교습을 제한하면 학원을 운영하는 사람들이 피해를 보기 때문입니다. 등
– 학원 심야 교습 제한을 폐지하자는 쪽에서는 개인의 자유, 개인 고액 과외 교습 증가 등의 가치를 제시할 수 있다.
▷ 학원 심야 교습 제한의 적절성을 생각하며 최적의 대안 선택하기
<table>
<tr><th>해결 방안</th><th>긍정적 결과</th><th>부정적 결과</th></tr>
<tr><td>학원 심야 교습을 제한한다.</td><td></td><td></td></tr>
<tr><td>학원 심야 교습 제한을 폐지한다.</td><td></td><td></td></tr>
<tr><td>학원 심야 교습 시간을 조절한다.</td><td></td><td></td></tr>
</table>
– 각각의 대안이 가져올 긍정적 결과와 부정적 결과를 비교하여 최적의 대안을 선택하도록 한다.
– 배심원들이 토론 과정을 채점하여 판결하도록 한다.
▷ 학원 심야 교습 제한에 대한 실제 사회의 결정 내용과 비교하기
– 학생들이 토론하여 결정된 내용과 실제 우리 사회에서 학원 심야 교습 제한에 대해 결정한 내용
</td><td>35′</td><td>
※ 학생 간 자유로운 토론을 통해 가치 갈등 문제가 해결될 수 있도록 하고 감정적으로 흥분하지 않도록 안내한다.
※ 학생의 토론 훈련 정도에 따라 디베이트 토론 과정으로 진행한다.
▶ 대안 선택 학습지 1점
※ 대안을 선택하고 정당화하는 과정에서 논리적 일관성을 유지하도록 안내한다.
▶ 판결문 학습지 1점
※ 배심원들에게 주장과 근거가 논리적인 측에 점수를 더 주도록 안내한다.
※ 실제 우리 사회에서의 판결과 달라도 학생들이 결정한 내용을 충분히
</td></tr>
</table>

단계	학습 과정	교수 · 학습 활동	시간	자료(▶) /유의점(※)
		을 비교하며 인권 보호의 측면에서 생각해보도록 한다.		존중할 수 있도록 한다.
정리	학습 정리	▣ **학습 정리** ▷ 이번 시간에 공부한 내용 정리하기 －이번 시간 공부를 통해서 새롭게 알게 된 내용을 발표한다. －이번 시간 공부를 통해서 사회 문제에 대한 토론을 통해 느낀 점을 발표하고, 인권 보호 측면에서 실천할 수 있는 점을 발표한다. ▣ **차시 예고** ▷ 차시 내용 알아보기	10′	

과정 중심 평가 계획		
성취 기준	[6사04-02] 생활 속에서 인권 보장이 필요한 사례를 탐구하여 인권의 중요성을 인식하고, 인권 보호를 실천하는 태도를 기른다.	
평가 내용	학원 심야 교습 제한에 대한 찬반의 의견을 분석하여 자신의 의견을 제시할 수 있다.	
평가 방법	결과물 평가, 관찰 평가	
채점 기준	상	학원 심야 교습 제한에 대한 찬반의 입장을 선택하여 3가지 이상의 근거를 들어 자신의 의견을 제시할 수 있다.
	중	학원 심야 교습 제한에 대한 찬반의 입장을 선택하여 1~2가지 이상의 근거를 들어 자신의 의견을 제시할 수 있다.
	하	학원 심야 교습 제한에 대한 찬반의 입장을 선택하기 어려워하고, 근거를 들어 자신의 의견을 제시하지 못한다.
채점 시 유의 사항	학원 심야 교습 제한에 대한 자료 조사를 바탕으로 찬반의 입장을 선택하고, 자신이 선택한 입장에 맞는 적절한 자료를 근거로 논리적으로 자신의 의견을 제시하는지 채점한다.	
피드백	학원 심야 교습 제한에 대한 뉴스나 신문 기사를 통해 학원 심야 교습 제한이 무엇인지 알아보고, 찬/반이 대립되고 있는 문제임을 알아볼 수 있습니다. 학원 심야 교습 제한에 대한 찬성과 반대 측의 입장에 대한 자료를 조사하여 보고 각각의 입장에서 주장하는 내용과 우선시하는 가치에 대하여 살펴봅니다. 이러한 자료 조사를 바탕으로 찬/반에 대한 자신의 입장을 정하고, 근거 자료를 바탕으로 논리적으로 자신의 의견을 제시하며 토론에 참여합니다. 토론 후에는 학원 심야 교습 제한의 적절성을 인권 보호 측면에서 생각하며 최적의 대안을 선택해보고 실제 사회에서의 학원 심야 교습 제한에 대한 결정 사항과 비교합니다.	

참고문헌

정문성(2022). 「토의 토론 수업방법 99」. 교육과학사.

정병기 외(1998). 「사회과교육론」. 교육출판사.

최용규 외(2014). 「사회과 교육과정에서 수업까지 2차 수정판」. 교육과학사.

한춘희(2022). 「초등학교 사회과 6학년 교사용지도서」. 아이스크림미디어.

3절 역할극과 모의학습

1. 역할극 교수·학습 과정 및 적용 사례

1) 역할극의 의미와 특징

역할극 또는 역할놀이(role play)는 학습자가 특정 상황 속 인물의 역할을 맡아보면서 상황의 맥락과 등장인물의 내면을 이해하고 다양한 관점을 경험할 수 있도록 하는 교수-학습 방법이다. 교실이라는 안전한 환경에서 다양한 상황과 여건에 처한 인물들을 연기해 보는 과정에서 학습자들은 여러 사회적 상황과 가치를 탐색하고 공감 능력을 키우며 자기중심적 사고에서 벗어날 수 있다(Shaftel & Shaftel, 1982).

사회과에서 역할극은 사회과학적 지식뿐만 아니라 다양한 사회 문제를 학습하는 데 효과적으로 활용될 수 있다. 역할극 활동은 학생들의 비판적 사고력, 의사소통 및 참여능력, 사회적 쟁점 참여, 사회적 자아의 성장, 타인과 타자성 이해, 사회적 연대, 교육과정과 학습 경험에 대한 내적 통찰력, 지속적인 학습 자원으로서 역할극의 활용 등을 함양하도록 돕는다(Cherif & Somervill, 1995).

역할극은 실제 사건이나 쟁점을 반영하여 구성된 상황과 등장인물을 통해 학생들이 개인적인 경험과 관점에서 벗어나 추상적이고 복잡한 문제까지 이해할 수 있게 한다. 또한 역할극은 신념, 가치와 태도, 도덕적 판단과 관련된 윤리적 문제를 고민하도록 촉진한다(Beal & Bolick, 2013). 유럽의회(2015)는 가치 갈등을 내포하는 논쟁문제는 종종 사안이 복잡하고 학생들이 감정적으로 반응할 가능성이 높기 때문에 교사들이 수업에서 다루기 어려울 수 있다고 지적하면서도, 학교에서 이러한 문제들을 적극적으로 다루어야 한다고 강조한다. 유럽의회는 논쟁 문제를 다루는 효과적인 교수-학습 방법으로 역할극과 시뮬레이션을 제시한다(Council of Europe, 2015).

2) 역할극의 교수 · 학습 단계

역할극의 교수-학습은 일반적으로 다음과 같은 단계를 거친다: 개시와 안내, 시나리오 구상, 역할 배정, 역할극 실연, 보고(Beal & Bolick, 2013). 각 단계별 활동과 유의점은 다음과 같다.

1단계: 교수 · 학습 개시와 안내

역할극에서 다루는 문제 상황이 무엇인지 구체적으로 설명한다. 역할극에 익숙하지 않은 학생들에게는 덜 논쟁적이고 덜 민감한 주제를 선택하는 것이 좋다.

2단계: 시나리오 구상하기

교수-학습에서 다루는 문제는 사회적 이슈와 명확한 연관성을 가져야 한다. 문제 상황을 구두로 설명하거나 그림으로 표현해 본다. 학생들의 연령이나 상황을 고려하여 적절한 문제 상황을 선정한다.

3단계: 역할 배정하기

교사는 역할 배정에 특히 유의해야 한다. 지나치게 고정된 배역을 맡기거나 주저하는 학생에게 억지로 역할을 맡기지 않도록 주의한다. 미숙한 학생들은 극 중 인물의 입장과 실제 자신의 입장을 혼동할 수 있다.

역할 배정을 위해 자원을 받거나 제비뽑기를 통해 배정하는 방법은 역할이 전형적으로 배분되는 문제를 해결할 수 있다. 그러나 이 경우 해당 역할을 가장 효과적으로 수행할 수 있는 최적의 학생에게 역할이 배정되지 않는 단점이 있다.

관객 역할을 맡은 학생들에게도 구체적인 과제를 부여한다. 예를 들어, 새롭게 배운 것, 좋았던 점, 궁금한 점을 기록하게 하거나, 상황 속 인물이 다르게 행동할 수 있는 대안을 제안하게 한다.

4단계: 역할극 실연

학생들은 웃기거나 긴장된 장면에서 집중을 잃고 연기를 멈추기 쉽다. 역할극 중에는 반드시 배역의 이름을 사용하도록 하고, 상황 속 배역의 역할을 수행하는 데 집중하도록 지도한다.

5단계: 보고(debriefing)[1)]

디브리핑은 역할극의 가장 핵심적인 단계이다. 극이 끝난 직후에 실시하며 충분한 시간을 할애한다. 극 중 인물을 연기했던 학생들은 자신이 느낀 점을 말하고 청중들로부터 질문을 받는다. 극 중 인물이 다른 방식으로 행동할 수는 없었는지 대안적인 행동을 탐색해 보기도 하고, 필요하다면 다시 연기를 해본다. 극 속 상황이 실제 상황과 어떻게 연결되는지 찾아보고, 극과 현실을 비교해 본다.

3) 유의점

역할극은 학생들이 평소 가지고 있는 관점과 경험의 한계에서 벗어나 다양한 사람의 상황과 입장을 경험해 볼 수 있다는 점에서 강점을 지닌다. 학생들이 극 속 인물과 실제 학생을 서로 혼동하지 않도록 하면서 극 속 인물의 경험과 자신의 경험을 비교해 볼 수 있도록 한다.

역할극은 학습자의 흥미를 촉진하고 적극적인 참여를 유도할 수 있다는 강점을 갖는다. 그러나 흥미 위주로 치우쳐 일회성의 이벤트로 끝날 위험이 있다. 이러한 문제점을 피하려면 '보고하기(debriefing)' 단계를 충실하게 진행해야 한다. 역할에 대한 의견을 나누고, 극 속 인물과 자신의 경험을 비교해 보며, 다른 대안적 행동 혹은 결말에 대해 충분히 논의하는 시간을 가져야 한다.

또한 사전 준비를 철저히 하고 주제 선정, 시나리오 구상, 역할 배정 단계에서부

1) 디브리핑은 학습자들이 교육 기간 중 경험한 바를 교육자 및 다른 학습자들과 나누고 정리하는 활동을 말한다. 역할극 학습에서 디브리핑 단계를 '평가하기'로 표현하기도 하나, 이는 극 자체를 관객 역할의 학습자나 교사가 평가한다는 의미로 오해될 수 있다.

터 학생들의 참여를 적극 도모하여 역할극의 교육적 취지를 충분히 인지할 수 있도록 한다.

4) 교수 · 학습 사례

<table>
<tr><th>대상</th><td colspan="2">고등학교 1학년</td><th>일시</th><td>2024. 10. 8. 1차시(50분)</td></tr>
<tr><th>단원</th><td colspan="4">통합사회 VII-3. 문화 상대주의와 보편 윤리</td></tr>
<tr><th>관련 성취 기준</th><td colspan="4">[10통사07-03] 문화적 차이에 대한 상대주의적 태도의 필요성을 이해하고, 보편 윤리의 차원에서 자문화와 타문화를 성찰한다.</td></tr>
<tr><th>학습 목표</th><td colspan="4">• 문화적 차이에 대한 상대주의적 태도의 필요성을 이해한다.
• 보편 윤리의 차원에서 자문화와 타문화를 성찰할 수 있다.</td></tr>
<tr><th colspan="2">학습 단계</th><th colspan="3">교수 · 학습 내용</th></tr>
<tr><td rowspan="4">도입</td><td>수업 준비 및 안내</td><td colspan="3">• 교사는 인사하며 학습 분위기를 조성한다.
• 역할극 주제 및 진행 단계를 확인한다.
– 역할극 제목: 글로벌 맛집-세계 음식 문화-</td></tr>
<tr><td>전시 학습 상기</td><td colspan="3">• 시나리오와 역할 배정을 확인한다.
– 인도인 힌두교도 A, 파키스탄인 이슬람교도 B, 한국인 C, 미국인 D</td></tr>
<tr><td>동기 유발</td><td colspan="3">• 역할극 실연 동영상 시청하기
– 학생들은 역할극 실연과 관련된 동영상을 시청하며 역할극 실연 시 유의 사항을 확인한다.</td></tr>
<tr><td>본시 학습 목표 제시</td><td colspan="3">• 학습 목표 제시하기
– 세계의 다양한 음식문화를 이해함으로써 문화적 차이에 대한 상대주의적 태도의 필요성을 인식한다.</td></tr>
<tr><td>전개</td><td>역할극 실연</td><td colspan="3">• 실연 준비하기
– 교사는 실연하는 학생이 사전에 제출한 무대 배경을 화면에 제시한다.
– 교사는 관람하는 학생들에게 학습지를 배부하고, 미리 읽어 보게 한다.

• 실연하기
– 실연하는 학생은 각국의 독특한 음식 문화에 대한 역할극을 실연한다.
– 관람하는 학생들은 학습지를 작성하며 역할극을 관람한다.
– 실연이 끝난 후에 관람한 학생들은 학습지에 성찰지(차이점, 논쟁점, 문제 해결 방안 등)를 간략하게 작성한다.</td></tr>
</table>

학습 단계		교수 · 학습 내용
	보고 및 평가	• 보고 및 평가하기 – 모든 실연이 끝난 후 교사는 관람 학생들이 작성한 내용을 검토하고 각 음식문화의 특징, 차이점, 문제 해결 방안을 정리한다. – 학생들은 각 문화권의 특징을 고려하여 음식문화의 갈등에 대한 다양한 해결 방안을 제시한다.
정리	내용 정리	• 학습 내용 정리하기 – 교사는 학생들이 역할극 단계별로 어떤 학습 목표를 달성하였는지 설명한다.
	형성 평가	• 자기평가 – 학생들은 자기평가 활동지에 자신이 맡은 역할, 역할극을 준비하면서 또는 실연하면서 느낀 점 등을 작성한다. – 교사는 3분 정도의 시간을 부여하며, 작성이 완성되지 않은 학생들은 다음 시간까지 작성해 제출하도록 안내한다.
	차시 예고	• 차시 예고하기

2. 모의학습 과정 및 적용 사례

1) 모의학습의 의미와 특징

모의학습은 제2차 세계대전 당시 미국이 비행기 조종사나 군 지휘관을 효율적으로 양성하고 전투의 효율성을 높이기 위해 개발한 시뮬레이션으로 등장했다. 1950년대 후반부터 모의학습이 교육에 응용되면서 경제적 의사결정, 정치적 행동 등의 다양한 영역의 학습을 위한 중요한 수업 전략으로 활용되기 시작했다.

모의학습은 역할극과 마찬가지로 학습자가 다른 사람의 역할을 맡아 수행해 본다는 공통점을 가진다. 그러나 모의학습은 실제 상황을 재현하여 구성된 환경에서 문제 해결을 시도하는 '게임(game)' 형태로 이루어진다. 그래서 게임수업 또는 시뮬레이션 게임수업이라고도 불린다. 역할극은 대본에 따라 결말이 정해져 있지만, 모의학습은 대본 없이 주어진 규칙에 따라 참여자의 선택에 따라 게임의 결과가 달라지고 책임을 지게 된다. 게임이라고 해서 반드시 승부를 가리는 것은 아니다. 참여자들이 서로 경쟁할 수도 있지만, 승패를 따지지 않고 시뮬레이션을 통해 구현된 사회 현상을 경험하는 것 자체에 중점을 둘 수도 있다.

모의학습 또는 시뮬레이션(simulation)이란 ① 대상 현상의 핵심적인 구성 요소와 그 기능, 그리고 기능 간의 관계를 추출한 다음, ② 그것을 모델화하고, ③ 그 모델을 다양한 방식으로 조작하여 보는 과정을 통해, ④ 대상 현실을 재현함으로써 그것을 이해하고 예측하는 데 도움을 주는 방법이다(노부카츠, 1989; 서재천, 1998: 195에서 재인용). 따라서 사회과교육에서 시뮬레이션을 활용한 모의학습은 사회 현상이나 인간 행동의 양상을 단순화한 모델을 다양하게 조작해 봄으로써 해당 현상과 행동에 대한 학습을 돕는 효과적인 교수-학습 방법이라 할 수 있다.

모의학습의 가장 큰 장점은 학생들이 적극적으로 참여하고 즐거움을 느끼며 학습할 수 있다는 데 있다. 또한, 안전하고 저렴한 비용으로 다양한 사회 현상을 실험해 볼 수 있다는 점도 큰 강점이다. 역할극과 마찬가지로, 시뮬레이션을 통해 다른 사람의 역할을 수행하면서 다양한 관점과 입장을 이해할 수 있다는 점도 중요한 장점이다.

2) 모의학습의 교수 · 학습 단계

교사가 직접 시뮬레이션을 개발할 때는 대개 ① 모의학습에서 다루는 문제나 쟁점을 구체화하기, ② 모의학습의 목표를 간단하고 명료하게 정의하기, ③ 상황 속 참여 인물들 정하기, ④ 참여 인물들의 역할과 그들이 달성해야 하는 목표 구체화하기, ⑤ 참여 인물들에게 제공되는 자원 및 제약, 규칙을 정하기, ⑥ 의사결정 메커니즘과 모의 상황이 운영되는 규칙 정하기, ⑦ 시험 버전 개발과 시험 운영하기, ⑧ 수정 보완하기의 단계를 거쳐 진행된다(Beal & Bolick, 2013).

빌과 볼릭(Beal & Bolick, 2013)은 모의학습 교수-학습 단계를 역할극과 마찬가지로 교수-학습 개시와 안내, 시나리오 구상하기, 역할 배분하기, 보고하기의 순서로 제시하였다. 이 단계가 해당 차시 안에서 모의학습이 전개되는 절차를 보여준다면, 다른 한편 전체 학기 운영과 교육과정의 틀 안에서 모의학습을 계획하는 절차는 다음과 같이 제시할 수 있다(정문성 외, 2008: 171-172).

① 학습 주제의 결정

학기 초부터 사전에 계획한다.

② 목표의 설정

교육과정의 목적과 목표를 고려하는 한편 행동 목표를 구체화한다.

③ 적용 단계의 결정

단원의 도입 단계, 전개 단계, 종합 및 정리 단계 중 모의학습을 시행할 단계를 결정한다.

④ 활동 준비

시나리오를 작성하고, 역할과 활동 순서를 정한다. 필요한 도구와 자료, 장소를 정하고, 학생들이 자기 역할을 확인하고 미리 연습해 보도록 한다.

⑤ 활동의 전개

본격적인 활동 전개에 앞서 시뮬레이션의 목적, 규칙, 역할, 시간제한 등을 주의 깊게 설명한다.

⑥ 정리 및 반성

모의학습 경험에 대해 충분히 정리하고 반성하는 시간을 갖는다.

3) 유의점

모의학습의 경우 실제 현실에 비해 상황이 단순화되어 재현되기 때문에 사회 현상이나 인간 행동에 대한 왜곡된 이해를 초래할 수 있다. 모의학습에서는 현상이나 인간 행동에 영향을 미치는 변수들이 제한되어 있으며, 참여자가 따라야 하는 규칙이나 선택지 역시 명료하고 한정적이다. 이는 복잡한 상황을 이해하는 데 도움을 줄 수도 있지만, 자칫 학습자가 현실을 종합적으로 이해하는 것을 방해할 수도 있다.

모의학습은 교사가 직접 개발하거나 기존에 유통되거나 공유되는 프로그램들 중에서 선택하여 활용할 수도 있다. 기존 프로그램을 선택하여 사용할 때는 수업 목표에 부합하는지를 고려해야 하며, 프로그램의 상업성이나 폭력성에 유의해야 한다. 또한 상황 속 인물의 묘사가 고정 관념에 빠져있거나 편견을 유발하지는 않는지 검토해야 한다.

모의학습의 장점 중 하나는 학습자들이 재미있게 참여할 수 있다는 점이다. 하지만 학습자들이 단순히 흥미로운 놀이로만 받아들이고 재미에 치우친 나머지 학습 목표에서 이탈하지 않도록 주의해야 한다. 이러한 문제를 해결하기 위해서는 사전 준비와 보고 단계(debriefing)를 충분히 활용해야 한다.

4) 교수 · 학습 사례

<table>
<tr><td>대상</td><td colspan="2">중학교 3학년</td><td>일시</td><td>2024.10.11. 1차시(45분)</td></tr>
<tr><td>단원</td><td colspan="4">중학교 사회 X-2. 선거의 의미와 제도</td></tr>
<tr><td>관련 성취 기준</td><td colspan="4">[9사(일사)04-02] 선거의 기능과 기본 원칙을 이해하고, 공정한 선거를 위한 제도 및 기관에 대해 조사한다.</td></tr>
<tr><td>학습 목표</td><td colspan="4">• 선거에 대한 이해를 바탕으로 정치과정에 적극적으로 참여하는 자세를 기른다.</td></tr>
<tr><td colspan="2">학습 단계</td><td colspan="3">교수 · 학습 내용</td></tr>
<tr><td>도입</td><td>수업 준비 및 안내</td><td colspan="3">• 교사는 인사하며 학습 분위기를 조성한다.
• 모의수업 주제 및 진행 단계를 확인한다.
－1차시 모둠별 선거 공약 작성, 2차시 대통령 선거 유세, 3차시 모의 선거 실시</td></tr>
</table>

학습 단계		교수 · 학습 내용
	전시 학습 상기	• 모둠별로 작성한 대통령 후보자의 선거 공약을 확인한다. • 공정한 선거를 위한 선거관리위원회의 역할 및 모둠별 선거 유세를 확인한다.
	동기 유발	• 모의수업 관련 동영상 시청하기 –'한 표의 차이가 바꾼 역사', '세계의 다양한 선거 모습'에 대한 동영상을 시청한다.
	본시 학습 목표 제시	• 학습 목표 제시하기 –3차시 수업 목표: 모의 대통령 선거에 투표하는 과정을 통해서 올바른 선거 참여 자세를 함양한다.
전개	모의 선거 실시	• 모의 선거 준비하기 –교사는 투표소 설치, 투표용지 준비, 투표함 설치 등을 점검한다. –모둠별 대표로 구성된 선거관리위원회 활동을 점검한다. • 모의 선거 실시 –투표소 방문, 신분증 제시, 선거인 명부 서명 후 투표용지를 수령한다. –기표소에 비치된 기표 용구로 기표한다. –내용이 보이지 않게 접어 투표함에 넣는다.
	보고 및 평가	• 보고 및 평가하기 –모의 선거가 끝난 후에 학생들은 차시별 학습 내용에 대한 성찰지를 작성한다. –모의 선거가 끝난 후 교사는 성찰지를 검토하여 차시별 활동 내용(공약 작성, 유세 활동, 투표 참여)을 정리하고 검토한다. –교사는 총 3차시의 수업 과정에 대한 피드백을 제공한다.
정리	내용 정리	• 학습 내용 정리하기 –교사는 학생들이 모의 선거 단계별로 어떤 학습 목표를 달성하였는지 설명한다.
	형성 평가	• 자기평가 –학생들은 자기평가 활동지에 모의 선거 과정에 적극적으로 참여했는지, 투표 절차에 따라 진지한 태도로 선거에 임했는지 등을 작성한다. –모둠별 후보자 공약을 평가하여 적절한 후보자를 선택했는지에 대해 성찰지를 작성한다.
	차시 예고	• 차시 예고하기

자료: 서울특별시교육청교육연구정보원(2017), pp. 120-135 내용을 재구성.

참고문헌

서울특별시교육청교육연구정보원(2017). 수업-평가-기록 이렇게 바꿔볼까요-중학교 사회-.
서재천(1998). 사회과 시뮬레이션 학습에 관한 일 고찰. 「사회과교육」, 31, 193-211.
정문성 외(2008). 「사회과 교수 · 학습법」. 교육과학사.

Beal, C. & Bolick, C. M. (2013). *Teaching social studies in middle and secondary schools.* Pearson.

Cherif, A. H. & Somervill, C. H. (1995). Maximizing learning: using role playing in the classroom. *The American Biology Teacher,* 57(1), 28-33.

Council of Europe(2015). Teaching Controversial Issues. (https://edoc.coe.int/en/human-rights-democratic-citizenship-and-interculturalism/7738-teaching-controversial-issues.html)

Shaftel, F. R. & Shaftel, G. A. (1982). *Role playing in the curriculum*(2nd ed.). Prentice Hall.

4절 인물학습

1. 의미

인물 중심의 역사학습은 흔히 '인물학습'과 '인물사학습' 두 가지 용어로 표현한다. 엄밀하게 살피자면 인물학습은 인물에 초점을 둔 학습이고, 인물사학습은 인물의 역사에 초점을 둔 학습이다. 용어의 의미는 다소 차이가 있지만 모두 역사적 인물을 탐구의 중심에 두고 있다는 공통점이 있다. 인물학습은 역사적 인물의 생애나 인간상, 의지, 고뇌, 업적, 생몰년, 인물이 지닌 도덕적·윤리적 가치관이나 인생관 등을 파악하는 순수한 인간 탐구에 그 목적을 두고 있다(홍진희, 2013). 이러한 인물학습은 역사분야에 국한되지 않고, 학문적 경계를 넘어 통합적인 접근을 모색한다. 따라서 단순한 역사 이해를 목적으로 하기보다는 인물을 통한 인문·윤리교육의 측면까지 다루기도 한다. 이러한 인물학습은 전기문이나 자서전을 통한 인물 이해에 가깝다. 특히 인물에 매료되고, 인물의 성품에서부터 인물의 외향적 특징, 습관, 행동 방식까지 본받으려고 하는 경향이 강한 청소년기에 인물학습은 인문 교육, 윤리 교육의 좋은 방법이다. 반면 인물사학습은 선정된 인물의 업적이나 생활을 논하여 도덕적·윤리적 인물평가를 하자는 것이 아니라 그 인물을 통해 역사발전의 모습을 이해하는 데 목적이 있다. 따라서 윤리교육, 인문교육과 다르게 역사 이해를 목적으로 한다면 종래 인물학습과는 다르게 인물을 통한 역사 이해의 측면에서 수업을 구성할 필요가 있다(최상훈, 2007). 인물학습과 인물사학습은 구분될 수 있으나 최근의 연구 경향은 통합교과 측면을 바탕으로 두 개념을 모두 수용하고 있다(홍진희, 2013). 인물학습은 역사상의 중요한 인물을 중심으로 역사를 가르치고자 하는 교수·학습 방법으로 인물의 생애와 가치관, 업적 등과 더불어 그 인물이 처한 사회 및 시대적 배경을 균형 있게 다루는 것이 중요하다. 인물학습은 학생들로 하여금 보다 친밀감 있게 역사에 접근할 수 있는 계기를 마련하며,

역사에 대한 관심과 판단력을 길러서 역사 내면의 이해를 가능하게 하며, 편협한 인간관을 시정하고 보다 넓은 시야에서 인간을 보는 안목을 길러 준다. 한 인물을 그들이 살던 시대적 배경 및 역사발전과 관련시켜 이해함으로써 그 인물과 당시의 정치권력과의 관계, 문화발달 등과 관련시켜 그 인물의 본질을 이해하게 하는 한편, 그 인물이 속한 당시의 정치적, 사회적, 경제적 및 문화적 상황을 살펴보아야 한다. 인물학습의 다양한 형태로는 토론식 수업, 역할극, 글쓰기 수업이 있다.

2. 목적 및 인물 선정의 기준

인물학습은 인물을 역사탐구의 중심에 두는 교수·학습 방법으로서 가장 널리 쓰이는 수업방법 중 하나이다.

첫째, 인물학습의 목적은 역사학습에 대한 학생들의 동기와 흥미를 유발하는 것이다. 모든 학습에서 가장 우선적으로 고려해야 할 점이 바로 학생들의 학습 동기를 유발하여 학습에 적극적으로 참여하게 하는 것인데, 역사학습의 흥미와 동기를 부여할 수 있는 가장 효과적인 방법 중의 하나가 바로 인물학습이다. 역사에 대한 관심은 평소에 호기심을 가졌던 인물이나 존경하는 인물에 대한 궁금증에서 출발하기 때문이다. 어느 누구에게나 마음속에 존경하는 인물 하나쯤은 있기 마련이고 과거에 존재했던 사람들의 삶에 대해 궁금증을 갖는 것은 당연한 일이다.

둘째, 역사적 인물을 보는 안목을 기르는 것이다. 인물학습을 통해 바람직한 가치관과 인간상을 형성할 수 있고, 과거 인물에 대한 간접체험을 통하여 역사적 인물을 보는 눈을 넓힐 수 있다. 중요한 것은 인물학습을 통해 특정 인물의 업적이나 생활을 논하거나 도덕적인 인물 평가를 하려는 것이 아니라, 역사상에서 인류의 역사와 문화 발전에 공헌한 인물을 개성적으로 연구 파악시켜 현실에서 역사와 문화 발전에 이바지할 인간을 키우자는 데 목적이 있다.

셋째, 역사적으로 사고할 수 있는 힘을 기르기 위함이다. 다양한 측면에서 역사

속 인물에 대해 학습하는 과정에서 자연스럽게 탐구능력이 배양되고, 역사적 사고력을 신장시키는 활동은 더 나아가 학생들이 창의적인 사고를 발휘할 수 있는 토대가 되기도 한다. 인물이 살던 당시의 역사적 사실을 파악하여 역사와 인간의 구조적인 관계 또한 학습할 수 있고, 과거의 인간 활동을 이해하는 학습을 통해 역사적 사고력 및 역사의식의 신장과 더불어 인간중심의 역사구조를 학습할 수 있게 한다. 인물학습은 인물의 사고와 행동이 추출된 시대 배경에 대한 이해를 돕고, 인물 행위의 의도·전개 과정·결과 등을 분석하는 탐구능력을 배양하며, 역사 속에서 인간의 역할에 대한 올바른 태도와 가치관을 함양시킬 수 있다.

인물학습에서 인물 선정의 기준(교육부, 2016)은

- 정치적 영도자로 국가의 발전을 이룩한 인물
- 국가의 위기를 맞아 국난을 극복하는 데 공을 세운 인물
- 문화 활동으로 민족의 슬기를 펴낸 인물
- 학문 활동을 통해 학문 발달에 이바지한 인물
- 과학 기술로 민족의 생활을 증진한 인물

인물을 선정할 때는 군주, 정치가, 장군 등의 인물들만 선정할 것이 아니라, 경제, 사회, 학문, 예술 등의 분야에서 역사적 인물들 그리고 여성도 선정해야 한다. 아울러 현존하는 인물 중에서 그 대상을 엄격히 선정하여 인물학습을 실시하면 학생들에게 보다 친밀감 있고 생동감 있는 수업을 진행할 수도 있을 것이다.

3. 인물학습 시 유의할 점

첫째, 몇몇 인물을 지나치게 강조함으로써 편협한 견해에 빠지지 않도록 한다.

둘째, 인물에 대해 단순한 나열이나 업적 제시로 그치지 말고 그 인물을 통해 시대적, 사회적인 상황을 알도록 하며, 현재의 국가 사회적 당면 과제의 해결에 보다 중점을 두는 방향으로 지도한다.

셋째, 지나친 민족적 감정에 기울지 않게 함으로써 학생들로 하여금 역사적 사고

력과 비판력 및 자료 처리 능력을 길러서 객관적이고 공정한 인물의 파악과 역사의 이해가 가능하도록 지도해야 한다.

4. 인물학습의 수업모형

인물학습의 수업 모형을 네 단계로 제시하고 있다(정병기 외, 1998).

첫째, 도입 단계로 교사는 교과서 내용과 관련된 인물을 선정하고, 인물의 전기, 초상화, 보도 기사나 학생들의 기존 지식을 활용하여 인물학습으로 유도한다. 그리고 교사와 학생은 공동으로 협의하여 그 인물에 대한 탐구문제를 결정한다.

둘째, 전개 단계로 선정된 인물에 대하여 조사할 문제, 즉 그 인물의 생애와 인간상, 업적, 시대적 배경, 역사적 상황 등을 개인별 또는 모둠별로 분담하여 자료를 수집하고 조사한다. 자료의 수집과 조사는 도서관, 박물관, 서점, 가정 등에 비치된 그 인물의 전기, 보도 기사, 인물 사전, 사진, 초상화 등을 근거로 하고 또한 이러한 자료를 학생으로 하여금 검토·비판하게 하여 신빙성 있는 자료를 선택하도록 한다.

셋째, 정리 단계로 선택, 비판, 수용의 단계를 거쳐 자료는 모둠별로 토의활동을 한 후에 보고서에 요약·정리한다. 또한 모둠별로 요약 정리된 내용은 전체 학생들이 참석한 가운데서 발표, 토의, 질의 응답 등의 활동을 통해 문제점을 명료화한다. 이때에 교사는 보충적인 지도를 함으로써 문제해결에 접근하도록 한다.

넷째, 평가 단계로 위와 같은 학습활동을 통하여 선정한 인물의 시대적 배경과 더불어 그 업적이나 역사적 의의를 바르게 인식하였는가를 알아보고, 또한 학생들의 정의적인 가치·태도 및 자료의 분석과 비판능력 등에 대하여 평가한다. 평가하는 방법은 감상문, 독후감, 보고서 작성 등으로 해보는 것이 바람직하다.

5. 인물학습 교수·학습 과정 및 적용 사례

단원명	2. 우리 지역의 문화유산	차시	9~10/16
차시명	우리 지역의 역사적 인물에 대해 알아볼까요		
학습 주제	우리 지역의 역사적 인물 알아보기		
성취 기준	[4사06-02] 지역의 박물관, 기념관, 유적지 등을 체험하고 지역의 역사를 조사한다.		
학습 목표	우리 지역의 역사적 인물에 대해 알 수 있다.		
준비물	사진, 동영상, 활동지		

단계	학습 과정	교수·학습 활동	시간	자료(▶) /유의점(※)
도입	동기 유발	▣ **동기 유발** ▷ 우리나라의 역사적 인물 떠올려보기 －우리나라의 대표적인 역사적 인물을 살펴보며 학습 내용에 대한 호기심을 불러일으킨다. ▷ 역사적 인물에 대해 들어본 경험 나누기 －강감찬 장군 위인전을 읽어본 적이 있습니다. －독립운동가 안중근에 대한 영화를 본 적이 있습니다. －5,000원 지폐에서 율곡 이이를 본 적이 있습니다. ▷ 역사적 인물의 공통점 생각해보기 －위인전에서 볼 수 있는 사람들입니다. －훌륭한 일을 많이 하신 분들입니다. ▷ 우리 지역의 역사적 인물을 생각해보기 －우리 지역에는 어떠한 역사적 인물이 있는지 다양한 경험을 떠올려 이야기해 본다.	10′	▶ 우리나라의 역사적 인물 사진이나 그림 자료 ※ 우리 지역의 박물관, 기념관, 유적지와 관련된 역사적 인물에 대해 사전에 조사한 자료를 바탕으로 수업을 진행할 수도 있다.
	학습 문제 파악	▣ **학습 문제 확인하기** 우리 지역의 역사적 인물에 대해 알아봅시다.		
	학습 활동 안내	▣ **학습 활동 안내하기** 〈활동 1〉 우리 지역의 역사적 인물 조사하기 〈활동 2〉 역사적 인물의 삶 내면화하기		
전개	활동 1	▣ **〈활동 1〉 우리 지역의 역사적 인물 조사하기** ▷ 어떤 인물을 역사적 인물이라고 할 수 있을지 이야	55′	※ 여러 위인의 사례를 살펴보며

단계	학습 과정	교수 · 학습 활동	시간	자료(▶) /유의점(※)
		기해 보기 -힘들고 어려운 사람들을 도와준 사람입니다. -나라를 위해 목숨을 바친 분입니다. -위대한 발명품을 만드신 분입니다. ▷ 내가 생각하는 우리 지역의 역사적 인물 떠올려보기 -우리나라 말인 한글을 만드신 세종대왕이 있습니다. -임진왜란 때 목숨을 바쳐 일본을 물리친 이순신 장군이 있습니다. -우리나라의 독립을 위해 노력하신 유관순이 있습니다. ▷ 역사적 인물의 삶이 드러난 영상 살펴보기 -세종대왕, 이순신, 유관순의 삶을 살펴보며 역사적 인물의 뛰어난 삶의 모습과 본받을 점을 생각해본다. ▷ 세종대왕에게 본받을 점 이야기해 보기 -우리나라 고유의 글인 한글을 만든 것입니다. -백성들의 생활을 풍요롭게 만들기 위해 끊임없이 노력한 점입니다. ▷ 이순신에게 본받을 점 이야기해 보기 -다른 사람의 모함으로 백의종군해서도 포기하지 않은 점입니다. -임진왜란 때 목숨을 바쳐 끝까지 싸운 점입니다. ▷ 유관순에게 본받을 점 이야기해 보기 -어린 여학생인데도 3·1독립 만세 운동에 앞장선 점입니다. -일제에 고문을 받으면서도 우리나라의 독립을 위해 끝까지 싸운 점입니다. ▷ 우리 지역의 역사적 인물의 삶에 대해 조사하기 -우리 지역의 역사적 인물과 관계된 박물관, 기념관, 유적지를 누리집에 접속하거나 직접 답사하며 우리 지역의 역사적 인물의 삶을 알아보고, 우리 지역과 우리 지역 사람들에게 어떠한 영향을 주었는지 살펴본다. ▷ 우리 지역의 역사적 인물 조사 보고서 작성하기 -우리 지역의 역사적 인물과 관계된 박물관, 기념		역사적 인물의 개념을 짐작해 보도록 한다. ※ 역사적 인물의 개념을 설명한다. ▶ 세종대왕, 이순신, 유관순 영상 자료 ※ 우리 지역의 역사적 인물의 삶을 살펴보며 바람직한 시민성의 모범 사례를 이해한다. ▶ 역사적 인물 사진, 스마트 기기, 사인펜, 보고서 서식 ※ 스마트 기기를 활용하여 우리 지역의 역사적 인물에 관한 자료를 수집하고 해석하면서 정보 활용 능력을 신장할 수 있도록 한다.

단계	학습 과정	교수 · 학습 활동	시간	자료(▶) /유의점(※)
		관, 유적지를 답사하며 알게 된 내용을 친구들과 함께 보고서로 작성한다.		
	활동 2	▣ 〈활동 2〉 **역사적 인물의 삶 내면화하기** ▷ 역사적 인물의 삶과 나의 삶을 비교했을 때 반성해야 할 점 생각해 보기 -주위의 어려운 사람을 생각하지 못한 점입니다. -동생이나 친구와 사소한 일로 많이 다툰 점입니다. ▷ 역사적 인물의 삶을 본받아 우리가 지녀야 할 점 알아보기 -다른 사람을 위해 봉사하고 어려운 사람을 도와준다. -우리 지역의 발전을 위해 열심히 일하고 뛰어난 발명품을 만들기 위해 노력한다. -우리 지역이 어려움에 처했을 때 솔선수범하여 앞장서서 돕는다. ▷ 역사적 인물의 삶을 본받아 우리가 지녀야 할 점 읽어보기 -우리 지역의 역사적 인물을 본받아 우리가 지녀야 할 점을 읽어본다.	10′	※ 역사적 인물의 삶과 나의 생활을 비교해보며 바람직한 삶을 생각해 본다. ▶ 교과서 사진 자료 ※ 사회에 이바지한 역사적 인물의 삶을 닮도록 다짐하며 바람직한 삶의 가치를 내면화하도록 한다.
정리	학습 정리	▣ **학습 정리** ▷ 이번 시간에 공부한 내용 정리하기 -이번 시간 공부를 통해서 새롭게 알게 된 내용을 발표한다. -이번 시간 공부를 통해서 느낀 점을 발표하고, 역사적 인물에 관해 알게 된 내용을 정리한다. ▣ **차시 예고** ▷ 차시 내용 알아보기	5′	

과정 중심 평가 계획		
성취 기준	[4사06-02] 지역의 박물관, 기념관, 유적지 등을 체험하고 지역의 역사를 조사한다.	
평가 내용	우리 지역의 역사적 인물 알아보기	
평가 방법	결과물 평가, 관찰 평가	
채점 기준	상	우리 지역의 역사적 인물을 여러 가지 방법으로 조사하고, 보고서에 포함

과정 중심 평가 계획		
		되어야 할 내용을 정확히 인지하여 우리 지역의 역사적 인물에 관한 보고서를 작성할 수 있다.
	중	우리 지역의 역사적 인물을 조사하고, 보고서에 포함되어야 할 내용을 파악하여 우리 지역의 역사적 인물에 관한 보고서를 작성할 수 있다.
	하	우리 지역의 역사적 인물을 조사하고, 보고서에 포함되어야 할 기본적인 내용을 바탕으로 우리 지역의 역사적 인물에 관한 보고서를 작성할 수 있다.
채점 시 유의 사항	우리 지역의 역사적 인물을 조사하는 방법(누리집, 답사 등)을 파악해 조사하고, 알게 된 내용을 정리하여 보고서로 작성할 수 있는지를 채점한다.	
피드백	우리 지역의 역사적 인물은 역사적 인물과 관계된 박물관, 기념관, 유적지를 누리집으로 찾아보거나 답사하는 방법을 병행하여 조사할 수 있습니다. 우리 지역의 역사적 인물을 조사하며 알게 된 내용을 조사 목적, 조사 주제, 조사 장소, 조사 방법, 조사 내용, 새롭게 알게 된 점, 느낀 점 등을 포함해 사진, 그림 등도 함께 제시하며 보고서로 작성해봅시다. 우리 지역의 역사적 인물이 우리 지역과 우리 지역 사람들에게 어떠한 영향을 주었는지 친구들과 함께 생각해봅시다.	

참고문헌

교육부(2016).「초등학교 사회 5-6학년 교사용 지도서」. 동아출판(주).

정병기 외(1998).「사회과교육론」. 교육출판사.

최용규 외(2014).「사회과 교육과정에서 수업까지 2차 수정판」. 교육과학사.

한춘희(2022).「초등학교 사회과 6학년 교사용지도서」. 아이스크림미디어.

홍진희(2013). 역사교육에서의 인물학습 수업방안 연구 -중학교 역사(하)『쑨원』의 이해를 중심으로-. 이화여자대학교 교육대학원 석사학위논문.

5절 NIE(신문활용교육)

1. 신문활용교육의 의미

신문은 교과서를 보완하여 시사 문제에 대한 풍부한 자료를 제공하고, 실제 세계와 학교 교육과정 사이의 간극을 메우는 데 도움을 준다. 그러나 신문 매체에 담긴 정보를 적절히 해석하고 처리하기 위해서는 대부분의 학생들, 심지어 성인 독자들에게도 교육이 필요하다(Beal & Bolick, 2013). NIE(Newspaper In Education)란 '신문을 가르치고 신문으로 가르치는 교육'으로 정의된다(이태종, 2004; 이태종, 2006).

첫째, '신문을' 가르친다는 것은 그것은 주요 언론 매체로서 시민들에게 중요한 정보를 전달하고, 사안에 대한 프레임을 제공하며, 여론을 형성하고 전달하는 신문을 학습 대상으로 삼는다는 것이다. 이는 신문의 제작과 유통, 사회적 영향에 대한 이해 뿐만 아니라 제작까지 포함함으로써, 신문이 제공하는 정보를 비판적으로 분석하고 평가하는 능력과 함께 책임 있는 미디어 생산자로서의 제작 능력을 기르는 것을 의미한다.

둘째, '신문으로' 가르친다는 것은 신문을 학습 목표 달성을 위한 교재로 활용한다는 의미이다. 신문은 저렴한 가격에 쉽게 구할 수 있다. 또한 중요한 국가·사회적 현안에 대하여 교과서와 교육과정에서 다루지 않는 최신 정보를 제공하여 현실 세계와의 연결을 유지하는 데 도움을 준다. 사회과 교수-학습에서 NIE는 교육적 효과를 극대화하기 위해 신문을 활용하는 다양한 교수-학습 전략들을 아우르는 개념이다(모경환 외, 2012: 140). 교사들도 NIE를 활용하기에 가장 적합한 교과로 사회과를 지목한다(설규주 외, 2011: 87).

NIE는 사회현상에 대한 관심을 증대시키고, 사회성 및 타인에 대한 관심을 향상시키며, 고차사고력의 발달을 촉진하고, 다양한 시각을 경험하게 한다. 또한 NIE는 신문 활용 자체의 재미를 느끼게 하고, 학업 성적 향상에도 기여한다(정문성 · 구정화, 2005).

2. NIE의 다양한 교수 · 학습 전략

NIE는 특정한 교수-학습 모형이나 기법을 가리키는 것이 아니라 신문을 교육적으로 활용하는 다양한 전략과 실천 사례들을 포괄한다. 올슨(Olson, 1985)은 신문을 활용한 교수-학습 전략을 학습 활동의 사고 수준에 따라 찾기, 이해하기, 평가하기, 창조하기로 범주화하였다. 이태종(2006)은 각 단계에 따른 구체적인 교수-학습 전략들을 다음과 같이 제시하였다.

〈표 25〉 NIE의 사고 수준별 교수-학습 전략

사고의 수준	구체적인 교수-학습 방법
찾기	육하원칙으로 정리하기 일어난 차례 알기 사실과 의견 구분하기 시사 용어사전 만들기 축약어 사전 만들기 한자 성어 찾기 제목과 기사 짝 맞추기 제목이 뽑힌 문장 찾기
이해하기	원인과 결과 구분하기 줄거리 알아내기 주제 알아내기 K-W-L 학습(Know, Want to know, Learned)
평가하기	비교하며 읽기 추론하기 기사 비평하기 오늘의 뉴스, 이달의 뉴스, 올해의 뉴스 정하기 같은 내용을 다룬 두 신문의 제목 비교하기

사고의 수준	구체적인 교수-학습 방법
창조하기	시제 바꾸기 시사 퀴즈 만들기 기사 완성하기 후속 기사 쓰기 기사의 양을 늘리거나 줄이기 기사의 주인공을 바꾸어 쓰기 TV 뉴스 보고 기사 쓰기 패러디 기사 쓰기 기사 제목 달기 제목을 완전한 문장으로 만들기 기사 형식 바꾸기

또한, 신문은 교실 수업에서 교재로 활용될 뿐만 아니라, 교구로서도 매우 유용하며, 교실 수업을 넘어 사회 참여의 중요한 계기가 될 수 있다. 신문을 활용한 교육 활동은 학생들에게 실질적인 사회 문제에 대한 이해를 높이는 데 큰 도움을 준다. 이를 통해 학생들은 이론적인 학습을 넘어 실제 사회 현안에 직접 참여할 수 있는 기회를 얻는다. 신문을 활용하여 수행할 수 있는 다양한 활동 방식들을 유형화하면 〈표 26〉과 같다.

〈표 26〉 활동 유형별 NIE 교수 · 학습 전략(최상희, 2003)

활동 유형	구체적인 활동 전략
탐색 탐구활동	찾기 스크랩 비교 분석
공작 활동	오려 붙이기 신문지 공예 그리기
동작 표현활동	역할놀이 놀이, 게임 노래 부르기 신문배달놀이

활동 유형	구체적인 활동 전략
기자 활동	어린이 청소년 기자단 구성 및 운영 기자 교실 운영 신문 제작 실습
견학	신문사 견학 NIE 우수 학교 모임 탐방
읽고 쓰기 활동	정리하기 요약하기 설명하기 의견 제시하기 메모하기
발표 토론 활동	말하기 듣기 친빈 토론 대회 질문지 작성 공통점 혹은 차이점 찾기
감상 및 평가활동	전시회 콘테스트 빌표회

3. 유의점

신문활용수업을 실행할 때 유의해야 할 사항이 몇 가지 있다. 먼저, 형식적인 측면에서 신문은 활자의 크기가 작고, 문장이 길며 어려운 어휘가 사용된다. 또한 기사의 길이가 길기 때문에 학교 수업 교재로 적합하지 않을 수 있다. 따라서 구체적인 수업 목표와 활동의 성격에 맞게 신문을 적절하게 재구성하거나 편집해야 한다.

또한, 신문은 해당 신문사가 재구성한 현실을 반영한다는 점을 주의해야 한다. 신문에 실린 내용은 신문사의 선택에 의해 선정되며, 특정한 관점에서 기술되고, 분석되며, 논평된다. 이러한 미디어적 특성을 고려하여 학생들이 다양한 사안들을 다양한 시각에서 이해할 수 있도록 도와야 한다. 이를 위해 동일한 사안에 대해 여러 신문사의 다양한 보도를 비교 분석하거나, 기사 형식에 따라 관점의 차이를 분석하도록 유도하는 것이 좋다.

신문은 정보를 신속하게 전달한다는 장점이 있지만, 이로 인해 충분히 검증되지 않은 정보나 편향된 의견이 널리 퍼질 수 있는 문제가 함께 발생할 수 있다. 이를 해결하기 위해 필요한 경우 후속보도나 오보 정정을 적극적으로 활용하고, 관련 기관이나 전문가의 응답 및 분석을 수업에서 활용하는 것이 좋다.

4. 신문활용학습 교수 · 학습 과정 및 적용 사례

<table>
<tr><th>대상</th><td colspan="2">중학교 2학년</td><th>일시</th><td>2024.10.11. 1차시(45분)</td></tr>
<tr><th>단원</th><td colspan="4">중학교 사회 VIII-3. 대중매체와 대중문화</td></tr>
<tr><th>관련 성취 기준</th><td colspan="4">[9사(일사)02-03] 대중매체와 대중문화의 의미와 특징을 이해하고, 대중문화를 비판적으로 평가하는 태도를 가진다.</td></tr>
<tr><th>학습 목표</th><td colspan="4">• 자신의 주변에서 접하는 대중매체에 대해 비판적으로 평가할 수 있는 시각을 가진다.</td></tr>
<tr><th colspan="2">학습 단계</th><th colspan="3">교수 · 학습 내용</th></tr>
<tr><td rowspan="4">도입</td><td>수업 준비 및 안내</td><td colspan="3">• 교사는 인사하며 학습 분위기를 조성한다.
• 동일 사건(북미정상회담)을 다루는 두 언론사의 뉴스 기사를 비교하는 수업을 안내한다.</td></tr>
<tr><td>전시 학습 상기</td><td colspan="3">• 대중매체와 대중문화의 특징을 확인한다.
• 대중매체가 인간의 삶을 어떻게 변화시키는지 상기한다.</td></tr>
<tr><td>동기 유발</td><td colspan="3">• 인지 착각 그림 자료
– 그림 자료를 통해 노파와 젊은 여자 중 누가 먼저 보이는지 논의한다.</td></tr>
<tr><td>본시 학습 목표 제시</td><td colspan="3">• 학습 목표 제시하기
– 신문에서 접하는 기사 내용에 대해 비판적으로 평가할 수 있는 시각을 가진다.</td></tr>
</table>

학습 단계		교수 · 학습 내용
전개	활동 1	• NIE 준비하기 －2018년 6월의 최초 북미 정상회담 기사를 준비한다. －두 언론사의 기사를 비교하며 분석할 내용의 학습지를 준비한다. • 문제 제기 －읽기 자료 1과 읽기 자료 2는 각각 어떤 주제를 다루고 있는가? －두 자료의 공통점은 무엇인가? －두 자료의 차이점은 무엇인가? －두 자료의 강조점은 각각 무엇인가? －두 자료는 북미정상회담에 대해 각각 어떤 관점을 가지고 있는가?
	활동 2	• NIE 활동 실행하기 －모둠을 구성하여 교사가 제시한 문제에 대해 탐구한다. －각 모둠에서 실행한 탐구 결과를 전체 학급에 보고한다.
정리	내용 정리	• 학습 내용 정리하기 －분석이 끝난 후 교사는 학생들이 분석한 내용을 확인하고 정리한다.
	차시 예고	• 차시 예고하기

◎ 읽기 자료

〈표 27〉 읽기자료1. 2018.6.13. H신문 기사

'종전선언' 가시권…구속력 있는 '평화협정' 직행 가능성도

트럼프 "조만간 종전선언" 명시
북미합의 이행 조처 속도와 연동
평양 · 백악관 교차 방문까지 거론돼
굳이 필요하지 않을 수도

청 "북미 후속 회담 추이 주시"
트럼프 귀국길 문 대통령과 통화
합의 이행 위해 한미 공조 하기로

12일 싱가포르에서 열린 김정은 북한 국무위원장과 도널드 트럼프 미국 대통령의 성공적인 북-미 정상회담으로 남-북-미 정상이 함께 한국전쟁의 종식을 선언할 날도 가시권에 들어왔다. 트럼프 대통령은 이날 회담 직후 연 기자회견에서 "전쟁이 곧 끝날 것"이라며 종전선언이 조만간 이뤄질 가능성을 언급했다.

현재로선 남-북-미 정상의 종전선언이 언제, 어떤 방식으로 이뤄질지 명확하지 않

다. 김 위원장과 트럼프 대통령이 이날 합의한 포괄적인 공동성명 이외에, 두 정상이 나눈 '미사일 엔진 시험장 폐쇄' 등 한반도 비핵화와 북한 체제 안전보장 등에 관한 구체적인 조처의 이행 속도에 연동될 것으로 보인다.

북-미 정상회담을 예의주시해 왔던 청와대도 종전선언과 관련해선 앞서가지 않으려는 듯 말을 아끼고 있다. 청와대는 애초 북-미 정상회담 이전엔 문재인 대통령의 싱가포르 합류 가능성을 기대했고 그 가능성이 낮아지자 정전협정 체결 65주년이 되는 다음 달 27일 판문점에서 종전선언을 추진하는 방안을 모색했다. 다만 이날 싱가포르 북-미 정상회담 직후엔 기류가 바뀌는 분위기도 감지된다. 그동안 종전선언은 구속력은 없지만, 냉전체제 해체 및 평화협정으로 가는 징검다리 구실을 한다는 점에서 의미 있게 받아들여졌다. 청와대 안에선 이날 북-미 정상의 한반도 비핵화와 북한의 체제 안전보장 합의는 이런 종전선언이 굳이 필요하지 않을 정도로 '속도감' 있게 진행됐다는 평가가 나온다. 북-미 공동성명의 이행 방안을 논의할 북-미 고위급회담이 이어지고, 트럼프 대통령의 평양 방문과 김 위원장의 백악관 방문이 거론되는 만큼, 북-미가 정치적 선언인 종전선언을 뛰어넘어 구속력이 있는 평화협정으로 직행할 수도 있다는 것이다. 청와대 관계자는 〈H신문〉과 한 통화에서 "남-북-미 정상의 종전선언은 일단 북-미 고위급회담 등이 어떻게 진행되는지 봐야 할 것"이라고 말했다.

그럼에도 트럼프 대통령이 북-미 정상회담에 앞서 "종전 논의"를 거론하고 회담 뒤 기자회견에서도 '종전선언'을 공언한 만큼 적절한 시점에 추진될 가능성도 있다. 트럼프 대통령은 이날 미국으로 돌아가는 전용기 안에서 문 대통령에게 전화를 걸어 북-미 회담 결과를 직접 설명했다. 김의겸 청와대 대변인은 "두 정상은 싱가포르 회담에서 이룬 북-미 사이의 합의 내용을 완전하고 신속하게 이행하는 게 중요하다는 데 뜻을 같이하고 이를 위해 한-미가 더욱 긴밀하게 협의하고 공조해 나가기로 했다"고 전했다. 정상 간 통화에서 문 대통령은 "트럼프 대통령이 북-미 정상회담에서 성공적인 결실을 맺어 한반도는 물론이고 세계의 평화를 위해 큰 토대를 놓았다"고 평가했고, 트럼프 대통령은 "김정은 위원장과의 회담 결과에 대해 실무진에서는 이루기 어려운, 그리고 기대 이상의 성과를 거두었다"며 만족감을 표시했다고 김 대변인은 밝혔다. 이와 함께 문 대통령은 14일 마이크 폼페이오 미국 국무장관을 직접 만날 예정이어서, 이 자리에서도 남-북-미 종전선언 추진 여부 등이 논의될 것으로 보인다.

〈표 28〉 읽기자료2. 2018.6.13. C일보 기사

종전선언 대신 체제보장 합의
[6 · 12 美北정상회담]
트럼프 "조만간 종전선언 있을 것"

도널드 트럼프 대통령과 김정은 북한 국무위원장은 '6 · 12 미 · 북 정상회담'에서 북한에 대한 체제 보장에 합의했다. 당초 북한이 비핵화 시간표 명문화에 합의하면 체제 보장의 입구(入口)에 해당하는 '종전 선언'에 합의할 것으로 알려졌지만, 공동성명에 'CVID(완전하고 검증 가능하며 돌이킬 수 없는 비핵화)'가 누락되면서 종전 선언 대신 '체제 보장'이란 포괄적 내용만 포함됐다.

공동성명에선 "트럼프 대통령이 북한에 안전 보장을 약속했다" "미 · 북은 한반도의 지속적이고 안정적 평화 체제를 위해 노력한다"는 정도로 표현됐다. 트럼프 대통령은 구체적으로 어떻게 체제 보장을 해줄지 언급하는 대신 한 · 미 연합훈련 중단 의사를 밝혔다.

한편 이번 회담에선 '종전 선언'을 위한 남 · 북 · 미 3자 또는 남 · 북 · 미 · 중 4자 회담에 대한 언급은 나오지 않았다. 하지만 트럼프 대통령은 기자회견에서 "조만간 실제로 종전 선언이 있을 것"이라며 가능성을 열어뒀다. 6 · 25전쟁 정전협정 체결 65주년이 되는 7월 27일 판문점 '3자 회담' 가능성이 거론되지만, 미 · 북 간의 향후 협상이 그 단계까지 진척될지는 불분명하다.

종전 선언은 전쟁이 끝났다는 정치적 선언과 이벤트로서 주목받고 있지만 국제법적 구속력은 없다. 6 · 25전쟁의 공식적이고 국제법적 종결을 뜻하는 '평화협정'과 이를 위한 남 · 북 · 미 · 중 4자 회담은 북한의 완전한 비핵화를 전제로 한다. 문 대통령이나 트럼프 대통령은 북한 비핵화까지 "오랜 시간이 걸릴 것"이라고 했다.

참고문헌

모경환 외(2012). 「사회과 교직실무-역사 · 지리 · 사회 예비교사 지침서-」. 서울: 동문사.

설규주 · 김명정 · 이봉민(2011). "NIE 실태 및 교육과정에 대한 교사의 인식 조사 연구". 「정치 · 정보연구」, 14(1), 71-94.

이태종(2004). 「NIE 신문읽기 세상읽기」. 서울: 대한교과서주식회사.

이태종(2006). 「NIE 원론 I」. 서울: 통키.

정문성 · 구정화(2005). 「학생 NIE 알아보기」. 한국신문협회.

최상희(2003). 「NIE의 이해와 활용 — 신문활용교육, 어떻게 할 것인가」. 서울: 커뮤니케이션북스.

Beal, C. & Bolick, C. M. (2013). *Teaching social studies in middle and secondary schools.* Pearson.

Olson, M.(1985). *Using the Newspaper to Teach Social Studies.* Dale Seymour Publications.

6절 최근 활용되는 다양한 수업 기법들

1. 도식 조직자(Graphic Organizers)

그래픽 조직자 또는 도식 조직자는 교사와 학생이 정보를 정리하고, 이해하고, 적용할 수 있는 도구로서의 시각적 모델을 제공한다. 도식 조직자는 학생들이 학습 자료를 읽기 전, 읽는 중, 읽은 후에 데이터를 분류하고 관계를 표시하며 의미를 만들고, 빠르고 쉽게 관리할 수 있도록 도와준다(Gallavan & Kottler, 2007). 도식 조직자는 지식의 시각적 표혀이며, 정보를 구조화하고 핵심 내용을 패턴으로 배열하는 방식이다. 정보가 순서에 따라 체계적으로 의미 있게 저장될 때 나중에 정보를 인출하는 것이 용이하다. 그러므로 개념을 시각적으로 표현하는 도식 조직자는 사회과의 개념학습에 매우 효과적이다(이유진 · 강이철, 2010).

도식 소식자는 모든 연령의 학생들이 정보들을 시각적으로 조직화할 수 있도록 돕는다. 어떤 학생들에게 이 시각적인 표현은 읽거나 듣는 것의 의미를 깨닫게 한다. 이러한 방식은 학생들이 기존의 학습 방식으로는 명확하지 않았던 관계를 이해하는 데 도움을 준다. 어린 학생들은 도식 조직자를 사용하여 범주화를 통해 이해를 돕는 데 활용할 수 있으며, 중학생들은 구체적 사고에서 추상적인 사고의 단계로 나아가는 데 도움을 준다(Obenchain & Morris, 2011). 중학생들은 좀 더 복잡한 역사적, 정치적, 사회적, 경제적 정보들을 접하게 된다. 이때 학생들은 다양한 도식 조직자들을 활용하여 자료를 분석하고 해석하기 위한 구조화를 이룰 수 있다. 도식 조직자는 흐름도(flow charts), 그래프(graphs), 표(tables), 벤다이어그램(Venn diagrams), 개념도(concept maps), 마인드맵(mind map) 등 여러 형태를 가질 수 있다.

학생들이 다양한 도식 조직자의 목적과 정보를 조직하는 방법을 이해했다면, 각 도식 조직자를 수업에 적용할 수 있다. 도식 조직자를 활용하는 데 어려움을 겪는 학생들에게는 교사가 변형하여 사용할 수 있다. 즉, 부분적으로 완성된 도식 조직자를 제공하고 나머지를 완성하게 하거나, 빈칸으로 된 도식 조직자를 제공하여 채워 넣게 하는 방법이 있다. 학생들이 도식 조직자의 사용에 익숙해지면, 스스로 도식 조직자들을 선택하거나 만들어서 자신이 학습하는 정보를 설명할 수 있게 된다.

만약 과제가 학생들에게 특성들 간의 비교를 요구한다면, 세계 주요 종교들의 신념 체계를 비교하는 것을 예로 들 수 있다. 이 경우 벤 다이어그램(Venn Diagram)을 제시하여 각 원이 각 종교를 나타낸다는 것을 설명한다. 학생들은 두 원의 교집합 부분에 두 종교가 공유하는 신념과 특성을 기재할 수 있다. 겹치지 않는 부분에는 특정 종교가 다른 종교와 달리 배타적으로 갖는 특성들을 기재할 수 있다(그림 1).

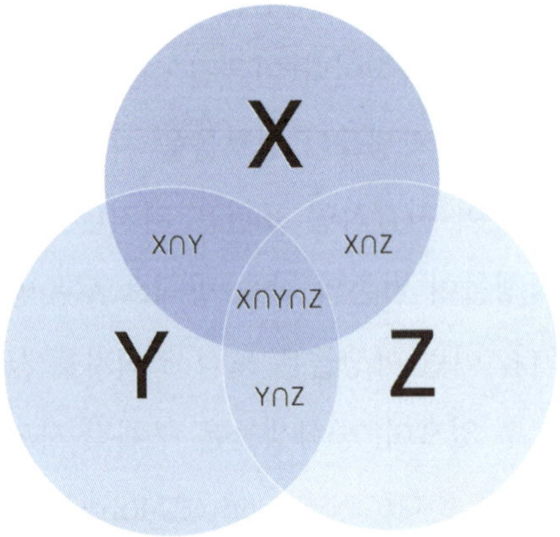

[그림 1] 벤 다이어그램

만약 학생들이 인과 관계를 탐구해야 한다면, 피시본 다이어그램(Fish-bone Diagram)이 적절할 것이다. 피시본 다이어그램은 복잡한 문제의 원인과 결과를 체계적으로 분석하는 데 유용하다. 학생들은 먼저 분석하고자 하는 이슈나 결과를 다이어그램의 중심 척추 부분에 기재한다. 그런 다음, 척추뼈에 연결된 여러 갈래의 뼈에는 이슈나 결과를 초래한 다양한 원인을 기재한다. 각 뼈는 원인의 카테고리를 나타내며, 학생들은 원인에 대한 세부 사항을 작은 뼈들에 추가로 기록할 수 있다(그림 2). 이 다이어그램을 통해 학생들은 복잡한 문제의 여러 원인을 시각적으로 정리하고, 각각의 원인이 어떻게 서로 연결되어 있는지를 명확하게 이해할 수 있게 된다.

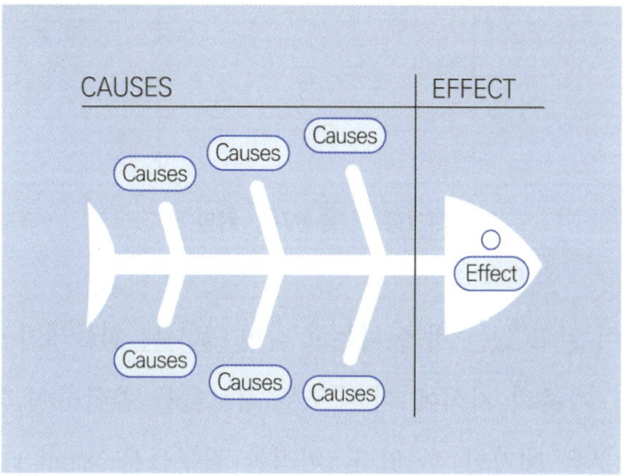

[그림 2] 피시본 다이어그램

교사들은 도식 조직자 중에서 KWL(**K**now / **W**ant to know / **L**earned) 차트를 다양한 방식으로 활용한다. 예를 들어, 인플레이션에 대해 배울 때 이 차트를 사용할 수 있다. 학생들은 개인적으로 또는 학급 전체적으로 그들의 인플레이션에 대해 현재 알고 있는 지식을 바탕으로 KWL 차트를 만든다. 먼저 'what I **K**now'라고 제목이 있는 칠판(또는 보드)에 교사가 학생들이 말한 내용을 적는다.

K-W-L Chart

Topic: ____________________

What I Know	What I Want to Know	What I Learned

[그림 3] K-W-L 차트

학생들이 자신이 알고 있는 바를 나누고 나면, 교사는 인플레이션에 대한 새로운 정보를 제공한다. 기존의 지식에 이 새로운 정보들을 종합하여 학생들은 답하고 싶은 몇 가지 질문을 제기할 수 있다. 이러한 질문들은 'what I **W**ant to know' 부분에 들어가야 한다. 학생들은 그들의 질문에 대한 답을 찾아 다음 수업에 가져온다. 다음 수업에서 새로운 정보가 공유되고, 학생 개인의 또는 학급 전체의 KWL 차트나 학급 전체의 KWL 보드에 기재된다.

새로운 정보와 교사의 부연 설명을 듣고 나면, 학생들은 새로운 질문을 던질 수 있다. 그들은 다시 질문에 대한 답을 찾아보고, 정보를 공유하는 절차를 반복한다. 이 과정을 통해 학생들은 자신의 이해가 어떻게 발전해 가는지 확인할 수 있다. 이러한 과정을 거쳐 학생들은 표의 'What I **L**earned' 부분에 자신이 배운 내용을 적는다. 이 과정은 학생들에게 과제를 수행하는 동안 배운 모든 것에 대해 생각해 볼 좋은 기회를 제공한다.

2. 의사결정 트리와 의사결정 그리드(Decision Trees and Decision Grids)

의사결정 트리와 의사결정 그리드는 도식 조직자(graphic organizer)의 특수한 유형이며, 특히 경제 수업에 유용하게 사용된다. 상황에 따라 형태는 다를 수 있지만, 의사결정 트리와 의사결정 그리드는 핵심적인 문제를 파악하고, 무한한 욕구에 비해 자원이 제약된 상황에서 의사결정을 내리는 데 도움을 주는 시각적 이해를 제공한다. 학생들은 이러한 도식 조직자를 이용함으로써 왜 특정한 결정이 이루어져야 하는지에 대한 이유를 명확하게 설명할 수 있게 된다.

이러한 장점은 숙고된 의사결정에서 고려될 수 있는 모든 기준들과 가능한 대안을 조사하고 토론하는 과정에서 달성된다. 또한 의사결정 트리와 의사결정 그리드는 학생들에게 역사적이거나 현재적인 관점에서 폭넓은 정책적 결정을 조사할 수 있는 기회를 제공한다(Srour & Karkoulian, 2021). 이러한 도구들은 의사결정과 관련된 주제들을 다룰 때 가장 효과적이다. 예를 들어, 개인의 경제활동에 관한 단원에서 학생들은 주어진 돈으로 무엇을 할 것인지 결정할 수 있다.

1) 의사결정 트리(의사결정 나무)

의사결정 트리는 의사결정 과정을 트리 형태로 표현하여 각 선택지의 결과를 명확하게 보여준다. 이를 통해 학습자들은 다양한 선택지의 영향을 비교 분석하고, 최적의 선택을 도출하는 데 필요한 논리적 사고 능력을 키울 수 있다.

의사결정 트리는 의사결정 그리드와 약간 다르다. 의사결정 트리는 문제나 이슈를 나무의 뿌리 또는 기둥에 두고 시작한다. 문제의 위치는 페이지의 위, 옆, 아래 등 어디에든 둘 수 있지만, 학생들이 나무에 대한 비유를 쉽게 이해할 수 있도록 문제를 페이지의 아래쪽에 배치하는 것이 좋다. 그런 다음 학생들은 문제에 대한 해결 대안들을 첫 번째 가지에 적고, 각 대안을 선택했을 때의 결과를 이어지는 두 번째 가지에 추가한다. 세 번째 가지에는 각 결과의 긍정적 또는 부정적 영향을 기재한다.

의사결정 트리의 꼭대기에는 최종 결정을 적는다. 혹은 [그림 4]에 나타난 바와 같이 정반대의 형태로 구성할 수도 있다. 의사결정 그리드를 사용할 때와 마찬가지로, 의사결정 트리는 다양한 대안을 발견하고 조사하며 평가하는 과정을 통해 문제나 이슈의 해결에 대한 심도 있는 분석을 가능하게 한다. 학생들이 이러한 과정을 통해 각 대안의 결과와 영향을 체계적으로 분석할 수 있기 때문에, 복잡한 문제에 대한 이해도가 높아진다.

교사가 학생들에게 경제적 관점을 확립해 주기를 희망할 때, 의사결정 트리와 도표의 사용은 그 자체로 경제의 기본 문제들과 개념들에 대한 중요한 논점을 제공한다. 이러한 도구들은 학생들이 경제적 상황에서 다양한 선택지를 평가하고, 각 선택지가 가져올 수 있는 결과와 그 결과의 영향을 깊이 있게 이해하는 데 큰 도움을 준다. 이 과정에서 학생들은 경제적 사고를 할 수 있고, 실질적인 문제 해결 능력을 기를 수 있다.

뿐만 아니라, 의사결정 트리는 학생들이 문제 해결 과정을 시각적으로 명확히 파악할 수 있게 도와주어, 복잡한 결정을 내리는 데 필요한 논리적 사고력과 분석 능력을 키우는 데 유익하다. 교사들은 이를 통해 학생들이 보다 체계적이고 창의적으로 사고할 수 있도록 지도할 수 있다.

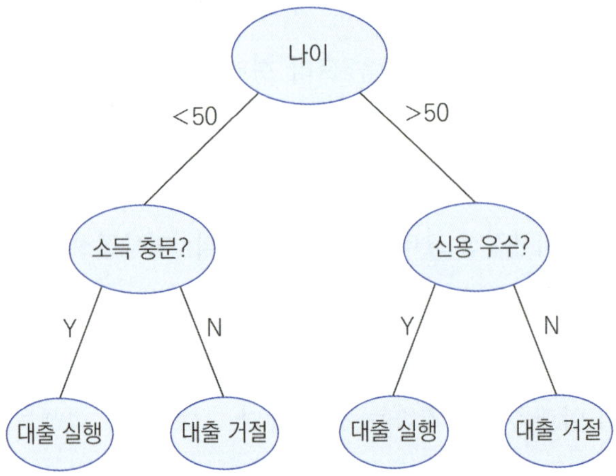

[그림 4] 의사결정 트리

2) 의사결정 그리드(의사결정 도표)

의사결정 그리드는 행과 열로 구성된 표 형태로, 각 행은 특정 결정 요소를 나타내고 각 열은 해당 요소에 대한 다양한 선택지를 나타낸다. 이를 통해 학습자들은 각 선택지의 장단점을 체계적으로 비교하고, 상황에 맞는 최적의 선택을 결정하는 데 필요한 분석 능력을 향상시킬 수 있다. 의사결정 문제가 정해지면, 학생들은 그 의사결정이 이루어지는 데 관여한 모든 이슈들을 고려하도록 한다. 학생들에게 합리적인 대안들을 설정하게 하고, 문제 해결이나 의사결정 가능한 여러 방안을 브레인스토밍하는 것으로 시작한다. 적절한 자료를 조사하면 학생들이 합리적인 대안을 설정하는 데 도움이 된다.

다음으로 학생들에게 표를 그리도록 유도한 후, 제일 윗줄에는 대안들을 나열한다. 표의 가장 왼쪽에는 평가 기준을 설정한 후 순서대로 나열한다. 표의 크기는 설정된 기준과 대안의 수에 따라 달라진다. 세 가지 기준과 여섯 가지 대안이 있는 경우, 3×6 크기의 표가 필요하다. 이후 각 기준과 대안을 채워 넣는다. 각 대안과 평가 기준들을 매칭한 후, 각 경우의 결과가 긍정적(+)인지 부정적(-)인지 판단하도록 한다. 어떤 대안이 가장 많은 긍정적인 결과를 도출하는가를 확인하여 그것을 최상의 대안으로 결정한다.

또 다른 방법으로, 학생들에게 각 기준에 따라 대안들을 순위 매기는 방법이 있다. 플러스(+)나 마이너스(-)로 평가하는 대신, 각 기준에 가장 부합하는 대안에 가장 높은 점수를 주고, 가장 부합하지 않는 대안에는 낮은 점수를 주는 방식이다. 예를 들어, 대안이 6개인 경우 가장 좋은 대안에 6점을 주고, 가장 나쁜 대안에 1점을 준다. 이후 학생들에게 각 대안의 점수를 합산하여 어떤 대안이 가장 높은 점수를 받았는지 계산하게 한다. 가장 높은 점수를 받은 대안이 최상의 선택이 된다. 교사는 플러스/마이너스 방식을 사용할 때 대안들의 결과가 유사할 수 있음을 고려해야 한다. 추가적인 조사와 심사를 거친 후, 동점이 나온 항목에 대해 플러스/마이너스 방식을 다시 적용하거나 순위를 매기는 방식을 적용할 수도 있다.

한편, 평가 기준들이 중요성 면에서 완전히 동일하게 고려되는 경우는 거의 없다. 주요한 의사결정은 종종 사람의 감정과 욕구에 따라 영향을 받는다. 학생들은 특정 기준에 대해 두 배의 가중치를 부여할 수도 있다. 예를 들어, +는 ++로, 4점은 8점으로 가중치를 부여할 수도 있다. 의사결정 그리드는 일반적으로 특정 의사결정에 필요한 만큼 많은 기준과 대안들을 고려할 수 있도록 설계되어 있다. 의사결정 그리드를 처음 사용하는 중간 수준의 학생들에게는 4×4 정도의 크기가 적당하다(Obenchain & Morris, 2011).

〈표 29〉 의사결정 그리드: 생일 선물로 받은 100달러의 사용 방법

대안 → 기준 ↓	대학을 위해 저축	최신 비디오 게임 구입	절반 기부, 절반 대학 위해 저축	스케이트보드 구입
부모님 동의	+	+	+	+
지금 만족	-	+	-	+
미래 만족	+	-	+	+
친구들과 공유	-	+	-	+
총점	2	3	2	4

자료: Obenchain & Morris(2011), p. 62

〈표 29〉는 100달러를 생일 선물로 받아 사용하는 여러 방법에 대한 도표이다. 100달러를 사용하는 방법은 다양하며, 이 경우 학생은 최선의 결정을 내리려고 한다. 평가 기준은 도표의 왼쪽에 위치하고, 대안들은 위에 나열된다. 이 사례에서는 모든 기준이 동등한 가중치를 가진다. 도표의 각 셀은 양적 혹은 부적 평가를 받는다. 〈표 29〉에서 새로운 스케이트보드를 사는 것은 네 개의 "+" 기호로 평가된다. 이는 100달러를 소비하는 최상의 대안으로 보인다.

학생이 개인적으로 내리는 결정은 부모나 교사와 같은 어른들이 내리는 결정과 다를 수 있지만, 학생의 결정 역시 신중히 고려된 결과이다. 다른 학생들이 똑같은 100달러를 받았다면 다른 기준과 대안을 설정할 것이다. 이는 역사적 또는 현재의 사건에서도 마찬가지다. 동일한 결정을 내릴 기회를 갖더라도 각 개인이 고려하는 증거, 대안, 기준에 따라 다른 결정이 내려질 수 있다.

3. 초청 강사(Guest Speakers)

사회과교육에서 초청 강사 또는 게스트 스피커(guest speaker)는 다양한 형태로 수업에 기여한다. 학생들에게 실제 세계와의 연결을 강화하고, 다양한 관점을 제공하며, 수업에서 다루는 주제에 대한 참여를 높일 수 있다. 첫째, 초청 강사는 역사적 사건, 정치 과정, 또는 문화적 관습 등에 대한 직접적인 경험을 공유함으로써 학생들에게 사회 수업의 개념이 실제 세계에 어떻게 연결되는지에 대한 구체적인 정보를 제공할 수 있다. 둘째, 초청 강사는 다양한 관점과 경험을 제공하여 학생들의 시야를 확장하고 복잡한 사회 문제를 여러 각도에서 이해하는 데 도움을 줄 수 있다. 또한 초청 강사와의 상호작용은 학생들의 의사소통 능력과 비판적 사고력을 증진한다. 셋째, 초청 강사로 초빙되는 다양한 분야의 전문가들은 학생들에게 이전에 알지 못했거나 고려하지 않았던 진로를 고려하도록 영감을 줄 수 있으며(권유진, 2013; 김경화・김경민, 2013). 초청 강사가 교실을 방문할 때 학생들의 흥미가 향상되고 집중력이 높아진다.

무엇보다도, 사회과 수업에서 역사적 사건의 증인으로 초청된 강사는 학생들에게 일차 자료에 대한 접근성을 제공하고 연구 능력을 향상시킨다. 초청 강사가 제공하는 정보는 교과서, 보조 자료 또는 다른 초청 강사로부터 얻은 1차 자료를 보강하거나 비판적 시각을 제공하는 잠재력을 가지고 있다. 이는 학생들에게 대중매체나 인터넷 텍스트와 같은 2차, 3차 자료에 대한 비판적 시각을 기르게 할 뿐만 아니라 다양한 자료를 활용하여 탐구하도록 도움으로써 비판적 사고력을 함양하는 데 기여한다.

다음은 초청 강사를 활용하는 사회과 수업의 준비 과정에 대한 예시이다(Obenchain & Morris, 2013).

수업 설계 전

- 사회과 수업의 많은 주제는 역사적 사건과 그 결과에 대한 다양한 해석이 수반된다. 탐구 주제를 선정할 때는 해당 주제에 대한 전문 지식을 갖춘 목격자나 학자 등 초청 강사를 참여시킴으로써 얻을 수 있는 잠재적 이점을 고려하는 것이 좋다.
- 일반적으로 초청 강사는 이민자 협회, 대학, 봉사 동아리, 여행 동아리, 재향군인 단체 등 다양한 조직을 통해 섭외할 수 있다.
- 학기가 시작될 때 학부모를 대상으로 설문조사를 실시하여 강사 초청에 대한 관심을 알아보거나 잠재적인 강사를 추천받는 것도 유용한 전략이 될 수 있다.

<table>
<tr><th colspan="3">수업 설계</th></tr>
<tr><td>목표 설정</td><td colspan="2">• 학생들이 다양한 관점을 이해하고 연구 기능을 향상시킬 수 있는 학습 목표를 세운다.</td></tr>
<tr><td>기초 자료 준비</td><td colspan="2">• 학생들이 쉽게 접근할 수 있는 기본적인 텍스트나 자료에서 제한된 관점만을 제공하거나 세부 정보가 부족한 사례를 찾는다.
예: 안락사, 사형제, 기본소득제 등 논쟁적 문제에 대해 한쪽 입장만 담긴 자료를 제공한다.</td></tr>
<tr><td>인물 선정</td><td colspan="2">• 세부 정보가 불충분하거나 편향된 관점이 있는 부분을 정확히 찾아낸 후에는, 추가 정보와 관점을 제공해 수업을 개선할 수 있는 사람을 찾는다. 특정 사건의 목격자, 관련 학자, 여행 애호가, 관련 전문가 등을 초청 강사로 섭외할 수 있다. 지역사회 단체, 대학교, 연구 기관, 보훈청 및 이와 유사한 기관에 연락하면 적합한 강사를 쉽게 찾고 참여시킬 수 있다.</td></tr>
<tr><td>초청 시간 결정</td><td colspan="2">• 강사를 초청할 때는 먼저 적절한 단원을 선택하고 발표를 위한 최적의 시간을 결정하며, 방문 목적을 고려하여 강사가 단원의 목표를 달성할 수 있는지 또는 다른 관점을 제공할 수 있는지 평가한 후, 학생들과 상호작용할 수 있는 적절한 시간을 예약하는 것이 필요하다.</td></tr>
<tr><td>상호작용 방식</td><td colspan="2">• 초청 강사와 학생 간에 이루어질 상호작용의 성격을 결정하는 것이 필요하다. 여기에는 발표자가 공식적인 프레젠테이션을 진행할지, 발표 중 또는 발표 후에 학생들이 질문할 기회가 있는지, 별도의 질의-응답 세션이 더 적합한지, 발표자가 토론을 강화하기 위해 소품을 활용할지, 학생들이 이러한 소품과 상호작용할 수 있는지 등의 고려 사항이 포함된다.</td></tr>
<tr><td>준비</td><td>초청 강사:
강사에게 수업의 목표에 대해 알린다. 학생들에게 텍스트 사본을 배포하면 참여도와 이해도를 높일 수 있다. 강사가 어린 학습자와의 경험이 부족하다면, 이 연령대의 학생들과 효과적으로 소통하는 방법에 대한 조언을 제공하는 것이 도움이 될 수 있다.</td><td>학생:
학생들에게 예의를 지키는 것의 중요성을 상기시키고, 강사에게 할 질문을 만들 수 있도록 돕는다. 한두 명의 진행자를 지정하여 교직원실에서 발표자를 환영하고, 교실로 안내하고, 소지품을 도와주는 등 발표자를 지원하도록 한다.</td></tr>
</table>

수업 후
• 강사가 떠난 후에는 학생들이 보고 세션에 참여하여 제시된 새로운 정보를 기존 지식과 비교 및 대조하면서 토론하도록 하는 것이 좋다. 학생들이 공유된 새로운 정보와 이전 이해의 일치 또는 차이점에 대해 생각해 보도록 격려한다. KWL 차트를 활용하면 초청 강사의 발표 전과 후 학생들이 보유한 지식을 시각적으로 비교하는 데 도움이 될 수 있다. 강사가 떠난 후 학생들은 무엇을 배웠는지(What we Learned), 강연 이전에 아는 것(What we Know)과 알고 싶은 것(What we Want to know) 부분을 채우도록 하며, 새롭게 생긴 질문을 적을 수 있다. 이러한 질문은 추가 연구 활동의 기초가 될 수 있다. 또한, 학생들은 강사에게 감사 메모를 작성하여 감사를 표현하는 것이 좋다.

자료: Obenchain & Morris(2013), pp. 107-110 재구성

사회과 수업에서 초청 강사를 활용하는 것은 학생들에게 생생하고 실제적인 경험을 제공하며, 다양한 관점을 제시하고 전문가의 지식을 얻을 수 있는 좋은 기회이다. 초청 강사 수업을 효과적으로 운영하기 위해 다음과 같은 점에 유의해야 한다.

첫째, 전문성을 갖춘 강사를 선정해야 한다. 교육 과정 목표와 일치하는 전문성을 가진 강사를 선택해야 하며, 강사의 전문 분야, 경험, 강의 스타일, 그리고 학생들의 수준에 맞는 강의를 제공할 수 있는 능력을 확인해야 한다.

둘째, 사전 학습과 준비가 필요하다. 수업 전에 학생들이 강사와 주제에 대해 충분히 연구하도록 준비시켜야 한다. 이를 통해 학생들은 강의 내용을 이해하고 질문을 준비하며 적극적으로 참여할 수 있다.

셋째, 적극적인 참여 유도가 필요하다. 이를 위해 준비된 질문을 활용하거나 토론 시간을 마련하는 것이 좋다. 또한, 강사와 학생 간의 상호 작용을 촉진하고 다양한 의견을 수렴할 수 있도록 노력해야 한다.

넷째, 후속 활동이 필요하다. 수업 후에는 학생들이 강의 내용을 정리하고 배운 내용을 자신의 경험과 연결하도록 돕는 후속 활동을 제공해야 한다. 또한, 수업 후에는 강사와 학생에게 피드백을 구하는 것이 중요하다. 이를 통해 강사의 강의 방식을 개선하고 학습 효과를 높일 수 있는 방안을 모색할 수 있다.

참고문헌

권유진(2013). 가정과 교육에서 정책을 활용한 학습의 적용 가능성 탐색. 「한국교육문제연구」, 31(2), 25-42.

김경화 · 김경민(2013). 중등특수교사의 전환교육 및 서비스에 대한 준비도 및 만족도에 대한 인식. 「장애와 고용」, 23(1), 209-234.

이유진 · 강이철(2010). 개념학습을 위한 그래픽 조직자 선정 전략. 「교육공학연구」, 26(4), 1-26.

Gallavan, N. P. & Kottler, E. (2007). Eight Types of Graphic Organizers for Empowering Social Studies Students and Teachers. *The Social Studies*, 98(3), 117-128.

Obenchain, K. M. & Morris, R. V. (2011). *50 social studies strategies for K-8 classrooms* (3rd edition). Pearson.

Srour, F. J. & Karkoulian, S. (2021). Exploring diversity through machine learning: a case for the use of decision trees in social science research. *International Journal of Social Research Methodology*, 25(6), 725-740.

제 2 장 협동학습

1절 협동학습의 이해

1. 구성주의: 협동학습의 인식론적 기반

협동학습은 지식이 본질적으로 객관적이거나 고정적인 것은 아니라고 보는 구성주의에 기반한 학습이론이다. 구성주의적 관점에서는 지식을 새로운 정보, 기술의 개발, 연구 및 이론에 의해 끊임없이 변화되는 것으로, 복잡하고 상대적이며 상황 의존적인 것으로 파악하며, 다른 사람들과의 상호작용과 다양한 이론, 증거 사이의 관련성을 고려하여 각 개인이 형성하는 것으로 보는 까닭에 지식에 대하여 다원론적인 관점을 취한다(곽영순, 2016: 17). 따라서 구성주의에서는 지식을 다분히 개인적인 성격을 갖는 것으로 각자의 경험을 통해 '구성되는 의미'로 파악한다. 또, 구성주의 인식론을 택하고 있는 학습자는 상황과 맥락에 따라 새로운 지식에 접근하며 상대주의적 관점에서 지식을 해석하기 때문에 모든 지식은 상대적이고 개인적인 것으로서 각자의 의견을 나름대로의 타당성을 갖는다고 본다.

이러한 인식론적 신념을 배경으로 하고 있기에 교육학적 구성주의에서는 학습자 누구에나 공통적으로 효과적인 교수-학습 방법이라는 것이 존재하지 않는다. 따라서 교수-학습 활동에 대한 관점과 방향을 제공할 뿐 어느 상황에서나 효과적인 특정한 교수방법을 처방하지 않는다. 다만, 풍부한 학습 환경, 대화와 상호작용을 권장하는 학습 분위기, 학습자의 주체적인 탐구와 자발적 탐색, 학습 중재자이자 촉진자로서의 교사 역할 등을 학습 원칙으로 강조한다.

구성주의에서 학습은 학습자들이 의미를 구성해나가는 사회적 과정이며, 학습자가 이미 지니고 있던 기존의 지식과 새로운 학습 상황과의 상호작용 속에서 지식을 재구성해가는 과정이다. 학습자 개개인의 마음속에 재구성되는 지식의 망에 주목하는 동시에 지식의 재구성 과정에 미치는 사회 구성원들의 영향력을 중시한다. 구성주의 학습에서 전제하고 있는 지식의 특성은 다음과 같이 요약될 수 있다.

- 지식은 기존 경험으로부터 개개인의 마음속에 구성된다.
- 지식 구성은 자신이 속한 사회의 구성원들에 의해 영향을 받는다.
- 지식은 역동적이며, 개인적, 사회적, 합리적으로 창출된다.

구성주의 인식론은 크게 피아제(Piaget)가 중심이 된 개인적 구성주의와 비고츠키(Vygotsky)로 대표되는 사회문화적 구성주의로 구분된다. 구성주의자들은 공통적으로 지식이 한 사람으로부터 다른 사람에게 일방적으로 전달되어 수동적으로 수용되는 것이 아니라, 각 개인이 환경과의 상호작용을 통하여 적극적으로 구성해가는 것이라고 본다. 다만, 인지발달을 설명할 때에 근본적으로 개인 내적인 과정, 즉 개인적인 사고의 재구성과 적응 과정에 더 주목하느냐 사회문화적 환경과의 상호작용에 더 주목하느냐에 따라 관점의 차이를 보인다.

지식을 구성해가는 과정에서 보이는 개인별 적응 기능의 차이에 주목하는 개인적 구성주의에서는 개개인의 외부 세계에 대한 인지모델 구성 과정과 인지구조의 적응적 본성을 설명해주는 피아제의 '조절'과 '동화' 개념에 주목한다. 구성주의에서는 인간이 어떤 대상에 대해 알고 있다는 것을 그 대상에 대한 정보가 포함된 일정한 형태의 스키마가 그 사람에게 평형의 상태로 존재하는 상태로 설명한다. 그런데 평형상태에 있던 스키마가 어떠한 자극으로 인해 인지적 불평형의 상태에 이르게 되면 사람들은 다시 인지적 평형의 상태로 돌아가고자 시도하는데 이때 경험하게 되는 대표적 작용이 '동화'와 '조절'이다.

'동화'는 학습자에게 일시적으로 인지적 평형상태를 깨트렸던 새로운 정보를 학습자가 이미 가지고 있던 스키마에 통합함으로써 평형의 상태로 복귀하는 것을 의미한다. 즉, 동화는 기존에 가지고 있던 스키마를 기반으로 새로운 정보를 해석함으로써 지식이 양적으로 성장하는 과정이라 할 수 있다.

동화로 인해 스키마가 더욱 단단해지는 것은 교육적으로 의미 있는 경험이지만 새로운 모든 정보를 동화만으로 처리하기에는 한계를 갖는다. 이때 필요한 것이 조절이다. '조절'은 새로운 정보를 처리하기에 적합한 방식으로 기존에 가진 스키마를 수정하거나 새로운 스키마를 형성해 나가는 과정을 의미한다. 일반적으로 학습자가 조절과정을 거칠 때 지식의 질적 성장이 이루어지는 것으로 보며, 동화와 조절이 상호보완적으로 이루어짐으로써 이상적인 지식의 성장이 가능해진다.

개인적 구성주의의 관점에 따르면, 외부세계에 대한 지적 표상으로서의 지식은 인간 두뇌 속에 저장되는 것이며 학습은 외부 세계에 보다 근접하도록 이러한 지적 모델을 끊임없이 형성 혹은 재형성해나가는 과정이다(곽영순, 2016: 39). 개인의 지식이 다른 사람들과의 사회적 상호작용을 통해 중재된다는 점에서 다른 사람들과의 관계가 중요하기는 하지만 지식구성 과정에서 가장 핵심적인 변수는 동화와 조절과 같은 작동이 끊임없이 발생하는 개인의 내면 과정에 있다고 보는 것이 개인적 구성주의의 관점이다. 또한 지식은 항상 다른 사람과의 사회적 차원에서 협상과정을 거치기 전에 개인의 내면적 차원에서 형성된다는 점을 강조하기 때문에 교사의 주된 관심 역시 개개인의 학습자에게 있게 된다.

한편, 사회문화적 구성주의의 대표적 학자인 비고츠키에 따르면, 개인의 인지발달은 대인관계가 이루어지는 사회적 상황에서 경험된 인지적 활동의 내면화에 의해 이루어진다. 지식의 형성과정은 사회적 현상이 심리적 현상으로 변화하는 과정이며 심리적 현상은 다시 개인 간 과정에서 개인 내 과정으로 변화하는 고등인지의 내면화 과정을 거쳐서 발달하게 된다. 또, 학습자의 기존 지식 및 기술은 협동적 상호작용 상황에서의 언어를 매개로 한 대화를 통하여 근접발달영역(the Zone of Proximal Development: ZPD) 내에 공유된 인지적 과정의 내면화를 통해 확장되는 것으로 본다.

이처럼 학습에서의 사회적 측면을 강조한 비고츠키는 사회적 의미 교섭 및 형성과 같은 고차원적 지적 기능에 참여하기 위해 필요한 표현 체계를 집중 연구하였고, 그 결과 공유된 지식의 내면화 과정을 돕는 언어의 근본적인 역할을 강조하였다. 학습자가 어떤 지식을 습득하는 과정에는 반드시 개인적 해석과 이해 단계가 포함되어야 하는데 이를 위해 학습자 개개인은 그들 주변에서 일어나고 있는 대화를 이해해야 하며 이를 자신의 기존 개념 및 사고 방법과 관련지어야 한다는 것이다. 즉, 학습자가 학습에 성공하였다는 것은 새로운 지식을 둘러싸고 있는 사회적 차원에서 일어나는 대화 및 활동을 자신만의 방식으로 재조직, 재구성하여 내면화함과 동시에 이를 능숙하게 사용할 수 있게 되었음을 의미한다.

이처럼 개인을 둘러싼 사회·문화적 환경과의 관련성을 강조하는 사회문화적 구성주의에서는 피아제의 동화의 개념 대신 '문화적 동화'라는 개념을 통해 지식의 형성과 성장과정을 설명한다. 문화적 동화란 학습자가 어떤 지식을 습득한다는 것은 단순히 그 지식뿐 아니라 지식이나 문제의 배경이 되는 환경으로서의 문화적 사고방식이나 행동양식까지를 자연스럽게 습득하게 되었을 때 진정한 학습이 발생한 것으로 본다는 것을 의미한다.

이처럼 지식을 구성하는 데에 있어 가장 중요한 요소를 개인의 내면적 사고와 적응 과정으로 보느냐, 사회·문화적 환경과의 관련성 및 상호작용으로 보느냐에 따라 개인적 구성주의와 사회문화적 구성주의로 차별화된다. 하지만 그러한 차이에도 불구하고 구성주의는 공통적으로 인지적 주체의 지적 구성물로서의 지식관을 전제로 하고 있다는 점에서 학습자의 자율성을 강조하고 학습자 중심의 수업환경을 중시하는 협동학습의 인식론적 배경을 이루고 있다.

2. 협동학습의 역사와 발전

협동학습은 아동의 지적 발달 연구에서 밝혀낸 발달심리와 집단 구성원의 상호작용에 관한 사회심리학적 연구 업적에 기초하여 1940년대에 도이치(Deutsch)가 새롭게 형성시킨 이론이다. 구조화된 협동학습의 이론적 기초를 형성한 대표적 학자는 레빈(Lewin)과 도이치 등으로 알려져 있으며, 그중 레빈은 1900년대 계슈

탈트 심리학파의 코프카(Koffka)가 주장한 '집단은 구성원들 사이에 다양한 상호의존성을 보여주는 역동적 전체'라는 입장에서 힌트를 얻어 '집단의 본질이 구성원 간의 상호의존성'에 있다는 것을 밝혀냄으로써 협동학습의 이론적 기초를 형성하였다. 레빈의 제자였던 도이치는 1940년 후반 레빈의 이론을 기초로 하여 협동과 경쟁 이론을 만들어냈고, 그 후 많은 학자들에 의해 협동학습 모형이 개발되어 보급되면서 큰 관심을 끌게 되었다(정문성, 2002).

이처럼 협동학습이 널리 보급된 것은 20세기 중반으로 알려져 있으나 그 흔적은 훨씬 이전부터 발견된다. 17세기 코메니우스(Comenius)는 '다른 학생을 가르치거나 배움으로써 배움의 효과를 얻는다'는 점을 강조하여 협동을 통한 학습의 효과를 이야기하였으며 1700년대에는 랭커스터(Lancaster)와 벨(Bell)이 영국에서 협동학습을 광범위하게 실전한 것으로 알려져 있다. 1806년에는 뉴욕에 Lancaster school이 설립되면서 협동학습이 미국에 소개되었다. 이후 협동학습이 본격적으로 미국 학교의 수업 방식으로 교실에 도입된 것은 19세기 후반이었는데, 매사추세츠주 퀸시의 공립학교 교장이었던 파커(Parker)가 실천가로서 협동학습을 널리 확산시키면서 20세기 미국교육에 큰 영향을 미쳤다.

듀이(Dewey) 역시 오늘날 협동학습 아이디어 발전에 영향을 준 대표적 초기 인물로 꼽힌다. 사회의 축소판으로서 학교교실의 중요성과 그 속에서의 실제적인 경험을 강조한 그의 생각은 교실을 의미 있는 사회집단으로 보았다는 점에서뿐 아니라 소집단 활동을 통한 어린이들의 문제해결 경험 및 학습, 그리고 그들의 사회적 발달에 지대한 관심을 보였다는 점에서도 오늘날의 협동학습운동과 깊은 관련을 맺고 있다고 평가된다(손병노, 1996). 듀이와 그의 추종자들이 주장한 소집단문제해결학습, 진보주의 교육학자들이 제안했던 구안법(project method), 텔렌(Thelen)의 집단조사모형(GI)도 동일한 선상에서 이해될 수 있다.

3. 협동학습의 특징과 의의

협동학습이 갖는 독특한 특징을 이해하기 위해서는 협동학습이 등장할 당시 학교와 교실 문화에 팽배했던 문제점을 먼저 파악할 필요가 있다. 당시의 미국 사회의 학교 문화에서는 과도한 경쟁 논리가 교실 문화를 지배하고 있었으며, 학업적 승자와 패자의 고착화 경향과 그로 인한 다수 학습자의 학습된 무력감이 문제시되고 있었다. 또한 일상화되어버린 경쟁 시스템과 상대평가 체제 속에서 학업적 서열화가 일상화됨에 따라 학업 격차 해소의 기회마저 부재한 상황이었다. 이러한 교육 문화는 교육이 추구해야 할 정의적 영역의 목표 달성, 잠재적 교육과정의 효과를 무력화시키는 결과를 가져왔다.

이러한 문제가 팽배한 가운데 협동학습은 다음과 같은 특징을 학습구조 속에 정착시킴으로써 학교와 교실 문화를 개선하고자 하였다.

- 자신뿐 아니라 구성원 모두의 성취에 관심을 갖도록 목표를 구조화함으로써 학급 구성원 사이에 긍정적 상호의존관계를 형성한다.
- 협동학습의 모둠은 개별적 이질성에 기초하여 소규모로 구성하고 과제 및 집단 세분화로 그 어떤 구성원에게도 학습소외가 발생하지 않도록 한다. 더불어 또래지도 중심의 활동을 통해 개별 책무성을 강화하여 학습 효과를 높인다.
- 협동적 상호작용 중심의 모둠을 구성하여 긍정적 상호의존관계, 사회적 기술을 습득할 수 있는 학습 환경을 조성한다. 협동적 학습 과정을 통해 학습에 필요한 사회적 기능을 직접 습득한다.
- 향상점수와 집단점수를 활용함으로써 균등한 성공기회를 부여하고 이를 학습 효과로 연결시킨다. 개별 모둠 구성원의 성취에 기초하여 전체 모둠이 평가받게 함으로써 자신의 성취뿐 아니라 다른 구성원의 성취에 도움을 주고 격려하는 문화를 만든다.

이러한 특징이 학습 과정 및 조직 구성에 반영된 협동학습의 주요 특징은 다음과 같이 요약 설명될 수 있다.

① 협동을 모든 학습활동 및 조직 구성의 기반으로 활용한다.
 예〉 또래지도(peer-tutoring)의 활성화
② 구성원의 이질성이 확보된 소규모의 모둠이 학습활동의 주체가 된다.
 예〉 4명 원칙, 6명을 벗어나지 않는 소집단의 학습단위 구성
③ 모든 모둠원에게 역할을 부여하여 개별적 책무성을 부여한다.
 예〉 이끔이, 기록이, 탐색이, 칭찬이 등 각자의 역할 부여, 학습 소외 제거
④ 향상도와 집단 전체의 노력을 평가에 반영한다.
 예〉 향상점수, 집단점수에 의한 보상 체제

이상에서 살펴본 협동학습의 등장배경과 발전, 특징 등을 종합하면 협동학습의 의의와 정의는 다음과 같이 설명될 수 있다.

첫째, 협동학습은 협동이라는 인간 상호작용 과정을 수업의 중심축으로 활용하는 새로운 교수-학습 전략이다. 둘째, '협동에 관한' 학습이 아니라 구조화된 수업상황을 통해 '협동 자체'를 학습하는 수업이다. 셋째, 교사 중심의 전통적 수업 방법이나 그에 대한 대안으로 제시되었던 개별화 수업방법의 문제점을 극복하고자 한 학습 방법이다. 결국, 협동학습은 소규모로 구성된 학습 집단이 구성원 간의 협동적 상호작용을 통해 공동의 학습목표를 달성함으로써 집단원 모두에게 유익한 학습효과를 얻게 하는 수업 전략으로 정의될 수 있다.

4. 협동학습의 효과

협동학습은 성립 당시 많은 폐해를 드러냈던 경쟁학습이 갖고 있던 문제점과 개별학습이 가진 한계를 동시에 해결하고자 제안된 대안적 교육 방법이었다. 따라서 교육적으로 의미 있는 학습자 인지 발달 효과에 머무르지 않고 사회적, 문화적,

정치적 분야에까지 광범위한 효과성을 보이는 것으로 알려져 있다. 구체적인 내용을 영역별로 소개하면 다음과 같다.

1) 사회적 기능과 태도 촉진

동일한 육체적, 지적 과제를 수행함에 있어 혼자 개별적으로 행하는 경우와 여러 사람이 함께 행하는 경우의 효과에는 차이가 있다. 동일한 목표를 추구하는 소집단 구성원들이 협동적 상호작용을 할 때 모든 개인의 목표성취 수준이 가장 효율적으로 고양되며 이는 '사회적 촉진이론'으로 검증되어왔다(Allport, 1924).

이는 협동적 목적구조가 경쟁적 목적구조보다 생산적이라는 것을 보여주는데 구체적인 요인은 주로 다음과 같이 설명된다. 첫째, 목표달성을 위한 집단원 간의 상호의존 관계가 수립될 때 각 개인에게도 주어진 과제를 완수하고자 하는 동기유발이 훨씬 강하게 이루어진다. 둘째, 집단작업은 집단원 간의 친근감을 북돋워 작업의 효율을 높인다. 셋째, 협동을 통한 집단작업은 효과적인 의사소통과정을 유발하고 이는 곧 아이디어 창출의 극대화와 상호 영향력 증대로 이어진다.

이상의 연구 결과들은 특히 또래지도(peer-tutoring)의 중요성과 효과성을 통해 협동학습의 긍정적인 효과를 뒷받침하고 있다. 예를 들어, 교사-학습자 간의 상호작용, 학습자-수업매체 간의 상호작용, 학습자-학습자 간의 상호작용 효과를 비교해 볼 때에도 학습자-학습자 간의 상호작용에 중점을 두고 구안된 협동학습 방법이 가장 효과적이라는 것이다. 이는 협동학습이 지식의 습득과정 혹은 학습 과정에 대한 전제에서부터 기존의 수업과 상이한 시각을 채택하고 있기에 가능한 관점이다. 즉, 지식은 학습자의 주체적인 사고과정에 따라 구성되는 것이며 사회적 상호작용 속에서 의미를 부여하거나 체득해 가는 과정으로 이해되기에 그러한 상호작용을 가장 활성화할 수 있는 학습자 간 상호관계를 극대화시킨 학습방법이 인지적으로나 정서적으로 모두 긍정적인 학습효과를 얻을 수 있다는 것이다.

2) 정치 · 사회학적 측면 – 협동학습이 정의 · 사회적 발달을 촉진 한다는 입장

① 인종, 민족 간 편견해소(Allport, 1954)

편견의 해소에 대한 협동학습의 효과성은 주로 고든 올포트(Allport, 1954)의 '접촉이론(Contact theory)'에 근거하여 설명된다. 그는 '편견의 본질(The Nature of Prejudice)'이라는 저서를 통하여 상이한 사회집단 또는 인종집단 간의 접촉이 갖는 중요성을 역설하였는데, 서로 다른 인종 혹은 민족 배경을 갖는 개인들이 공동의 목적(common goal)을 성취하기 위해 함께 작업하거나 서로를 한 개인으로 더욱 잘 알게 될 밀접한 접촉기회(closed social contact)를 부여받았을 때 그리고 그들이 동등한 지위(equal status)하에 같이 작업할 경우에 상대방에 대한 편견을 더 이상 견지하지 않는다는 증거도 제시하였다.

미국의 경우 오랜 기간 인종 간 편견과 그로 인한 사회적 병폐가 커다란 이슈가 되어왔고, 학교교육을 통해 이 문제를 해결해야 한다는 요구 또한 오랫동안 이어져 왔다. 따라서 서로 다른 인종적 배경을 가진 학생들이 학습상황을 통해 서로 긴밀히 접촉하고 공동의 학습목표를 달성하기 위해 노력하는 가운데 편견이 감소하고 사회적 관계까지 개선된다는 것은 협동학습 확산의 결정적 요인이 되었다. 이후로도 실제로 다수의 연구에서 협동학습이 인종 간, 계층 간 편견을 극복하는 데에 실질적인 효과가 있는 것으로 입증되어 왔다(Sharan et al., 1984를 손병노, 1996: 182에서 재인용).

② 학업부진아에 대한 학업우수아의 수용성 제고

협동학습은 사회 및 인종 집단에 대한 편견 해소뿐 아니라 학업 부진아에 대한 학업 우수아의 수용 정도에 있어서도 의미 있는 효과가 있는 것으로 밝혀져 왔다. 학업적 성공을 중시하고 그 결과에 따라 학습자에 대한 가치 판단이 이루어지는 교실 상황에서는 학습 부진아들이 다른 학생들로부터 거부되거나 고립될 우려가 크며 이러한 부정적 경험은 부진아들의 사회적 발달이나 자아개념에 유해한 영향을 미친다. 이에 반해 다양한 협동학습 모형을 투입한 결과 학업 우수아에 의한 학업 부진아의 수용도가 크게 향상되었는데 이는 학업적 성공 기회의 균등한 보장, 긍정적 상호의존성 확보, 개인적 책무성 확보를 통한 개인의 기여도 평가 등 협동학습의 특징이 요인이 된 것으로 설명된다.

협동학습은 또한 동료에 대한 긍정적 태도를 갖게 한다(Johnson & Johnson, 1983을 정문성, 2002: 69에서 재인용). 학습자의 학업 수준, 성별, 지능, 사회경제적 배경 등에 관계없이 협동학습을 경험한 학습자들은 서로에 대해 매우 긍정적인 태도를 갖게 한다. 협동학습의 효과에 관한 많은 연구들을 살펴보면 인지적 효과에서는 상반된 결과가 간혹 나타났으나 동료에 대한 태도에 관해서는 거의 모든 연구에서 긍정적인 효과를 보고하고 있다.

③ 개인의 자아존중감 고양에 도움

협동학습의 심리적 효과 중 가장 의미 있다고 평가받는 것은 학습자의 자아존중감(self-esteem)을 향상시켜 준다는 것이다(Slavin, 1990). 자아존중감은 크게 동료들이 얼마나 자신을 좋아하는가에 대한 지각과 자신이 스스로를 얼마나 긍정적으로 인식하는가로 나뉠 수 있는데 협동학습은 이 둘 모두에 긍정적인 영향을 미치는 것으로 알려지고 있다. 협동학습 과정에서 학생들은 동료들로부터 협력자로 언급되고 학습상황에서 성공을 자주 경험하게 되며 자신이 맡은 역할의 필요성과 영향력을 실감하게 되기 때문이다. 협동학습의 효과에 대한 다수의 연구에서는 이러한 효과에 대해 일반적으로 긍정적인 평가를 하고 있다.

④ 긍정적 통제소재(locus of control) 형성

통제소재란 학생이 자신의 학업적 성공을 스스로의 노력에 의존한다고 믿는 정도를 뜻하는 것으로 그 중요성은 귀인 이론(attribution theory)에서도 받아들여지고 있다. 협동학습에서는 다른 학습과 달리 향상점수나 집단점수로 평가하고 학업적 지위 또한 그 결과로 결정되는 만큼 학생들은 상대적으로 균등한 학업 성공을 경험하게 된다. 이처럼 반복적인 성공 경험은 학업적 성취가 자신의 노력 여하에 달렸다는 신념, 즉 긍정적 통제소재를 형성하는 요인이 된다. 더불어 긍정적인 통제소재 형성은 스스로를 긍정적으로 인식하는 자아존중감 제고에도 영향을 미치는 것으로 알려져 있다.

3) 기존 교실 및 학교 풍토 개선

① 학업적 승자와 패자의 고착화 개선 – 'learned helplessness' 극복 효과

경쟁적인 학습구조를 가지고 있는 일반적인 학습환경 속에서는 평가가 변별 기능에 치중될 수밖에 없고 그 과정에서 일부 학생들의 학업적 승자로서의 지위가 강화된다. 한편, 협동학습에서는 이질적 학습자로 구성된 모둠의 집단 평가, 구성원들의 역할 수행에 대한 동료 평가, 노력과 과정 및 향상 결과에 대한 평가가 함께 이루어지기 때문에 학업성취에 있어서도 균등한 지위의 경험이 가능하다. 또한 이로 인해 학업적 승자와 패자가 고착화되는 문제에서도 비교적 자유로워질 수 있다는 강점을 갖는다.

② 정의적 교육목표 달성과 잠재적 교육과정 효과의 극대화

협동학습은 지식 중심의 경쟁적 평가 시스템이 주도하는 학업능력 중심의 교실문화에서 벗어나 새로운 교실 규범의 창출을 가능하게 한다. 의미 있는 사회적 집단으로서 한 교실에 속한 학생들은 그 교실을 주도하는 규범의 영향을 받게 마련이고, 이는 교과 학습뿐 아니라 학습자의 정서적·사회적 발달에도 큰 영향을 미친다. 평가 결과로서의 상대적인 학업 성공이 수업의 주요 목적이자 교육의 목표가 된다면 학생들의 삶의 공간인 교실 문화와 규범 역시 그러한 목표의 영향하에 있게 되며 이는 학습자의 정서와 사회성에 부정적인 영향을 미칠 수밖에 없는 것이다.

한편, 협동학습의 협동적 구조는 학생들로 하여금 학습과제 자체에 몰두하도록 서로를 격려하게 만들어주고 학생들은 자신의 동료들이 최선을 다할 것을 바란다고 느끼게 해준다. 이는 학업성취에만 긍정적인 영향을 미치는 것이 아니라 보다 협동적인 교실 문화, 상호 간의 성취에 대한 지지와 응원, 학급행동의 긍정적 변화, 학교생활 및 교실생활에 대한 긍정적 인식 확대, 협동심과 이타심 그리고 타인의 입장에서 문제를 조망하는 감정이입의 확대 면에서 가치 있는 변화를 가져온다.

4) 학업성취도 향상의 효과

미국에서 협동학습에 관한 연구동향을 검토해보면 거의 모든 연구들이 협동학습 방법이 학생들의 학업성취도를 향상시킨다고 주장하고 그를 뒷받침하는 근거들을 내놓고 있다. 다만, 어떤 이유에서 학업성취도가 향상되는가라는 물음에 대해서는 상이한 해석이 존재한다(손병노, 1996).

① 동기유발이론 – 도이치

협동학습의 효과성에 대한 동기 이론적 관점에서는 일차적으로 보상구조 또는 목적구조에 초점을 맞춘다. 목적구조의 유형에는 협동적 목적구조, 개별적 목적구조, 경쟁적 목적구조가 있다. 첫째, 협동적 목적구조는 각 개인들이 행하는 목적 추구 노력이 다른 사람의 목적 달성에 기여하는 상황이다. 둘째, 개별적 목적구조는 개개인의 목적 지향적 노력이 타인의 목적 달성과 무관하게 진행되는 경우이다. 셋째, 경쟁적 목적구조는 한 개인의 목적 추구 노력이 다른 사람의 목적 달성을 방해하는 경우이다.

협동학습에서는 이 중 협동적 목적구조를 중심 구조로 택하고 있는데 동기유발 이론에서는 바로 이러한 목적구조의 설정이 학업성취도상의 개선을 가져다주는 핵심 요인이라고 설명한다. 협동적 목적구조 아래서는 집단 내 개개인들이 자신이 원하는 목적을 성취할 수 있는 유일한 길이 집단 전체의 성공으로 한정되기 때문이다. 이 때문에 모든 집단원들은 서로의 성공을 위해 조력하고 또 최선을 다하도록 격려하는 방향으로 새로운 학습규범을 창출하게 된다.

② 사회 응집이론 – 코언, 애런슨, 샤란

사회 응집이론 역시 협동학습의 효과를 인지적 요인이 아닌 동기 유발의 차원에서 설명한다는 점에서 동기유발이론과 맥을 같이한다. 하지만 학습자들이 서로에게 도움을 주게 되는 이유를 서로 다르게 해석한다. 즉, 동기유발이론에서는 타인을 돕는 행동이 자신의 이익과 목적 달성에 도움이 되기 때문이라고 설명하는 것에 비해 사회적 응집이론에서는 학생들이 남을 돕는 행위를 하는 근본적인 이유가 집단에 대한 고려라고 설명한다. 인간은 집단 속에서 살아가는 존재로서 본질적으로 타인을 고려하는 태도를 가지고 있고 더불어 타인의 성공을 진심으로 원하기 때문이라고 주장하는 것이다. 즉, 자기보상 측면보다는 집단 응집력의 차원에서 협동학습의 효과를 설명한다.

③ 인지이론

학업성취도 개선과 관련한 협동학습의 효과를 설명함에 있어서 학습자의 심리적인 요인인 동기보다는 인지적 관점에서 설명하는 이론이 인지이론이다. 인지이론에서는 학습자 간 상호작용보다는 지적정보처리와 관련된 이유에서 협동학습이 성취도 수준을 향상시킨다고 보며 발달이론, 인지정교화 이론에서 주장하는 협동학습의 효과는 다음과 같다.

가) 발달이론

협동 과제를 둘러싼 학습자 간의 상호작용 활성화로 인해 인지적 재구성 경험이 확대되면서 지식과 사고의 확장이 이루어지기 때문에 이것이 학업성취도 향상으로 이어진다고 본다.

발달이론에서는 학습과제를 둘러싸고 이루어지는 학습자 간의 상호작용이 주요 개념의 통달수준을 향상시켜준다고 본다. 비고츠키(Vygotsky, 1978)가 구안한 근접발달영역(Zone of Proximal Development)이라는 개념은 '독립적 문제해결에 의해 결정되는 실제적 발달수준과 성인 혹은 보다 능력 있는 동료의 안내나 협력을 통한 문제해결에 의해 결정되는 잠재적 발달 수준 간의 거리'로 정의된다. 비슷한 연령 또래의 학습자들은 독자적으로 학업 과제를 수행하는 경우보다 자신에 비해 좀 더 나은 능력을 가진 협력집단에 소속되어 타인의 행위를 본받을 때 보다 효과적인 학업성취를 얻을 수 있는데 이는 서로 간의 근접발달영역 내에서의 지적 작용이 활성화되기 때문이다.

피아제(Piaget, 1926)도 유사한 입장을 취한다. 그는 언어, 가치, 규칙, 도덕성, 상징체계와 같은 사회적 지식은 다른 사람과의 상호작용을 통해서만 학습될 수 있다고 주장하면서 또래 간의 상호작용이 아동의 자기중심적 개념화 과정에 불균형을 가져다주고 그가 갖는 논리적 구성의 타당성에 대해 피드백을 제공함으로써 사고의 발달에 중요한 영향을 미치는 것으로 보았다. 구체적으로는 학습내용에 대한 토론과정에서 인지적 갈등이 발생하고 부적절한 추론 과정이 드러날 것이며 인지적 불균형이 발생하고 이를 해결해 가는 과정을 통해 기존의 학습 수준보다 질 높은 이해가 가능해질 것이기 때문에 학생들이 상호 간에 의미 있는 학습을 하게 된다고 본다.

이처럼 발달이론의 관점에서 학업성취도에 대한 협동학습의 효과는 거의 전적으로 협동적 과제의 사용에서 기인되는 것으로 해석된다. 협동적 과제가 학생들로 하여금 서로 토론하고, 논쟁하며, 다른 견해를 제시하거나 타인의 견해를 경청하게 함으로써 학생들은 상반되는 인식이나 아이디어를 탐구하는 과정에서 높은 수준의 이해를 갖게 된다.

나) 인지정교화이론

인지정교화 이론 역시 협동적 과제를 해결하는 과정에서의 학습경험으로 학업성취도 향상의 동인을 설명한다. 다만, 협동적 활동 중 소집단 내에서의 또래티칭 등 자신이 아는 바를 설명하고 주장하는 경험이 인지정교화의 주요 수단이 된다는 점을 보다 구체적으로 밝혔다.

인지심리학 연구들은 한 정보가 인간의 기억 속에 파지되고 또 장기 기억 속의 기존 정보와 관련성을 맺기 위해서는 학습자가 정교화라고 불리는 인지적 재구성과정을 거쳐야 한다고 주장해왔다. 그리고 이때 정교화의 가장 효과적인 수단은 바로 해당 자료나 정보를 다른 사람에게 설명해보는 경험을 하는 것이 된다. 이는 또래지도(peer-tutoring)가 가르치는 학생이나 가르침을 받은 학생 모두에게 학업성취도상의 이익을 가져다주는 것으로 증명되고 있지만, 특히 그중에서도 더 많은 학업성취상의 이익을 받는 쪽은 오히려 다른 사람에게 상세한 설명을 제공하는 쪽이라는 점을 통해 드러나고 있다(Webb, 1985를 손병노, 1996에서 재인용).

교사 중심의 강의식 수업에서는 늘 청자의 입장에 있게 되는 학생들이 화자의 위치에서 적극적으로 설명하고 토의하고 주장하는 경험을 하는 협동학습에서는 모든 학생들이 인지정교화의 경험을 하게 되며 이를 통해 학업성취도 향상 효과가 나타나는 것이다.

2절 협동학습의 유형

협동학습의 개발과 실용화에는 다양한 기관과 연구자들의 노력이 있었으며 대학별 연구팀에 따라 다양한 모형이 제안되었다. 우선, 존스홉킨스 대학에서 슬래빈(Slavin), 매든(Madden), 데브리스(DeVries) 등에 의해 만들어진 Student Team Learning (STL) 프로그램이 대표적이며 Student Teams-Achievement Divisions(STAD), Teams Games Tournaments(TGT), Team Assisted Individualization Math(TAI), Cooperative Integrated Reading and Composition(CIRC) 등이 다양하게 개발되었다. 미네소타 대학에서 존슨(Johnson) 형제가 개발한 Learning Together(LT), 산타크루즈 캘리포니아 대학의 애런슨(Aronson)이 만든 Jigsaw, 이스라엘 텔아비브 대학의 샤란(Sharan)과 라자로비츠(Lazarowitz) 등이 만든 Group Investigation(GI)이 있으며 그 외에, JigsawⅡ, JigsawⅢ, GI를 정교화시킨 Co-op Co-op모형, 스탈(Stahl)의 일화를 활용한 의사 결정 모형(Decision-Making Episodes: DME), 존슨과 존슨의 Pro-Con모형 등이 유명하다.

최근에는 케이건(Kagan)이 5분이나 10분 정도의 아주 간단하고 쉬운 협동학습 기법을 다수 개발하여 보급함으로써 큰 인기를 끌었는데 이는 이전의 협동학습 모형이 1차시 전체를 다루거나 여러 차시에 걸쳐 다루어지는 특성을 가짐에 따라 협동학습에 익숙하지 못한 교사와 학생들이 장점을 제대로 살리지 못한다는 것에 착안한 것이었다. 다음에서는 이 중 사회과 수업 활용도가 높고 사회과의 성격 및 목표와의 정합성 측면에서 긍정적 평가를 받는 대표적 모형을 소개하고자 한다.

1. STAD(Student Teams-Achievement Division)

1) 개념 및 특징

STAD는 존스홉킨스 대학에서 연구 개발된 Student Team Learning(STL) 프로그램 중의 하나이다. STL의 기본 아이디어는 학생들이 함께 학습하고, 서로의 학습에 책임지며, 모든 모둠 구성원이 주어진 학습목표를 달성함으로써 얻을 수 있는 모둠의 성공을 강조한다는 데에 있으며 주요 특성을 제시하면 다음과 같다.

- 기준 이상의 성적을 거두었을 때 모둠별 보상을 받는다. 개인 보상은 없다.
- 각 구성원은 개별적 책무성을 갖는다. 모둠의 성공은 구성원 각 개인에게 달려있고 동료 간의 교수 활동에 의한 도움 없이는 모둠이 성공할 수 없는 구조이다.
- 성공기회가 균등하다. 모둠 성적은 구성원들의 향상점수에 의해 계산된다. 향상점수란 각 개인이 이전에 얻은 점수(기본점수)에 비해 본 차시의 수업 후 얻은 점수가 얼마나 향상되었는가를 기준으로 모둠점수를 환산한 결과이다. 구성원 개인이 가지고 있는 기본적 학업능력에 관계없이 누구나 노력에 의한 개인의 성적 향상을 통해 모둠의 성공에 기여할 수 있다.

STAD는 위에 제시된 STL 프로그램의 특징을 기반으로 하면서 교사의 설명(class presentation), 모둠(teams), 퀴즈(quizzes), 개인향상점수(individual improvement scores), 모둠 보상(team recognition)이라는 5가지 요소를 수업절차로 구조화시켜 만든 수업모형이다. 협동학습 모형 중 가장 오래되고 널리 사용되는 모형으로 특별한 절차나 기법보다는 협동학습의 이론적 전제와 특징을 실제 학습과정에 접목한 가장 초기의 협동학습 모형이라는 측면에서 의미 있게 평가된다. 실제 수업에 적용하기 쉬운 간단한 절차를 갖고 있음에도 불구하고 독특한 보상체제의 구조가 협동학습이 추구하는 기본 취지에 적절하게 설계되어 있어 활발한 동료 간 상호작용과 학습동기를 촉진해주는 장점을 가지며 협동학습을 처음 시작하고자 하는 교사들에게 추천되곤 한다.

2) 학습절차

STAD의 절차는 다음과 같은 4단계로 구성되어 있다.

① 교사의 설명(class presentation)

교사는 우선 단원의 전체 개요를 직접 교수한다. 이는 구체적인 학습 이전에 전체 학습내용의 대강을 파악하여 학습활동의 기본 방향을 제시해 주려는 것이다. 직접 강의뿐 아니라 영상 강의의 방법을 활용할 수도 있다.

② 모둠 학습(team study)

협동학습의 취지에 따라 이질적인 소그룹의 모둠을 구성하고 모둠원 각자의 역할을 정하여 모둠학습에 참여한다. 모둠은 일반적으로 4~6명으로 구성하며 성별, 성적, 성향 등을 고려하여 최대한 이질적으로 구성한다. 모둠이 구성되면 각자의 역할(이끔이, 기록이, 탐색이, 칭찬이 등)을 분담하고 역할에 따라 학습활동에 참여한다.

③ 평가(quiz)

모둠학습이 끝나면 적절한 준비 시간을 준 뒤 개인별 퀴즈를 치른다. 퀴즈는 모둠원들끼리 도와줄 수 없으며 시간은 충분히 부여하는 것이 좋다. 퀴즈를 치른 후 짝과 답안지를 교환하여 채점한 뒤 교사가 회수한다. 협동학습의 향상점수 계산 원칙에 따라 점수를 계산한다. 이러한 점수 체제는 과거 자신의 점수에서 그 점수를 넘어서려는 노력을 유도하는데 이를 통해 타인과의 경쟁이 아니라 자신과 경쟁을 하게 함으로써 인지적으로나 정의적으로 긍정적인 학습 효과를 얻게 된다.

④ 모둠 점수의 게시와 보상(team recognition)

수업이 마무리되면 점수를 발표하고 모둠에 대해 보상한다. 보상의 방법에는 칭찬 스티커 부여, 모둠 이름에 칭찬 칭호 붙이기, 모둠의 활약상을 게시판에 알리기 등이 있다.

STAD는 수업절차가 매우 간단하여 누구나 쉽게 적용할 수 있으면서도 모둠 구성과 평가방식의 독특성, 학습자 간 상호작용을 활성화시키는 모둠학습 등을 통해 협동학습의 인지적·정서적 효과를 얻을 수 있다는 강점이 있다. 그러나 외적 동기인 점수 계산에 치우친 나머지 학습내용이나 활동이 가진 내적 동기가 약화될 수 있으므로 가능하면 학습내용이 흥미가 없고 단순한 기능을 익혀야 하는 단원의 수업, 중단원이나 대단원의 마무리 단계에서 필수 지식이나 개념을 확인하는 수업 등에 활용하는 것이 바람직하다.

2. TGT(Teams Games Tournaments)

1) 개념 및 특징

STAD(Student Teams-Achievement Division) 수업 모형과 거의 유사한 단계를 거치지만 평가의 단계에 게임을 접목함으로써 학습동기의 강화를 유도하는 수업이다. 게임이라는 요소 덕분에 학업 성취도가 낮은 학생들도 흥미를 갖고 수업에 참여하게 되고 적극적으로 팀에 기여할 수 있는 기회가 부여된다. STAD 모형의 마무리 평가 단계가 시험을 치르는 과정으로 운영되다 보니 학생들의 흥미가 떨어지고 불안도가 높아지는 점을 보완하여 이 단계에 토너먼트식 게임을 접목한 모형이다. 학습의 효과와 학습자의 흥미 향상이라는 강점을 동시에 얻을 수 있다.

2) 학습절차

학습 목표, 수업 준비, 학습 내용 개요 제시, 소집단 활동까지는 STAD와 절차가 같다. 다만 소집단 활동을 통해 학습이 이루어지고 난 후 TGT의 독특한 과정인 토너먼트 게임에 들어가게 된다. 게임은 리그제로 운영되며 게임을 포함한 학습의 절차를 소개하면 다음과 같다(Slavin, 1986; Priest & Stahl, 1994).

① 교사의 수업 안내(class presentation of the lesson)

수업이 시작되면 교사는 우선 단원의 전체 개요를 직접 교수한다. 이는 구체적 학습 이전에 전체 학습내용의 대강을 파악하여 학습활동의 기본방향을 제시하는 과정이다. 교사가 직접 강의를 할 수도 있고, 비디오나 OHP 등 학습 자료를 이용할 수도 있으며 때로는 초청강사나 자원봉사 학부모를 동원할 수도 있다.

② 소집단 학습(team study)

STAD에서 소집단 구성원 수는 보통 4~6명으로 구성한다. 이때 소집단 구성원은 최대한 이질적으로 구성한다. 소집단이 구성되면 소집단 구성원 각자의 역할을 정하도록 한다. 각자의 역할은 수업내용과 구성원의 특징에 따라 달라질 수 있지만 최소한 소집단 리더는 선출해서 소집단 활동의 진행을 순조롭게 할 수 있어야 한다. 그 외에 토의 기록, 자료정리, 정보탐색 등의 역할들을 협의해서 분담한다.

③ 토너먼트 게임(tournaments game)

토너먼트 게임은 TGT수업의 가장 독특한 학습과정이자 평가과정이다. 이를 효과적으로 운영하는 것이 수업 성패를 결정하며 교사의 철저한 준비가 필요한 과정이다. 수업 진행에 필요한 교사의 준비와 게임방법은 다음과 같다.

■ 교사의 준비 사항

▷ 문제 카드 및 정답지

교사는 학습자들이 배운 단원의 범위 내에서 학습 목표와 관련된 퀴즈 문제들을 준비한다. 보통 4명이 한 테이블에서 게임을 하게 되므로 4의 배수에 해당되는 수만큼 문제를 만들어야 한다. 카드 앞면은 문제 번호(숫자)를 적고, 뒷면에 문제(내용)를 적어서 준비한다. 그에 해당하는 정답지도 만드는데 이것은 필요한 문제의 답만 확인할 수 있도록 포스트잇과 같은 것으로 가려놓으면 된다. 문제의 수는 4의 배수로 20, 24, 28, 32 문제 등, 단원 내용이나 수업 시간 등을 고려해 조정할 수 있으나 가능한 한 많은 문제를 출제하는 것이 바람직하다. 또한 정해진 시간보다 빨리 게임이 끝나는 모둠을 위하여 또 예비 문제 카드를 만들어 놓는 것이 좋다. 게임이 끝난 모둠의 학습자들은 다른 모둠의 게임이 끝날 때까지 기다려야 하고, 교사가 이들을 통제하는 데에도 신경을 써야 하기 때문이다.

▷ 각종 기록 카드

우선 각 토너먼트 테이블에는 4명의 학습자가 게임을 하게 되며 각 테이블마다 게임의 결과를 기입할 기록표, 소집단별 성적을 볼 수 있는 소집단별 기록표를 준비한다. 게임이 모두 완료되면 소집단과 학생들의 성적을 일목요연하게 게시하고 격려하는 것이 좋다.

■ 게임 방법

▷ 한 토너먼트 게임 테이블에서 4명의 학생이 게임을 할 수 있게 하기 위해서는 학급 학생수와 소집단의 수를 잘 조절해야 한다. 만약 한 학급의 학생수가 48명이고, 4명씩 12개의 소집단으로 구성되어 있다면 1-4조는 1부 리그, 5-8조는 2부 리그, 9-12조는 3부 리그로 나누어 운영한다. 학급당 학생 수의 차이로 인해 발생하는 문제들은 교사가 적절히 융통성을 발휘해서 운영한다.

▷ 각 조는 STAD의 경우와 같이 상위, 중위, 중위, 하위의 학생으로 구성되어 있다. 각 구성원은 자신의 학습 능력에 따라 다른 조의 같은 학습 능력을 가진 학생과 게임을 하게 된다. 즉 1부 리그의 예를 든다면 1조의 상위, 2조의 상위, 3조의 상위, 4조의 상위 학생이 한 테이블에서 만나서 게임을 하고, 또 각 조의 하위 학생 4명이 한 테이블에서 게임을 하게 되는 것이다. 이렇게 함으로써 모든 구성원은 동등한 조건에서 게임에 임할 수 있고, 여기서 얻은 성적에 따라 다음 게임에는 상위 테이블에 출전할 수도 있기 때문에 팀에 기여할 동등한 기회를 갖게 된다.

▷ 4명의 학습자들이 토너먼트 테이블에 둘러앉으면 테이블 위에는 교사가 준비해둔 문제 카드 묶음(카드 번호가 적혀 있는 면을 위로 하여)과 가려진 상태로 준비된 정답지, 테이블 기록표가 제공된다.

① 누가 먼저 문제를 풀 것인지 '선(先-reader)'을 정한다. '선'은 문제를 읽는 역할을 하므로 reader로 칭하며 오른쪽으로부터 1번, 2번, 3번 도전자가 된다.

② '선'이 결정되면 '선'은 임의의 카드를 선택하고 카드 뒤에 있는 문제를 다른 학생들이 들을 수 있도록 읽는다. '선'의 권한은 자신이 선택한 문제의 답을 먼저

말할 수 있고, 틀려도 감점이 없다는 것이다.

③ '선'이 생각한 답을 말한 다음, 1번 도전자부터 자신의 생각을 표현할 수 있는 기회가 주어진다. 즉 앞에서 말한 것이 정답이라 생각되거나 잘 모르겠으면 '통과'를 외치고, 틀렸다고 생각되면 '도전'을 외치고 자신이 생각하는 답을 말하면 된다. 그러나 도전자들이 말한 답이 틀렸을 때는 1점의 감점을 당하게 된다. 2번, 3번 도전자에게도 기회를 준다. 이렇게 해서 마지만 도전자, 즉 3번 도전자가 정답을 확인하는 역할과 결과를 기록하는 역할을 맡는다. 이렇게 한 라운드가 끝나면 1번 도전자가 새로운 선(reader)이 되고, 오른쪽으로 역할이 하나씩 옮겨지게 된다.

▷ 교사가 게임의 종료를 알리면 게임이 끝나는데, 이때 4명의 학생이 동등한 횟수만큼 '선'의 역할을 하지 못한 테이블은 그렇게 될 때까지 기다려 준다. 게임의 종료를 알리기 전에 주어진 문제 카드를 다 해결한 테이블이 있으면, 준비해둔 예비 문제 카드를 제공한다. 게임이 끝나면 테이블 기록표에 결과를 기록한 후 교사에게 제출한다.

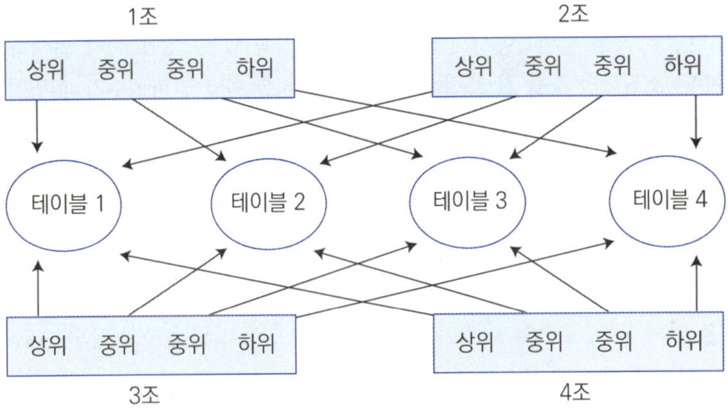

[그림 5] TGT 게임 방법

④ 소집단 점수의 게시와 보상(team recognition)

교사는 테이블 기록표에 기록된 순위에 따라 미리 준비한 기준에 의해 점수를 부여하고 소집단 성적을 산출한다. 소집단 성적을 산출하는 데에는 시간이 걸리므로 그 결과는 대부분 다음 수업을 시작하기 전에 발표하면 된다. 각 테이블에서 1위를 한 학습자는 다음 게임에서는 한 단계 향상된 테이블에서 게임하게 되고,

2, 3위를 한 학습자는 현상유지, 하위에 머무른 학습자는 한 단계 낮은 등급의 테이블에서 게임을 하게 된다.

3. Jigsaw

1) 개념 및 특징

Jigsaw란 본래 실톱이란 뜻으로 보통 조각 그림 맞추기 퍼즐을 의미한다. Jigsaw 학습은 미국 텍사스 대학의 애런슨과 그 동료들에 의해서 개발된 학습 모형이며 학생이 정보원, 학습의 주체가 되어 서로 협력하면서 가르치고 배우는 상호 의존적인 소집단 학습이다. 개별 학생들에게 서로 다른 학습주제가 주어질 뿐 아니라 또래교수(peer-tutoring)에 대한 개별적 책무가 주어지므로 어떠한 협동학습 모형보다도 주어진 과제에 대한 책임감이 강하게 부여되고 상호의존성 또한 높다.

학급을 소집단으로 나누고, 소집단의 구성원 각자에게 다시 전문가 활동이라는 역할을 주어 각각의 주제를 학습하게 한 다음 원 소속집단으로 돌아와 학습 사항을 보고한 후 주제를 종합·정리하는 학습이다. 학생들은 이 학습을 통해 경쟁심 대신 협동심을 배우게 되고 모든 구성원이 가르치는 입장에 서게 됨에 따라서 평소 발표에 자신이 없는 학생들도 발표에 익숙해질 수 있는 기회를 가지게 됨과 동시에 자신감을 얻을 수 있다.

2) 학습 절차

Jigsaw 수업은 학습할 주제를 4~6명으로 구성된 원모둠에게 부여하되 이를 하위 주제로 분담하여 다른 모둠원들 중 같은 하위 주제를 선택한 전문가 모둠에서 공부한 후 원래 모둠으로 돌아가 각 구성원이 전문가로서 다른 구성원들에게 책임지고 가르치는 방식으로 진행된다. 구성원은 모두 자기가 맡은 하위주제에 관한 한 최고의 전문가가 되기 위해 조사, 탐구, 토의해야 하고 교사는 더 이상 학습 집단의 주된 자료원이 아니며 오히려 집단 구성원들 서로가 주된 학습 자료원이 된다. 동료들이 가지고 있는 정보가 한 조각의 그림과 같아서 조각 그림 맞추기에서 한 조각이라도 빠지면 완전한 그림이 될 수 없는 것과 같은 이치로 과제 분담 구조를 통해서 집단 구성원 간의 상호 의존성을 높이게 된다. 주요 학습절차는 다음과 같다.

① 학습 집단을 여러 모둠으로 나눈다(1개 모둠은 4~6명).
② 교사는 교재 및 주제를 각 모둠의 학생 수에 맞게 나눠주고 모둠원들은 각자 학습할 하위 주제를 선택한다.
③ 각 모둠은 같은 하위 주제를 선택한 학생끼리 모여 전문가 집단을 구성한다.
④ 각 그룹에서 모인 한 명씩의 학생이 새로운 모둠(전문가 집단)의 구성원이 되어 공동 학습한 다음 학습 결과를 도출한다.
⑤ 전문가 집단에서 학습이 끝난 각 학생들은 원집단으로 되돌아간다. 원집단에서는 각 학생 하나하나가 학습 정보원이 되어 상호 학습을 실시한다.
⑥ 학습이 완료되면 학생 간 상호 평가를 실시하고, 교사는 의견과 학습의 결과를 취합하여 정리하면서 학습을 마무리한다.

Jigsaw수업을 위해 교사는 소집단 구성원들이 서로의 도움 없이는 학습이 불가능하도록 소집단 수만큼 나누어진 하위주제에 기반한 학습 자료를 특별히 고안해야 한다. 이를 위해 특히 유의해야 할 사항은 다음과 같다.

첫째, 전문가 학습지 작성에 부과된 주제의 특성 및 하위 주제의 분량에 따라 전문가 활동 및 주제학습의 특성과 맥락이 정해지기 때문에 주제 선정과정에 이러한 특성을 충분히 고려해야 한다. 동등한 수준의 하위 주제를 다수 포함한 학습 주제를 선정하는 것이 좋다.

둘째, 전문가 집단 활동을 할 때, 원래집단으로 돌아가 자신이 맡은 하위 주제에 대한 학습 결과를 소개할 때 모든 구성원들이 이해할 수 있도록 안내하는 것이 중요하므로 전문가가 이를 잘 이끌어갈 수 있도록 역할 이해와 훈련이 되어 있어야 한다. 이를 위해 같은 주제를 공부하는 전문가 집단에서 학습주제에 대한 이해

뿐 아니라 어떻게 전달하고 이해시킬 것인가에 대한 준비가 충분히 이루어지도록 한다.

※ Jigsaw II 모형

1) 등장 배경

'학업성취를 향상시키는 가장 효과적인 요소는 과연 무엇인가?'라는 질문은 협동학습을 연구하는 학자들의 주된 관심이 되어 왔다. 이에 대해 발달적 관점에 있는 학자들은 학습자들과의 상호작용 그 자체가 학업성취에 영향을 준다고 주장하였고, 동기적 관점에 있는 학자들은 상호작용만으로는 부족하며 상호작용을 극대화할 수 있는 '집단보상'과 '개별 책임성'이 부여되어야 한다고 주장해왔다(Slavin, 1987). 이에 따라 슬래빈(Slavin, 1987)은 Jigsaw의 평가체제만으로는 협동학습의 효과를 충분히 거둘 수 없다고 보고 기존의 Jigsaw 모형에 보상구조와 성공기회의 균등을 보완한 JigsawII를 개발하였다.

2) 수업 절차(VanSickle, 1992; 정문성, 1995).

① 교과에서 한 단원을 선택하여 이를 4가지 기본 주제로 나눈다.
② 4명으로 구성된 소집단을 만들고 이름을 정하여 정체성을 갖도록 유도한다.
③ 각 소집단에 4가지 주제가 적힌 전문가 용지(Expert Sheet)를 배포한다.
④ 주제는 소집단 구성원 각자에게 하나씩 배분되며 각 주제를 맡은 구성원은 그 주제의 전문가가 된다.
⑤ 자신이 맡은 주제를 전체적인 맥락에서 파악한 뒤 각 전문가 집단끼리 모여 자신들의 주제에 관해 학습 및 토론한다.
⑥ 전문가 학습이 끝나면 자신의 소집단에 돌아가서 단원 전체를 학습한다. 이때, 각 주제의 전문가들이 되어 돌아온 원집단 구성원들이 돌아가면서 자신이 학습해 온 주제를 다른 동료들에게 가르쳐준다.
⑦ 원모둠 학습이 끝나면 단원 전체에 대해 개인적 시험을 치른다.
⑧ 원모둠별로 점수를 공개하고, 학급 신문이나 게시판에 팀의 성적을 공고한다. 이때 소집단 점수는 향상점수에 기초하여 계산된다.

4. 일화를 활용한 의사 결정 모형(Decision-Making Episodes: DME)

1) 개념 및 특징

사회과에서 의사결정 능력의 함양은 늘 중요한 목표였고 다양한 의사결정 학습 모형이 제안되었다. 하지만 과거의 의사결정모형은 거시적인 관점에서 집단적 의사결정의 흐름만 보여 줄 뿐이며 구체적으로 집단 내에서 어떤 과정을 거쳐 집단 합의가 도출되는지에 관해서 충분한 정보를 제공해 주지 못한다는 비판을 받았다. 또한 의사 결정을 강조한 수업이 늘 흥미로운 것도 아니고, 결국에는 다수결에 의한 집단 의사결정과 결과에 대한 승복이 구성원에게 강요된다는 문제점도 드러났다.

캐스틸과 스탈(Casteel & Stahl)의 의사결정모형은 집단적 문제 해결을 위해 구성원 간의 활발한 의견 교환을 통한 사회적 기능과 타협 정신을 특히 강조한다는 점에서 기존의 의사결정모형과 차별화된다. 그들은 학생들이 배워야 할 내용을 하나의 에피소드로 만들어 제시하고 그 에피소드를 완성하는 과정에서 자연스럽게 달성해야 할 목표와 내용을 학습하는 모형을 제안하였는데 만장일치제의 집단 의사결정 과정을 통해 활발한 토론을 조장하는 방식을 제안하였다. 이와 같은 의사결정 과정을 통해 구성원들은 각자의 다양한 생각과 관점을 표현함으로써 자신의 태도를 형성할 수 있으며, 의견을 조율해가는 과정에서 관용과 배려의 태도를 습득할 수 있다. 또한 의사소통을 위한 정확하고 지적인 표현과 의사결정 과정으로서의 상황 판단 연습을 통해 비판적 사고력을 신장시킬 수 있다.

2) 학습 절차

① 수업 목표와 에피소드 제시: 수업 목표에 적합한 교과 내용을 열린 상황의 이야기(에피소드)로 만들어 제시함으로써 수업을 시작한다.

② 교사의 배경 설명: 수업하고자 하는 내용에 대해 기본적인 배경 설명을 한다.

③ 학습 과제지의 배포: 에피소드가 포함된 학습 과제지를 배포한다. 학생들에게 이를 읽게 하고 더 필요한 정보들을 공부하게 한다. 집단 토론을 통해 그 정보들을 충분히 검토한 뒤 모든 구성원이 다 이해하고 있는지를 확인한다.

④ 개인의 의사 결정: 집단의 의사결정 전에 먼저 개인적인 의사 결정을 한다. 각각의 의견에 대한 장단점을 충분히 고려하여 결정하도록 안내하고 집단 의사결정을 위한 준비에 돌입한다.

⑤ 집단 의사결정: 개인적인 의사결정이 끝났으면 각자의 의사결정지를 가지고 소집단 토론을 통해 전체 구성원의 합의도출에 들어간다. 이때는 다수결이 아닌 만장일치세로 의사 결정을 하여야 한다.

⑥ 각 집단의 발표: 소집단의 의사결정이 끝났으면 전체 학급에서 간단하게 각 소집단의 의사결정 결과를 발표한다. 의사결정 결과와 함께 결과에 이르기까지의 집단토의 과정에 대해 함께 이야기하고 교사는 칭찬할 점, 다음에 보완할 점 등을 이야기해 준다.

3) 수업전략(의사결정전략)

DME모형에서는 보다 효과적이고 질 높은 의사 결정력을 기르기 위해 다음과 같은 의사결정 전략을 활용할 것을 제안하였다. 각각의 전략이 갖는 강점이 다르므로 에피소드가 요구하는 의사결정 내용의 특성에 맞게 선택적으로 활용하면 된다.

첫째, 서열화 전략(ranking-order decision strategy). 선택 가능한 모든 대안들을 하나도 빠짐없이 서열화하도록 하는 전략이다. 대부분의 의사결정에서 사람들은 여러 가지 선택할 수 있는 대안들이 있을 때 대부분 첫 번째나 두 번째 대안들에만 관심을 기울이고 이후의 대안들에 대해서는 관심을 기울이지 않는 경향이 있다. 이는 다양한 대안에 대한 충분한 논의가 이루어지지 않는다는 것을 의미할 뿐 아니라 학습 상황에서는 교사가 준비한 자료에 비해 의사결정 경험을 덜하게 하는 것이므로 수업 자료를 비효율적으로 활용하는 결과를 초래한다. 따라서 학습자들이 대안이 될 수 있는 모든 상황들에 대해 깊이 분석, 탐구할 수 있는 의사결정 전략을 제안하였는데 이것은 모든 대안들을 학습자가 서열화하도록 하는 전략이다. 다양한 대안을 제시하고 순서를 매기는 방법이나, 선호하는 것부터 마지막 대안이 남을 때까지 계속 선택하게 하는 방법을 사용할 수 있다.

둘째, 강제 선택 전략(forced-choice decision strategy). 여러 대안 중 하나 혹은 주어진 숫자만큼의 대안을 선택하고 다른 대안들은 모두 포기하는 전략이다. 이러한 전략은 학습자로 하여금 첫 번째의 선택을 매우 신중하게 결정하도록 유도한다. 다만, 상위 선호 이외의 대안들에 대해 깊이 고민하지 않을 수 있으므로 한 번의 선택은 다른 대안들을 모두 포기하는 것을 의미한다는 점을 강조하면서 주어진 모든 대안들의 강·약점을 모두 신중하게 검토하도록 주의시키는 과정이 필요하다.

셋째, 협상 전략(negotiation strategy). 여러 대안들을 3가지로 범주화하여 협상의 대상으로 활용하는 전략이다. 첫 번째 범주는 개인적으로 가장 선호하는 대안, 두 번째 범주는 첫 번째 범주를 선택하기 위해서 잠시 유보할 수 있는 대안, 세 번째 범주는 기꺼이 포기하거나 양보할 수 있는 대안 등으로 분류하여 자신이 가장 선호하는 결과를 얻기 위해 협상하는 과정에 활용한다.

넷째, 창안 결정 전략(invention decision strategy). 개인적인 의사결정에서 제안된 대안 그대로가 아니더라도 제3의 대안을 새롭게 만들어 낼 수 있도록 허용하는 열린 의사결정 전략이다. 학습자들은 주어진 대안을 버릴 수도 있고, 결합할 수도 있으며 다른 것을 더할 수도 있다. 다만 최후의 대안을 제시하기 전에 예상되는 결과들, 손해와 이익, 얻는 것과 잃는 것 등을 충분히 분석하고 평가하여야 한다.

이상과 같은 의사결정 전략과 수업모형을 활용함으로써 얻을 수 있는 효과는 다음과 같다. 첫째, 수업을 재미있게 할 수 있을 뿐만 아니라 수업을 하는 과정에서 여러 대안들을 비교, 분석, 평가하는 능력을 기를 수 있다. 둘째, 사회적 의사결정 과정에서 만장일치제를 요구하고 있으므로 학습자들은 충분한 의사소통과 설득 과정을 경험하게 된다. 이는 현실 사회 속 문제해결과 갈등해소를 위해 반드시 필요한 역량이다. 셋째, 학습자가 의사결정이 필요한 상황을 쉽게 이해하고 몰입할 수 있도록 에피소드를 활용하기 때문에 학습자의 실제적인 감정이입이 가능해진다.

하지만 적절한 상황과 대안을 구비한 학습지를 매 단원마다 제작하는 것은 쉽지 않다. 따라서 실제 역사적 사건을 현대적으로 각색하여 제공하고 의사결정하게 한 뒤 과거의 실제 의사결정 결과와 비교하거나, 현실사회에 존재하는 갈등문제해결 상황을 내러티브로 제공할 수 있는 단원 등에 주로 활용한다.

5. Pro-Con모형

1) 개념 및 특징

Pro-Con모형은 협동학습 안에서 논쟁문제에 대한 찬성과 반대의 의견을 교환하도록 하는 독특한 수업 모형으로 존슨 형제(Johnson & Johnson)가 개발하였다. 소집단끼리 서로 마주 보도록 자리를 배치하여 집단 간 토론을 하는데 소집단 내 미니 소집단을 통해 모든 구성원이 찬성과 반대의 양 측면을 모두 경험하게 하는 것이 특징이다. 즉, 협동학습을 통한 논쟁학습의 형태라고 할 수 있다.

2) 수업 절차

① 모둠 및 미니 모둠 구성: 4명으로 구성된 이질적 모둠을 여러 개 만들고 모든 모둠에게 동일한 과제를 준다. 4명의 모둠 구성원은 주어진 논쟁 주제에 관하

여 서로 다른 입장을 선택하는 2인으로 구성된 모둠 내 미니 모둠을 다시 구성한다.

② 미니 모둠 활동: 미니 모둠은 다음과 같은 절차에 의해 현재 그들이 알고 있는 정보, 자료, 경험에 근거하여 모둠 내에서 발표할 자신의 입장을 정리한다.

〈미니모둠의 구체적 활동〉

문제 정의	논쟁의 확인, 논쟁의 배경, 의의, 관련된 지식, 이론, 주장들을 확인한다.
사실과 가치의 확인	자신의 입장을 명확히 하는 데 필요한 사실, 가치를 따져 본다. 사실 확인을 위한 경험적 증거를 준비하고, 가치문제 해결을 위해 가치의 위계를 확인한다.
자료의 구조화	수집한 사실과 가치 자료를 자신의 입장에 맞게 논리적으로 구조화한다.
비판 준비	상대방 입장을 비판할 논리와 경험적 증거를 준비한다.
발표 정리	모둠 내에서 발표할 내용을 정리하여 토의활동에 대비한다.

③ 모둠활동1(미니모둠별 입장 발표): 모둠 내 각 미니모둠은 각각 자신의 주장과 근거를 모둠 내에서 발표한다.

④ 모둠활동2(미니모둠 간 토의): 미니모둠 간 토의활동 시간을 갖는다. 이때는 자신의 주장에 대한 상대의 비판을 반박하고 상대방의 주장을 분석·비판하는 활동을 주로 한다. 이는 상대방의 주장에 대해 관심을 갖게 하고, 새로운 인지적 분석을 자극하며 새로운 대안을 창안할 수 있게 한다. 개념갈등과 불확실성을 해결하기 위해서 서로가 더 많은 정보를 탐색하고자 하므로 지적 호기심 또한 증대된다.

⑤ 입장 바꾸기: 두 미니 모둠은 입장을 바꾸어 상대가 주장하지 못했던 가장 강력한 근거를 제시한다. 즉, '나 같으면 이런 근거를 제시하거나 이러한 예를 제시하겠다'는 식으로 발표하는 것이다. 특히 이 단계에서는 상대방이 미처 생각하지 못한 것을 보완하는 토론이 되도록 상호 노력한다.

⑥ 모둠의견 정하기: 두 팀은 모둠 의견을 종합하여 학급 전체에 발표할 준비를

한다. 이제까지 반대되는 극단적 관점에서 증거를 모으고, 논리를 구조화하고 주장을 해 왔다면, 이 단계에서는 보다 객관적인 입장에서 정확한 정보와 분석을 통해 기존의 정보와 경험 논리를 재개념화, 재조직하여 하나의 주장으로 종합하도록 한다.

⑦ 모둠의견 발표: 각 모둠은 전체 학급에서 자기 모둠의 의견을 발표한다.

⑧ 평가: 평가는 개별적인 평가와 모둠 평가를 병행하되, 논쟁 내용과 논쟁 과정에서 기대하는 행동과 태도를 함께 평가한다.

협동학습 구조 내에서의 쟁점토론수업이라고 하는 독특한 구조를 가진 Pro-Con 수업은 여러 측면에서 독특한 장점을 가지고 있다.

① 모든 학생들이 논쟁 문제에 직면하여 자신의 입장을 주장할 기회를 가진다. 다인수 학급에서 실시하는 전통적인 논쟁 수업에서는 모든 학습자가 자신의 입장을 발표할 기회를 갖기 어렵다. 그러나 이 모형은 모둠 내 미니 모둠에서 평소에 익숙한 모둠원을 상대로 자신의 입장을 발표할 기회를 가지므로 많은 수의 학습자가 자유롭게 자신의 입장을 주장할 기회를 갖게 된다.

② 모든 학생이 자신의 입장 발표를 통해 고급 사고력을 경험하게 된다. 자신의 입장을 더욱 잘 이해할 수 있고, 정교화할 수 있으며, 합리적 판단과 의사결정 과정을 경험할 수 있다.

③ 양극단에 있는 입장을 모두 경험함으로써 상반되는 관점에 대한 평가와 채택 능력을 습득하게 되고, 다른 가치와 의견에 대하여 포용적인 태도를 가질 수 있게 된다. 또한 미니모둠 활동과 입장 전환 후의 모둠활동을 통해 다양한 관점의 풍부한 정보를 획득하고 다루는 것이 가능해진다.

④ 모둠 내 찬반 토론에서 경험하는 개념갈등, 불확실성, 인지적 불균형 등은 지적 호기심을 촉발시켜 보다 정확하고 많은 정보를 탐색하게 한다. 또한 반대 입장의 경험적 증거와 논리를 연구하게 하고 반대 관점을 이해하는 과정을 통해 사고의 폭을 확장시킬 수 있다.

⑤ 서로 다른 관점을 가진 복잡한 문제를 해결하는 의사결정이 가능해진다. 어떤 입장이 옳은가를 검토하는 과정뿐 아니라 토론 과정에서 제시된 잘못된 입장 또는 정보를 처리하는 방식을 경험하는 것도 학업 성취에 긍정적으로 기여한다. 두 가지 이상의 관점을 검토하는 것 자체가 질 높은 의사결정 경험이 되며, 다양한 경험적 증거와 최선의 논리 주장을 통해 하나의 입장으로 좁혀가는 과정에서 학습자는 고도의 지적 능력이자 창의성과 직결되는 종합적 사고력을 습득하게 된다.

참고문헌

곽영순(2016). 「구성주의 인식론과 교수・학습론」. 교육과학사.

김종문・강인애・권성기・남승인・송언근・이명숙・이원희・이종원・이종일・조영남・조용기・최신일・최창우・홍기칠(2002). 「구성주의 교육학」. 교육과학사.

손병노(1996). 사회과 협동학습의 의의와 이론적 토대. 「사회과교육」, 29, 163-190.

정문성(2002). 「협동학습의 이해와 실천」. 교육과학사.

Allport, F. (1924). *Social psychology. Boston:* Houghton Mifflin.

Allport, G. (1954). *The Nature of Prejudice.* Cambridge, MA: Addison-Wesley.

Aronson, E., Blaney, N. T., Stephan, S., Sikes, J., & Snapp, M. (1978). *The Jigsaw Classroom.* Sage.

Cohen, E. (1986). *Designing groupwork.* New York: Teacher College Press.

Deutsch, M. (1949). A Theory of Cooperation and Competition. *Human Relations*, 2, 129-152.

Gredler, M. E. (2005). *Learning and Instruction: Theory into Practice.* 이경화・최병연・김정희 역(2006). 교수-학습의 이론과 실제, 5판. 아카데미프레스.

Piaget, J. (1926). *The Language and Thought of the Child.* New York: Macmillan.

Sharan, S. & Sharan, Y. (1976). *Small Group Teaching.* Englewood Cliffs, N. J.: Education Technology.

Slavin, R. E. (1995). *Cooperative Learning: Theory, Research, and Practice*, 2nd ed. Allyn and Bacon.

Stahl, R. J., ed. (1994). *Cooperative Learning in Social Studies: A Handbook for Teachers.* Addison-Wesley Publishing Company.

Stahl, R. J. & VanSickle, R. L.(ed) (1992). *Cooperative Learning in the Social Studies Classroom: An Introduction to Social Study.* Washington, D.C.: NCSS.

Vygotsky, L. S. (1978). *Mind in Society.* Cambridge, MA: Harvard University Press.

제4부

사회과의 평가

제 1 장 교육평가의 의미와 유형

1. 교육평가의 정의

평가(evaluation)의 사전적 의미는 '어떤 사물의 가치를 판단하는 것'이다. 교육에 적용하면 교육평가는 어떤 교육의 가치를 판단하는 것이다. 타일러(Tyler)는 "평가의 과정이란 본질적으로 교육과정 및 수업 프로그램에 의하여 교육목표가 실제로 어느 정도 실현되었는지를 밝히는 과정"이라고 규정한다. 이 말은 교육평가 분야에서 가장 오랫동안 널리 사용되어 온 정의이다. 이를 구체적으로 설명하면 다음과 같다(박도순 외, 2006: 304-306).

첫째, 이 정의는 평가가 성립되기 위해서는 특정 교육과정이나 수업 프로그램과 같이 평가에 앞선 전제가 있어야 함을 밝히고 있다. 교육평가가 교육목표의 실질적인 달성도에 대한 판단작용이 되기 위해서는 그런 교육목표를 실현시키려고 하는 교육과정이나 수업 프로그램이 구체적으로 실천되어 있어야 한다. 기르려는 인간행동의 모습을 그린 교육과정과 이의 실천을 위해 준비된 수업 프로그램을 구체적으로 실천하는 교육의 과정이 있은 '후'에 교육평가가 이루어진다.

둘째, 이 정의는 평가를 통한 판단작용의 표적이나 귀착점은 학생이 아니라 그런 평가를 있게 만든 교육 프로그램임을 밝히고 있다. 우리의 교육실제에서 평가와 관련하여 보이는 잘못된 경향 중의 하나는 평가를 학생 성적을 규정하는 수단으로 삼는 것이다. 물론 평가라는 활동에서 학생의 성적을 매기는 일이 완전히 배제되지는 않는다. 개개 학생별로 교육목표의 성취도를 확인하는 일은 그것대로 가치 있는 일이다. 그러나 더욱 중요한 것은 제공한 교육과정과 수업 프로그램의 질적 적합성이나 효율성에 관한 판단이다. 따라서 학생들의 성적을 점수나 평어로 매기는 것만으로는 올바른 평가라고 할 수 없다.

셋째, 타일러의 정의는 평가를 통한 가치판단 작용의 근거자료가 학생들의 학습에 관련된 증거자료라는 점을 알려주고 있다. 타일러는 평가를 통해서 밝혀져야 할 것은 교육목표의 달성도임을 분명히 하고 있다. 교육목표의 달성도란 본질적으로 학생들의 학습에 의해서만 실제로 달성될 수 있기 때문에 평가를 위한 근거자료는 학생의 학습에 직접 관련된 것이어야 한다.

2. 교육평가의 유형

상대기준평가와 절대기준평가는 평가 결과를 '어떤 기준'에 비추어 해석하는가에 따라 구분된다(박도순 외, 2006: 313-321).

1) 상대기준평가(규준지향평가)

교육평가의 유형에는 크게 상대기준평가와 절대기준평가가 있으며 두 평가 유형 간의 구분은 평가 결과를 '어떤 기준'에 비추어 해석하는가에 따라 이루어진다.

상대기준평가(혹은 규준지향평가)는 평가결과에 대한 해석의 기준을 집단 내의 상대적 위치에서 구하는 평가방법이다. 상대적 위치를 결정짓는 기준은 일반적으로 '평균'이 된다. 상대기준평가에서는 해당 집단에서 얻은 평균성적을 기준으로 평가결과를 해석한다. 학생 개개인의 성적은 이 평균치에 비하여 높은 쪽인가 낮은 쪽인가, 또 얼마나 높고 낮은가에 의하여 학생의 성취수준을 평정한다. 즉 상대기준평가 체제란 자료의 수집과 해석의 규준을 집단의 평균에 두는 방법으로서, 학급, 학년, 학교, 지역, 전국, 국제 등 집단의 성적을 비교하여 상대적으로 어떤 성적의 위치를 차지하고 있는가를 평가하는 체제이다. 이 평가체제에서는 평가의 기준점을 집단의 평균치로 보고 있기 때문에 개인의 점수는 어디까지나 그가 속하는 집단의 평균치와 표준편차에 비추어 결정되고 해석된다. 또한 이 체제에서는 검사

점수의 분포가 정상분포곡선이 되는 것을 전제로 하고 있으며, 개인의 상대적인 비교를 기초로 하고 있다. 따라서 상대기준평가 체제는 학생들의 상대적인 능력이나 기술을 비교해 보고, 그에 대한 어떤 결정을 내리는 학생 선발이나 우열을 가려내는 평가기능이 크게 강조되고 있는 평가체제라고 할 수 있다.

상대기준평가의 장점은 첫째, 엄밀한 개인차의 변별이 가능하다는 점이다. 일반적으로 상대기준평가는 평가도구의 객관성과 제작기술을 강조하며, 나아가 엄밀한 성적표시 방법을 채택하고 있다. 이는 근본적으로 엄밀한 개인차의 변별을 위한 필요조건이 된다. 둘째, 상대기준평가는 경쟁을 통하여 학생들의 외현적 동기유발을 꾀하는 데 유리하다. 학교에서 실시하는 많은 시험은 학생들로 하여금 공부를 하게 하는 자극제가 될 수 있지만, 특히 등급이나 당락을 결정하는 평가일 경우에는 더욱 강력하게 외현적 동기유발을 자극하는 효과가 있다.

한편 상대기준평가의 문제점은 첫째, 인간의 발전성에 대한 신념이나 교육의 힘에 대한 신념을 흐리게 할 우려가 있다는 점이다. 모든 교육활동은 이미 설정된 교육목표를 달성하기 위하여 추진하는 의도적 활동이다. 그리고 이러한 교육활동은 근본적으로 인간의 능력이 계속적으로 계발될 수 있다는 신념, 교육은 인간을 발전시킬 수 있다는 신념을 바탕으로 하여 성립된다. 그러나 상대기준평가에서는 교수활동의 결과가 학업성취의 면에서 정상분포를 나타내도록 기대하고 있으므로 교육적 신념으로서는 부적절한 입장을 보여주고 있다. 둘째, 상대기준평가에서는 참다운 학력의 평가가 불가능하다. 상대기준평가에서는 학생들의 성취도가 집단 내에서의 상대적 비교로 판정되기 때문에, 검사에서 얻은 점수들이 그 자체로서 독자적인 의미를 가지지 못하고 반드시 집단 내 다른 학생들과의 비교를 통해서만 의미를 갖게 되는 것이다. 그리고 이렇게 얻어진 점수는 도달해야 할 학습목표에 비추어 어느 정도 만족한 것인지를 밝혀주지 못한다. 셋째, 상대기준평가에서는 경쟁의식의 조장을 통하여 학생들의 외현적 동기만을 유발하고 있다. 현재 학습이론에서 강조하고 있는 내발적 동기유발 방법을 외면한 상대기준평가에 있어서 경쟁의식의 심화는 학생들의 정신건강에도 해로울 수 있다. 넷째, 상대기준평가는 교수·학습의 개선이라는 기능을 약화시킬 우려가 있다. 교육평가의 기능 중에서도 교수·학습 개선의 기능은 매우 중요한 기능에 속한다. 상대기준평가에서는 개인차의 변별에 지나치게 관심을 보인 나머지, 교수·학습 활동에서 구체적으로 보완되거나 개선되어야 할 부분이 무엇인지를 판단하는 데 소홀하기 쉽다.

2) 절대기준평가(준거지향평가)

교육에서 평가란 인간행동에 대한 어떤 결정을 내리기 위하여 유용한 정보나 자료를 체계적으로 수집 활용하는 절차로 정의될 수 있다. 따라서 학교에서의 평가 활동은 적어도 교수·학습 과정의 개선 및 학생의 능력 구분과 관련된 의사결정에 도움을 줄 수 있도록 이루어져야 한다. 교육평가가 교수·학습 과정에 최대한의 도움을 줌으로써 학생의 학습을 극대화시키고 결과적으로 성적의 개인차를 줄이려는 활동에 초점을 맞춘다면, 교수·학습 활동에서 의도했던 교육목표 또는 수업목표의 도달/미달 여부를 얼마나 잘 판단할 수 있는가 하는 것이 평가의 주된 관점이 될 수밖에 없다. 따라서 절대기준평가는 자료의 수집 및 해석의 기준을 교육을 통해서 달성하려고 하는 교육목표인 도착점 행동에 두는 평가로서 이해되어야 하며, 그러한 기준에 의해 이루어진 평가결과가 교수·학습 활동을 촉진하여 주고 교육사태를 개선하는 데 활용되어야 하는 한, 평가활동으로서의 '절대기준평가의 관점 및 절차'는 필연적으로 강조될 수밖에 없다.

절대기준평가 체제는 평가의 기준을 교육과정을 통해 달성시키려고 하는 각 교과별·학년수준별 교육목표 내지는 변화시키고자 하는 학습의 목표에 둔 '목표수준별 평가' 또는 '목표지향적 평가'라고 할 수 있다. 따라서 절대기준평가 도구를 제작할 때에는 평가도구가 진술된 성취목표에 대응되어야 한다는 점이 특히 중요한 의미를 갖는다. 절대기준평가는 선수 학습이 후속 학습의 기초가 되고 가장 크게 영향을 미치며, 그러한 학습은 누가적이고 위계적이어야 한다는 전제를 받아들인 '체계적 평가'라고 할 수 있다. 절대기준평가는 교육개선의 방향과 전략을 결정할 수 있는 자료를 마련해주는 '교수과정 개선'을 위한 평가라고 할 수 있다. 즉 절대기준평가는 구체적 수업절차, 자료, 교수과정을 개선해 나가는 데 필요한 자료를 모으는 강력한 과정으로 이해될 수 있다. 결국 절대기준평가란 평가의 준거를 교육을 통해 달성하려고 하는 수업목표에 두는 것으로, 교수·학습 방법의 개선 방향을 밝혀주는 평가체제이다.

이러한 절대기준평가는 다음과 같은 특징을 갖는다. 첫째, 인간의 무한한 가능성과 교육의 효과에 대한 신념을 기초로 하고 있다. 한 학급의 학생들에게 효율적인 교수·학습이 이루어지면 그 학급 대부분의 학생들은 설정한 교수목표에 도달할 것이고, 평가결과도 대부분 우수하게 나타날 것이라고 기대한다. 둘째, 절대기준평가에서 학습자의 검사점수는 가능하면 모든 학습목표에 도달되는 최고점을 획득할 것을 기대한다. 셋째, 절대기준평가의 결과로 얻어진 점수는 그 점수 자체로서 중요한 의미를 갖는다. 넷째, 절대기준평가에서는 타당도의 개념이 강조된다. 원래 평가하려고 계획했던 수업목표를 얼마나 충실하게 평가하고 있느냐가 특히 강조된다. 다섯째, 절대기준평가는 학생들 사이의 경쟁심을 제거하고 협동적인 학습을 가능하게 해준다. 여섯째, 절대기준평가는 학생들에게 보다 많은 성취감 또는 성공감을 갖게 해준다. 일곱째, 절대기준평가는 진정한 의미의 학습효과를 비교할 수 있게 해준다.

3) 상대기준평가와 절대기준평가의 관계

절대기준평가와 상대기준평가는 실제 적용상에 있어서 상호 배타적인 것이 아니라 보완적이다. 즉, 절대기준평가가 요구되고 그 중요성이 강조된다고 해서 상대기준평가의 원리와 필요성이 완전히 배제되고 부정되는 것은 아니다. 절대기준평가의 방식을 강조하는 나머지 상대기준평가의 장점을 외면할 수는 없다는 것이다.

평가는 어떤 의미에서 목표의 수준이 학생에 의해 결정되는 것이다. 학생들 간의 상대적 위치에 따라 수·우·미·양·가의 성적으로 나타나는 것이다. 학생을 선발, 분류, 판정하는 것도 학교교육의 중요한 활동이라고 본다면, 이러한 기능을 잘 수행해 주는 상대기준평가는 필요한 방법이다. 장학생을 선발하거나 학급이나 소집단을 편성한다거나, 합격, 불합격을 정해진 정원에 의해 결정할 때 상대기준평가가 불가피하게 이용되어야 하는 것이다. 학기 말이 되어 학생들의 최종 성적을 매기는 데 절대기준에 의하여 어느 정도 목표에 도달했는가를 밝히는 것도 중요하지만, 전체 학생 중에서 어느 정도의 위치를 차지하고 있는가를 아는 것도 대단히 중요한 자료가 된다. 따라서 절대기준평가와 상대기준평가는 처음부터 이것이냐 저것이냐의 관계를 가지고 있는 것이 아니라 어떤 목적으로 평가를 하느냐에 따라 사용, 불사용을 결정해야 할 관계이다. 즉, 교육측정을 필요로 하는 학생 선발과 분류를 위한 입시의 장면과 진실로 상대적인 비교의 정보를 필요로 하는 장면에는 표준점수로 검사결과를 해석하며 비교할 수 있는 상대기준평가가 가장 강력한 평가체제가 될 것이다. 또 교육효과의 확인을 통하여 교육 자체의 개선을 목적으로 하는 평가 장면에서는 절대기준평가가 가장 강력한 평가체제가 될 것이다. 따라서 절대기준평가의 강조가 상대기준평가의 부정이나 경시를 의미하는 것이 아니다.

제 2 장 사회과 평가의 현황과 방향

1. 사회과 평가의 현황

2022 개정 사회과 교육과정(2022. 12. 22.)에 따르면 현재 사회과에서 유지해야 할 평가의 방향을 다음과 같이 제시하고 있다.

(가) 사회과 평가는 교육과정에 제시된 목표와 내용, 교수·학습 방법과의 일관성을 유지하도록 한다.

(나) 사회과 평가는 교육과정에 제시된 목표와 내용을 준거로 하여 추출된 평가 요소에 따라 이루어지도록 한다.

(다) 평가는 개개인의 학습 과정과 성취수준을 이해하고 성장을 돕는 차원에서 실시한다.

(라) 학습 과정 및 학습 수행에 관한 평가가 이루어지도록 한다.

(마) 평가 요소는 지식·이해에만 치우쳐서는 안 되며, 과정·기능과 가치·태도를 균형 있게 선정한다.

(바) 지식·이해의 평가에서는 사실적 지식의 습득 여부와 함께 사회현상의 설명과 문제 해결에 필수적인 기본 개념 및 원리, 일반화에 대한 이해 정도 등을 평가하는 데 중점을 둔다.

(사) 과정·기능의 평가에서는 지식 습득과 민주적 사회 생활을 하는 데 필수적인 정보 수집 및 활용 기능, 탐구 기능, 의사 결정 기능, 비판적 사고 기능, 의사소통 기능, 참여 기능 등을 평가하는 데 초점을 둔다.

(아) 가치·태도의 평가에서는 국가·사회적 요구와 개인적 요구에 비추어 가치의 내면화와 명료화 정도, 가치 분석 및 평가 능력, 공감 능력, 친사회적

행동 실천 능력 등을 평가하는 데 중점을 둔다.

(자) 다양한 학습자의 유형과 특성을 고려한 맞춤형 평가 방안을 모색한다.

(차) 디지털 교육 환경에서의 다양한 평가 방법을 탐색하고 디지털 도구를 활용한 평가 방안을 마련한다.

즉, 현재 사회과 평가로 강조되고 있는 것은 우선, 교육과정에 제시된 목표와 내용, 교수·학습 방법과의 일관성 및 이를 준거로 하여 추출된 평가 요소에 따른 평가이며 개개인의 학습과정과 성장을 돕는 평가가 되어야 함을 중시한다. 또한 2022 개정 사회과 교육과정에는 이러한 평가를 위해 활용해야 할 사회과 평가의 방법으로 다음과 같은 내용들이 제시되어 있다.

(가) 지필평가 외에 구술, 면접, 토론, 논술, 관찰, 활동 보고서, 포트폴리오 등을 통한 다양한 수행평가를 실시한다.

(나) 선택형 평가를 실시하더라도 단순한 결과적 지식 습득 여부보다는 기본 개념 및 원리 이해와 더불어 지식 및 정보의 획득 과정과 활용 능력을 평가한다.

(다) 사고력 신장이나 가치·태도 변화를 평가하기 위하여 양적 자료와 더불어 질적 자료를 수집·활용하여 평가한다.

(라) 발표, 토론, 역할 놀이, 시뮬레이션 등 개인 및 집단 활동에 대한 관찰이나 면접과 같은 평가 방법을 활용하여 문제 및 갈등 해결 능력, 공감 능력, 친사회적 행동 실천 능력 등을 평가한다.

(마) 자료를 분석·해석하고, 복합적이고 단계적으로 사고하는 것을 측정할 수 있도록 평가한다.

(바) 학습자의 유형 및 특성을 고려하여 다양한 평가 도구를 개발하여 활용한다.

(사) 디지털 교육 환경과 도구를 활용한 평가 방법을 모색하고 온라인 평가 도구를 개발하여 평가한다.

(아) 평가 결과는 학습자들의 학업 성취수준을 판정하고 학습자의 학습 능력과 교수·학습 방법의 적절성을 진단하고 개선하는 데 활용한다.

(자) 평가 결과를 지속적인 교육과정 개선을 위한 참고 자료로 활용한다.

(차) 평가 과정과 결과에 대한 피드백을 적절하게 제공하여 학습자의 성장을 돕는다.

2. 사회과 평가의 문제점

원래 평가의 본질은 학습자를 등급별로 나누어 서열화하는 것이라기보다는 교수·학습 과정에서 학습자가 해 나가는 학업 수행 상황을 진단하고 학업 성취 정도를 판단하는 데 필요한 자료를 제공하는 것이다(교육과학기술부, 2011). 그러나 현재 사회과의 평가 상황은, 사회과교육과 사회과학 교육을 동일시하여 사실·개념의 기억을 탐구 능력과 등치시키는 통속적 지식관이 지배하는 현상, 사회과 학습 내용과 사회현상이 분리되는 현상 등 많은 문제점을 가지고 있다. 사회과에 있어 사회과학은 주요 내용 요소일 수는 있으나 사회과학 교육과 사회과교육을 같은 것으로는 볼 수 없으며, 사회과학 지식을 많이 기억한다고 사회과 학습을 잘 한다고 판단할 수 없음에도 불구하고 그러한 현상들이 빈번하게 발생하고 있는 것이다. 또한 사회과는 사회현상을 소재로 하는 교과이므로, 사회과의 지식은 사회 현상을 설명하고 이해하는 데 도움이 되어야 하지만 이 역시 충분히 고려되고 있다고 보기 어렵다.

사회과 평가를 위해 고려해야 할 준거를 충분히 고려하고 있는지의 문제도 생각해 보아야 한다. 올바른 사회과 평가를 위해 고려할 수 있는 준거에는 합목적성, 효율성, 공정성 등이 있다. 합목적성이란 사회과 교육목표에 부합하도록 평가를 해야 한다는 것으로 교육 본질과 관련되는 준거 체제이다. 이를 위해서는 평가 기능을 학습의 실질적인 선도 매개체로 인정하고, 평가 결과가 동일한 대상이나 학습 목표에 전이성을 유지할 수 있도록 하며, 사회과에서 지향하는 고등사고력을 촉진할 수 있도록 평가해야 한다.

효율성은 정해 놓은 목표를 달성하는 데 드는 노력과 비용을 최소화하는 것이다.

즉, 출제와 평가 결과 처리에 소요되는 시간과 노력 투입의 극소화, 제한된 비용으로 가치 있는 결과를 산출하는 것 등이 효율성의 관건이다.

공정성이란 다양한 배경을 가진 학생과 교사 요인에 따른 우연성이 평가 과정과 결과 처리에 왜곡과 편의를 발생시키지 않도록 해야 하고, 학습자의 노력에 대한 정당한 보상을 해 주어야 한다는 것을 의미한다.

이 세 가지 준거는 선택적으로 적용되는 것이 아니라 모두 함께 달성되어야 하는 것이지만 지금까지는 평가를 선발 수단으로 보는 관점이 우세하여 합목적성보다 공정성과 효율성을 앞세우는 경향이 있었다. 그 결과 교육의 본질에 대한 합목적성은 상대적으로 약화되었고, 이러한 상황에서 교사들은 의미 있는 평가보다는 정답이 분명한 선다형과 단답식 서술형의 지필 검사를 선호하는 경향도 나타났다.

앞으로의 사회과 평가는 합목적성을 근본적인 대전제로 설정하고, 그 전제하에서 다른 준거를 고려하는 방향으로 개선되어야 한다. 사회과에서의 수행평가의 강조도 이러한 평가의 합목적성에 기반을 둔 것이라 할 수 있다.

3. 사회과 평가의 방향

1) 교육의 한 과정으로서 일관성 유지

사회과의 평가는 목표, 내용, 방법과의 일관성을 유지해야 한다. 즉, 성취 기준으로서의 목표와 이를 바탕으로 한 내용에 대해 학습한 과정과 결과를 평가해야 하므로 목표 · 내용 · 방법 · 평가가 동일선상에서 이루어져야 한다. 따라서 교육과정의 목표와 내용은 평가 요소 선별의 준거가 되며, 교수 · 학습 방법은 평가 방향을 안내하는 지침이 되어야 한다. 그리고 평가는 다음 학습의 목표 설정과 교수 · 학습의 밑거름이 되어야 하며, 이 세 가지 사이에는 일관성이 있어야 한다.

2) 개인별 성취 수준과 평가 기준에 의한 평가

평가의 기준은 학습자의 목표 도달 여부가 되어야 하므로, 평가에서는 학습자가 집단 내에서 어떤 위치에 있는가를 알고자 하기보다는 정해진 목표를 얼마나 성취했는가를 알아내는 것에 중점을 두어야 한다. 성취 기준은 교육과정을 기준으로 평가를 하는 데 필수적인 것이 잘 분석되고 체계화된 기준이다. 그러므로 사회과에서의 평가는 성취 기준을 근거로 설정된 평가 기준에 따라 평가하여야 한다. 성취 기준은 교육과정의 목표 또는 내용으로 제시된 내용 기준과 수업 결과로 나타나는 행동의 변화를 의미하는 행동 기준으로 구성되는데, 행동 기준은 주로 학습 기능과 사고력의 신장, 가치·태도의 변화에 주목한다. 따라서 평가 기준이란 성취 기준을 좀 더 구체화하여 평가에 도입해야 할 요소와 그것의 범위 및 심화의 정도를 명시한 것을 말한다.

3) 학습 과정으로서의 평가

평가는 진단 평가와 학습 활동 평가 및 형성 평가 등과 같이 학습 과정을 중심으로 이루어져야 하며, 학습 결과만을 대상으로 하는 총괄 평가 중심의 평가관은 지양해야 한다. 학습 과정의 평가도 탐구 지향적 사고력 신장 학습을 유인할 수 있도록 하는 데에 중점을 두어야 하는데, 이는 학습하는 활동 그 자체를 평가의 대상으로 삼아야 한다는 의미이다.

4) 양적 평가와 질적 평가의 병행

전인적 교육 목표에 충실하려면 지금까지 중심이 되어왔던 양적인 성취도 평가만을, 그것도 교과서 내용의 이해 여부만을 측정하는 한계성을 극복해야 한다. 사회과가 강조하는 사회 현상에 대한 이해 정도나 의사 결정과 같은 목표는 그 달성 정도의 의미를 해석해야 하는 대상이지 계량화할 수 있는 대상이 아니다. 그러므로 사고력 신장이나 가치·태도의 변화를 평가하기 위해서는 관찰, 면접

등에 의한 누적된 질적 자료에 의한 평가가 반드시 병행되어야 한다.

5) 교육과정의 대강화와 자율성을 고려한 평가 방법 적용

현재 사회과 교육과정에서는 국가 수준에서 교육과정의 대강화를 실현하고자 단원 체계를 '주제명 - 성취 기준' 체제로 단순화하였으며, 학교 수준에서 '교육과정 개발'을 수행하도록 이원화하였다. 그러므로 학교의 교사 수준에서는 국가 수준 교육과정의 얼개 안에서 수업을 계획하고 그 수업에 따른 평가를 적용할 수 있어야 한다.

사회과의 평가는 지식 · 이해, 과정 · 기능, 가치 · 태도를 종합적으로 평가함과 동시에 학습이 총체적인 과정이라는 관점에서 개인 수준에 맞는 평가를 지향하므로 평가의 주안점에 따라 다양한 평가 방법을 고려해야 한다. 전통적으로 지식 · 이해를 평가하는 데 주로 사용한 지필 평가에서 더 나아가 과정 · 기능 및 가치 · 태도를 평가하고 학습 과정을 평가하기 위해서 관찰 평가, 작품 분석법, 면접법, 상호 평가, 자기 평가 등의 다양한 질적 평가 방법도 활용해야 한다. 객관식 평가 방법은 많은 비판을 받고 있지만, 중요하고 편리한 평가 방법임은 분명하므로 평가의 합목적성을 해치지 않는 한도 내에서 적절히 활용되어야 한다.

6) 평가 결과의 적극적 활용

평가는 학습의 끝이 아니라 한 과정이기 때문에 그 결과는 반드시 수업에 다시 환류(feedback)되어야 한다. 그러므로 평가 결과는 교사에게 수업의 어디가 잘못되었는지, 학생의 무엇을 더 보충해 주어야 하는지를 파악하는 근거 자료가 되어야 하고, 학생에게는 각자의 부족한 부분을 보완하여 목표에 도달하기 위한 하나의 자료가 되어야 한다. 평가는 점수화와 등급화의 의미를 넘어 각 개인의 인지 수준과 기능의 발달, 가치 · 태도 함양을 위한 발판이 되어야 한다.

평가의 서술이 수량화되었을 경우 학습자의 평소 학습 과정에 능동적으로 참여하는 능력이나 발달의 정도에 대한 평가가 소홀해질 수 있다. 따라서 질적인 방법을 적절히 활용하여 학습자의 학습에 대한 동기, 의도, 의욕을 촉진하여 더 나은 성장을 지원하도록 해야 한다. 또한, 학습자가 자신의 평가에 대해 부정적인 관점으로 보지 않고 긍정적인 면을 볼 수 있도록 안내하여 평가결과가 학습자의 계속적인 자기 성장의 지표로 활용될 수 있도록 해야 한다. 교사 역시 학생의 평가 결과와 수업 자체에 대한 평가 결과를 분석하여 지속적으로 자기 수업의 질을 향상시키는 노력을 해야 할 것이다. 이러한 일련의 과정을 통해 평가 결과가 교육과정 개선을 위한 참고 자료로 활용되도록 해야 한다.

제 3 장 사회과 평가 영역과 방법

1. 사회과 평가 영역

사회과 평가는 일반적으로 사회과의 주요 내용체계를 구성하고 있는 핵심 아이디어와 학습내용 요소를 평가하는 '지식 · 이해' 영역, 탐구기능과 문제해결 및 의사결정, 의사소통 및 실천능력 등을 평가하는 '과정 · 기능' 영역, 민주적 기본 가치 및 지구적 가치와 시민이 갖추어야 할 태도를 평가하는 '가치 · 태도' 영역에 대하여 이루어진다. 사회과 평가는 이 세 가지 영역을 종합적으로 평가해야 하며, 특히 단편적인 지식의 암기를 요구하는 평가관에서 벗어나 지식 · 이해는 물론 과정 · 기능과 가치 · 태도에 대한 평가요소가 균형 있게 반영되도록 노력해야 한다.

현재까지 사회과 평가에서는 지식 · 이해 영역의 비중이 높고 고급 사고력보다는 낮은 수준의 사고력, 개념이나 일반화보다는 단편적인 사실 위주로 평가하는 경향이 문제로 지적되어 왔다. 또한 과정 · 기능 영역은 실제적 상황에서 직접 해보는 과정을 평가하는 것이 바람직하지만 평가 장면을 구성하여 실천하기가 어렵다는 이유로 제대로 평가되지 않았고, 가치 · 태도 영역 또한 강조되기는 하지만 학생들의 가치 · 태도 목표 달성도의 측정이 구체적으로 이루어지기 어려워 실질적인 평가에 잘 반영되지 않는 문제점이 있다.

1) 지식 · 이해 영역

사회과에서 다루는 지식에는 사실적 지식, 기본 개념, 일반화 및 원리가 있다. 사실적 지식이란 특정 공간과 시간에 일어난 사건에 관한 지식을 말한다. 사실적 차원의 지식은 매우 구체적이어서 학습자가 이해하기 쉽고 흥미를 유발하기에도 용이하나 여러 현상을 설명할 수 있는 전이력에서 한계를 지니므로 사실에 관한 지식만을 평가한다면 암기 위주의 학습을 유도하게 될 가능성이 있다. 개념은 여러 사실에서 공통성을 추출하여 이름을 붙인 지식이고, 일반화 및 원리는 개념과 개념의 관계를 법칙 수준으로 연결할 수 있을 때 성립하는 가장 높은 수준의 지식으로 분류된다. 개념이나 일반화는 사실적 지식보다 전이력이 높아 새로운 사실과 상황의 이해에 적용할 수 있는 가능성이 크기 때문에 상위의 지식이라고 할 수 있으며, 사회과에서 중시되는 평가 영역이다.

지식 영역의 평가는 지리, 역사, 정치, 경제, 사회, 문화 등 제반 사회과학에 있는 사실적 지식의 습득, 사회 현상의 설명과 문제 해결에 필수적인 기본 개념 및 원리와 일반화에 대한 이해도를 중심으로 이루어진다. 각 요소의 평가 사례를 제시하면 다음과 같다.

① 사실

- 특수 사실에 관한 시기, 장소, 내용, 인물, 특징 등을 알고 있는가?
- 사회적 사실의 의미를 이해하고 설명할 수 있는가?
- 직면하고 있는 사회적 사실 및 문제에 대하여 이해하고 있는가?

② 개념

- 구체적 사물이나 현상을 함축하는 용어로 나타낼 수 있는가?
- 추상적인 관념을 포괄한 단어나 용어, 구절의 뜻을 알고 있는가?
- 사회 현상과 관련한 단어나 용어가 적용되는 범위(외연)를 아는가?

③ 일반화

- 사회적 현상의 원인을 근거로 결과를 설명할 수 있는가?
- 사회적 원리나 개념을 토대로 어떤 결과를 초래하는 원인을 설명할 수 있는가?

• 사회 현상 속에서 도출된 원리나 법칙을 이해하고 적용할 수 있는가?

2) 과정 · 기능 영역

지리적 현상, 역사의 흐름, 현대 사회의 특성에 대한 종합적 이해 정도와 사회 현상 탐구에 필요한 지식 습득, 민주적 사회 생활에 필요한 정보의 획득 및 활용, 탐구, 의사결정, 집단참여 기능을 측정한다. 또 학습자의 탐구능력이 성장하는 과정, 시민성을 함양하는 과정을 지속적으로 관찰하여 평가에 반영하도록 노력해야 한다.

① 정보의 획득

• 글과 책 속에서 정보를 찾아낼 수 있는가?
• 신문, 잡지, 영상자료 등을 활용하여 필요한 정보를 찾아낼 수 있는가?
• 그림, 그래프, 표, 지도, 사진 자료 등에서 필요한 정보를 찾아낼 수 있는가?
• 듣기나 면접을 통하여 필요한 정보를 찾아낼 수 있는가?
• 라디오, 텔레비전, 인터넷 등을 통하여 필요한 정보를 찾아내는가?
• 관찰, 견학을 통하여 필요한 정보를 찾아낼 수 있는가?

② 정보 및 자료 활용하기

• 이야기, 그림, 그래프, 지도 등의 주제를 파악할 수 있는가?
• 들은 것, 본 것, 읽은 것의 의미를 말할 수 있는가?
• 실생활에 필요한 정보를 수집하여 활용할 수 있는가?

③ 의사소통하기

• 말, 그림, 도표, 문장으로 정확하게 표현하고 전달할 수 있는가?
• 비언어적 몸짓이나 표정, 상징 등으로 뜻을 전달할 수 있는가?

- 의사를 교환할 때 주제에서 벗어나지 않는가?
- 다른 사람의 주된 생각을 알아듣고 논리적으로 대응하는가?
- 여러 가지 생활 사례를 확신을 가지고 설명하는가?

④ 문제 해결 및 사고력

- 문제를 발견하고 대안을 제시할 수 있는가?
- 문제에 대한 정보를 토대로 창의적으로 문제를 해결할 수 있는가?
- 문제 해결에 대한 대안이 합리적인지 판단할 수 있는가?
- 근거를 제시하고 관계를 분석하며 종합할 수 있는가?

3) 가치 · 태도 영역

국가·사회적 요구와 개인적 욕구에 비추어 볼 때에 바람직하고 합리적인 가치를 내면화하고 있는지, 가치분석 및 평가능력을 갖추고 있는지 등을 평가하는 영역이다. 가치 평가는 인간 행위와 사회 환경에 대한 다양한 관점의 이해와 수용, 사회적 합의 가능성이 높은 가치의 탐색, 사회의 기본가치에 대한 이해와 존중 정도를 중심으로 이루어지는 것이 바람직하며, 특히 사회과에서의 가치·태도 영역은 '~하여야 한다'는 당위적 태도보다는 가치를 명료화하고 분석하는 측면에 중점을 두어야 한다.

예를 들어, 세계화 시대에 걸맞게 시·공간을 초월하여 전 세계적으로 존재하는 다양한 문화의 차이를 이해할 수 있는 능력, 환경 친화적 사회조망능력을 갖춤으로써 자연과 인간을 대립적인 관점에서 보기보다는 인간을 자연의 일부로 여기는 생태학적 관점, 과학·기술·사회의 통합적 인식을 바탕으로 과학·기술의 발달과 그로 인한 사회 변화 관계를 인식하고 관련된 가치관을 확립할 수 있는 능력, 민주주의 이념의 이해와 실천 능력 등이 가치·태도 영역의 중요한 평가 요소라고 할 수 있다.

또한, 가치·태도 영역과 관련되어 반드시 고려해야 할 것이 학습자의 흥미, 관심, 동기, 습관이다. 이러한 요소들은 정의적이며 과정적인 특성을 갖는 학습자 변인인 동시에 학업 성취를 위한 노력 또는 활동을 시작하여 일정한 방향으로 나아가는 데 필요한 에너지를 제공해 주는 원천이다. 학습자의 흥미, 관심, 학습 동기와 태도는 학업 성취에 큰 영향을 미치기 때문에 이러한 정의적 영역은 평가 시 고려해야 할 중요한 내용이 된다.

① 주변의 사회 현상에 대한 지적 호기심과 동기

- 주변의 사회 현상에 대하여 지적 호기심과 동기를 가지고 있는가?
- 주변의 사회 현상에 대하여 계속적으로 탐구하려는 태도를 갖는가?
- 사회 현상과 문제에 민감성을 유지하며 문제해결에 적극 참여하고자 하는가?

② 사회 생활에 대한 올바른 가치 · 태도

- 고장, 국가, 사회의 규범을 이해하고 받아들이며 유지하는가?
- 올바른 사회 생활을 하려는 합리적인 판단력을 가지고 있는가?
- 고장, 국가, 사회 발전에 기여하려는 신념을 가지고 있는가?

2. 사회과 평가의 방법

2022 개정 교육과정에 따르면 사회과의 평가 방법은 활용되는 시기에 따라 수시평가와 정기평가로, 평가의 특성과 형식에 따라서는 지필평가와 수행평가로, 평가 주체에 따라서는 교사평가, 자기평가, 동료평가로 분류할 수 있다. 또한 지필평가에는 정기평가에서 흔히 사용되는 진위형, 선다형 평가뿐 아니라 서술 · 논술형 평가까지도 포함되며 수행평가에서는 지필 평가 이외에도 구술 평가, 포트폴리오 평가 등 다양한 평가 방법들이 활용된다. 이 중 지필평가에 해당되는 평가 방법을 먼저 간략히 소개하고 학교 현장에서의 평가 비중과 중요성이 지속적으로 증가하고 있는 수행평가에 대해서는 다음 절에서 보다 상세히 소개하고자 한다.

• 사회과 평가의 방법(교육부 고시 제2022-33호 [별책 7], 88-89.)

(가) 수업과 평가가 유기적으로 연계되도록 수업 중 수시 평가와 정기 평가, 지필평가와 수행평가를 균형 있게 실시한다. 이때 단순 사실이나 단편적 지식 암기 여부를 진단하는 데 치중하지 않도록 유의한다.

(나) 학생의 역사 이해와 표현을 종합적으로 평가하는 방법으로 지필평가에서는 서·논술형 평가 등을, 수행평가에서는 구술 평가, 포트폴리오 평가 등을 다양하게 활용할 수 있다.

(다) 학습자 스스로 자신의 성취수준을 진단하고 이를 바탕으로 학습 목표를 설정하여 개선 방안을 마련할 수 있도록, 교사 평가뿐 아니라 학습자의 자기 평가와 동료 평가를 함께 활용할 수 있다.

(라) 역사 탐구 능력을 평가할 때는 역사적으로 개연성 있는 주제를 선정하거나 탐구 질문을 만들 수 있는지, 이에 연관되거나 중요한 정보 및 자료를 수집할 수 있는지, 그 가운데 신뢰할 만한 자료를 선정할 수 있는지, 자료를 분석하고 역사 해석을 형성할 수 있는지 등을 평가할 수 있다.

(마) 다양한 디지털 도구를 활용하여 평가할 수 있다. 이때 평가에 활용되는 디지털 도구는 학습자가 익숙하게 사용할 수 있어야 하고, 학습자 간 디지털 격차에 유의하여 시행하여야 한다.

지필평가는 단어가 가진 의미 그대로 피평가자가 종이에 기록한 내용을 토대로 평가하는 방법이다. 학습자의 행동이나 태도에 대한 관찰평가, 언어로 표현하게 하는 구술평가 등과 대비되는 평가 방식이라 할 수 있다. 지필평가는 제시된 답지에서 선택하거나 결정하게 하는 선택형 지필평가와 답지를 제시하지 않고 문항에서 요구하는 정답을 직접 쓰게 하는 서답형 평가로 구분할 수 있다. 진위형, 선다형, 연결형 문항 평가는 선택형 지필평가에 속하며 단답형, 완성형, 서·논술형 문항을 활용한 평가는 서답형 평가에 속한다.

1) 진위형 문항(true-false type item)

응답자에게 제시된 진술문의 옳고 그름, 긍정 혹은 부정에 대한 이분법적 판단을 요구하는 문항이다. 특정 사실의 진술, 용어의 정의, 원리의 옳고 그름을 판별하는 능력을 측정하기 위해 주로 사용한다. 초등학생과 같은 어린 아동이나 읽기능력이 낮은 학습자에게 적합한 형식이며 단순한 지식 개념을 명확히 습득했는지를 평가하고자 할 때 유용하다.

2) 선다형 문항(multiple-choice item)

문항에 여러 개의 답지를 제시하고 응답자로 하여금 가장 적절한 답지를 선택하게 하는 형식의 문항이다. 문두는 의문문이나 불완전 문장으로 진술되며 답지는 정답과 오답으로 구성된다. 출제하기는 어려운 반면 채점이 쉽고, 학습 영역의 많은 내용을 골고루 출제할 수 있으면서도 객관성을 확보하기 용이하다는 장점 때문에 우리나라 학교 현장에서 정기고사의 방법으로 가장 많이 활용되는 평가 방법이다. 작성된 이원분류표에 의거하여 문항이 제작되는 것이 일반적이며 성취기준에 따라 중요한 학습 내용과 역량을 포함하도록 문항이 제작되어야 좋은 선다형 문항이라고 할 수 있다.

3) 연결형 문항(matching item)

단어, 불완전 문장, 개념 등으로 구성된 문제군과 그에 대응하는 내용으로 이어진 답지군을 연결하도록 구성한 문항지이다. 지식, 용어, 정의, 사건, 하위 개념 등을 잘 습득하고 있는지 검사하는 방법으로 많이 활용되고 있으며 분류법을 활용하면 사실-개념-법칙 간의 관계를 잘 이해하고 있는지 기초적인 사고력까지 측정할 수 있다는 장점이 있다.

4) 단답형 문항(short answer type item)

문제를 의문문이나 명령문으로 제시한 다음 문항에서 요구하는 정답을 한두 개의 단어, 숫자, 기호, 짧은 구, 문장 등으로 답하게 하는 문항 형식이다. 학습자가 중요한 사회적 사실, 기본 개념, 전문 용어 등을 정확하게 습득하고 있는지 평가하고자 할 때 적합하다. 도표, 그림, 지도 등과 같이 글로 설명하기 어려운 자료를 주고 명칭, 구조, 기능에 대한 지식을 측정하고자 할 때에도 유용하게 사용할 수 있다.

5) 완성형 문항(completion form item)

문장의 일부분을 비워 놓고 빈칸에 적합한 단어, 구, 숫자, 기호 등을 채워 불완전 문장을 완성하도록 유도하는 문항이다. 학습자의 보다 자연스러운 표현이나 진술, 비유 등을 이용하여 답을 생각해내도록 유도하는 것이 바람직할 때 유용하게 활용되는 평가 방법으로 사회과에서는 주로 개념이나 일반화 등을 이해하여 자기만의 방식으로 표현할 수 있는지를 평가할 때 사용된다.

6) 서술 · 논술형 평가(essay type item)

출제된 문항의 의도를 학습자가 스스로 파악하고 제시된 자료에 근거하여 자신이 알고 있는 지식이나 의견, 생각 등을 문장으로 서술하도록 하는 평가 방식이다. 주로 1~2개의 짧은 문장으로 답하게 하는 서술형 문항과 여러 개의 문장을 구조적으로 조직하여 논술하게 하는 논술형 평가로 세분하기도 한다. 학생이 학습 내용을 종합적으로 이해하고 있는지, 자신의 의견을 갖고 있고 논리적으로 서술할 수 있는지 등을 평가하는 데 적합하다. 지필평가 유형에 속하기는 하나 수행평가 방법으로도 널리 활용되고 있다.

3. 사회과 수행평가

1) 수행평가의 의미와 특성

수행평가(performance assessment)를 정의한 우리나라의 대표적 공식문서인 '학교생활기록 작성 및 관리지침(교육부훈령 제433호, 교육부, 2023)'에 따르면 수행평가는 '교과 담당교사가 교과 수업시간에 학습자들의 학습과제 수행 과정 및 결과를 직접 관찰하고, 그 관찰 결과를 전문적으로 판단하는 평가 방법'이다. 진술문 중 '교과 수업시간'이라는 조건은 수행평가 활용 초기에는 없었지만 최근 추가된 내용으로 가정에서 수행하는 과제형 수행평가가 금지되면서 수정된 것이다.

'학습과제'는 학습자들에게서 성취되기를 기대하는 교육과정상의 교육목표와 관련되는 것으로 가능한 한 실제생활에서 보다 의미 있고, 중요하고, 유용한 과제를 말하며, '수행'은 학생이 단순히 답을 선택하는 것이 아니라, 학생 스스로 답을 구성하는 것, 산출물이나 작품을 만들어내는 것, 태도나 가치관을 행동으로 드러내는 것 등을 모두 포함한다(교육부, 2023).

즉, 수행평가란 기존의 선다형 평가 방식을 배제한 다양한 과제 유형을 통해 학습자의 수행을 직접 관찰하고 측정하며 전문적인 판단을 하는 평가 방식이라고 할 수 있다. 학습자의 교과 지식과 기능을 적용하여 실제나 모의상황에서 요구되는 과제 수행 관찰 등의 직접적인 방법을 통하여 전문적 판단에 의해 평가하는 것이며 수행의 결과뿐 아니라 과정도 평가하는 것으로 정의된다.

우리나라에서는 학습자 중심 교육이 강조되고 교육과 평가의 관계에 대한 관점 전환이 이루어진 1990년대 후반부터 수행평가라는 평가 방식이 널리 활용되었다. 교수-학습의 결과뿐 아니라 과정에도 주목해야 하며 학생의 학업성취결과에 대한 측정을 넘어서 학생이 진정 무엇을 할 수 있게 되었는지를 평가해야 한다는 관점, 그리고 평가와 교수-학습의 과정이 분리되지 않아야 한다는 차원에서 '학습을 위한 평가'로도 설명된다.

하지만 수행평가는 1980년대까지만 하더라도 직업이나 예체능 분야에서 이론시험과 별도로 기능 습득 여부 및 숙달도를 평가하기 위해 실시되었던 시험 영역인 실기시험(performance-based assessment)을 의미하는 용어와 별반 다르지 않게 사용되었다. 즉, 기술사, 기능사, 의사, 간호사 등 다양한 직업군의 자격증이나 운전 면허증을 발급하는 과정에서 치르게 되는 시험 중 이론시험인 지필식 시험(paper and pencil test)과 구분되는 기능시험, 실기시험을 수행평가라고 하였던 것이다.

우리나라 학교 현장에서도 수행평가가 도입되기 이전 시기인 1997년까지는 실기평가라는 용어가 사용되었고 이후 도입된 수행평가는 이전에 실시되던 실기평가의 새로운 이름 정도로 인식되기도 했다.

그러나 현재 학교현장에서 실시되고 있는 수행평가는 전통적인 평가 체제와 대비되는 새로운 대안적인 평가를 의미하는 개념으로, 선택형(객관식) 시험이 아닌 다른 평가 방법들, 즉 서술형, 논술형, 실기시험, 포트폴리오 평가 등을 포괄하는 개념이자 단순히 기능과 실기 능력을 평가하는 방식과 차별화되어야 하는 개념으로 인식되고 있다. 수행평가의 특성을 대안적 평가(alternative assessment), 실제 상황에서의 평가 혹은 참평가(authentic assessment), 직접적인 평가(direct assessment)로 설명하는 것은 과거의 평가 체제와 전혀 다른 새로운 평가임을 강조하는 것이며, 포트폴리오법과 같은 과정 평가를 중시하는 것은 기능이 작동하여 도출된 최종 결과물을 주로 평가하는 과거의 일반적인 실기평가와 구분되는 수행평가만의 특징이다.

즉, 수행평가는 '교사가 학생이 학습과제를 수행하는 과정이나 결과를 보고, 그 학생의 지식이나 기능, 태도 등에 대해 전문적으로 판단하는 평가 방식', '학생 스스로 자신의 지식이나 기능, 태도를 나타낼 수 있도록 답을 작성(서술 혹은 구성)하거나, 발표하거나, 산출물을 만들거나, 행동으로 나타내도록 요구하는 평가 방식'이라고 정의할 수 있으며(백순근 편, 1998), 구체적으로 다음과 같은 특징을 갖는다.

첫째, 학생 스스로 정답을 구성하거나 행동으로 나타내도록 한다. 이는 수행평가가 기존 평가방식과 달리 피평가자가 주어진 답지 중에서 최선의 응답을 고르는 것이 아니라 학습자가 생각하는 가장 적절한 반응을 직접 구성하게 하는 평가임을 의미한다.

둘째, 교육목표를 실제 상황에서 달성했는지의 여부를 파악한다. 학습자의 교육목표 달성 여부와 학습 내용 성취 정도를 가능한 한 실제상황과 유사하게 구성된 과제 수행으로 평가하여 교육의 유용성을 높이고자 하며 이를 통해 교육의 미래 예측 타당성을 확보하고자 한다.

셋째, 교수-학습의 결과뿐 아니라 과정을 함께 평가하여 학생의 인지적 영역(창의성, 문제해결력 등의 고등사고 기능 포함)과 더불어 학생 개개인의 행동 발달 상황이나 흥미·태도 등 정의적 영역의 평가가 이루어지도록 한다. 이는 교과 학습에 대한 내용적 지식뿐 아니라 이러한 지식을 실제로 적용할 수 있는 절차적 지식이나 기능 습득 여부, 그리고 이를 지속적으로 유지할 수 있는 태도 형성 여부를 함께 판단하고자 하는 것으로 교육적으로 중요한 의미를 갖는다.

넷째, 단편적인 영역에서 일회적으로 평가하기보다는 학생 개개인의 변화·발달 과정을 종합적·반복적·지속적으로 평가할 것을 강조한다. 이러한 평가를 위해서는 특히 평가자의 관찰력과 전문적인 판단이 중시되며 학습목표가 되는 성취기준을 준거로 하여 평가하는 것을 권장한다.

다섯째, 개개인을 단위로 해서 평가하기도 하지만 집단에 대한 평가 또한 중시한다. 이때 다른 사람이나 다른 집단과 비교해서 서열화하는 상대평가가 아니라 객관적인 평가 기준에 근거하여 성취 정도와 수준을 평가하는 절대평가 형태를 취하게 된다. 수행평가를 통해 학생들이 서로 경쟁하기보다는 협력적으로 과제를 수행할 수 있도록 안내해야 하며 이를 위해 짝 활동, 모둠 활동, 집단 협력 활동 등을 권장하는 것이 바람직하다.

여섯째, 평가를 통해 학생의 학습과정을 진단하고 개별학습을 촉진한다. 수행평가를 통해 학생의 지적 수준을 진단하고 학생에 대한 이해 수준을 높이며 개별학습을 촉진하는 것이 가능하다. 궁극적으로는 평가의 과정이 교수-학습 과정과 통합된 형태로 운영된다.

2) 사회과 수행평가의 필요성과 목적

사회과는 민주시민의 자질 형성을 목표로 하는 교과이다. 그리고 사회과에서 형성하고자 하는 시민적 자질에는 현시대와 사회 인식에 필요한 지식 요소뿐 아니라 합리적·비판적 사고와 태도, 공동체 안에서의 원활한 의사소통 및 문제해결력, 관용과 배려의 정신 등 기능 및 태도 요소가 포함되어 있다.

이와 같은 특성을 지닌 사회과의 목표달성 여부를 평가하기 위해서는 학습자의 지적·정의적·기능적 영역을 종합적으로 평가해야 하며, 지식 영역의 평가라 하더라도 지식의 형성 및 발달 과정을 함께 평가해야 한다. 사회과 수행평가는 교과의 본질을 감안하여 학생들의 비판적 사고력, 의사소통 능력, 종합적 사고력 등 시민이 갖추어야 할 태도와 기능 목표를 평가대상에 포함시켜야 하며 생활 장면을 활용하여 평가하는 것이 바람직하다.

즉, 사회과 수행평가는 학생이 사회현상이나 사회적 지식을 얼마나 알고 있는지를 평가하는 것이 아니라 실제 생활과 연계된 수업과제의 실질적인 수행과정을 관찰함으로써 학생이 사회공동체 구성원으로서 갖추고 있어야 할 지식, 기능, 태도를 얼마나 갖추고 있고, 잘 활용할 수 있는지를 평가하는 과정이 되어야 하는 것이다. 또한 학습자가 정답을 구성해가는 지적 수행과정을 구체적으로 기록·평가함으로써 학습목표 도달의 절대적인 수준을 파악하는 데에 목적을 두어야 하며 수행과정에 내재된 학습자의 사고과정을 종합적으로 평가해야 한다.

수행평가가 적절히 이루어지기 위해서는 무엇보다도 좋은 수행과제가 제시되는 것이 중요하다. 수행평가에 활용하는 수행과제는 학생들의 사고가 활성화될 수 있는 구체적 상황을 비구조화된 문제 상태로 제시하되 다양한 사고 및 탐구 기술을 활용할 수 있도록 구성해야 한다. 위긴스(Wiggins, 1998)는 수행과제가 다른 평가과제와 차별화되어 갖추어야 할 특징을 네 가지로 설명하였다.

첫째, 수행과제는 학생이 미래의 직업세계에서 경험하게 될 과제와 비슷한 형태의 과제여야 한다. 교과에서 다루고 있는 추상적인 개념의 확인 수준에 머물러서는 안 되며 실제 생활사태에서 당면하게 될 과제여야 한다.

둘째, 단순한 탐구기술의 확인이 아니라 복잡한 탐구기술을 사용할 수 있는지를 평가해야 하며 지식의 종합적 사용이 필요한 과제여야 한다. 학생들로 하여금 복잡한 정보를 조직, 해석, 종합, 설명, 평가하도록 설계되는 것이 좋다.

셋째, 수행과제는 비구조화된 문제로 구성되어야 한다. 우리가 사회 속에서 생활인으로서 만나는 과제(문제)는 특정한 해결책이나 완벽한 대안을 갖고 있는 것이 아니기 때문에 수행과제 역시 비구조화된 것이어서 학습자 스스로 문제 해결에 필요한 다양한 제한조건을 이해하고 그러한 조건 속에서 최상의 방법을 찾아보도록 요구하는 것이 좋다.

넷째, 수행과제는 사회적으로 의미 있으며 구체적인 대상(예〉 소비자, 구직자, 정책 입안자, 판결에 참여하는 시민 배심원, 투표를 앞둔 유권자 등)을 가정하고 구성되는 것이 바람직하다. 전통적인 지필평가에 특정한 대상이 없는 것과 달리 특정한 대상을 전제로 하는 과제가 제시될 때 학생들은 구체적이고 실질적이고 현실적으로 유용한 작업을 해나갈 수 있다.

이러한 특성을 충족한 수행과제는 특히 사회과에서 필요하고 유용하다. 수행과제를 해결하는 과정이 단순히 평가를 위한 절차를 넘어서 현실 사회가 요구하는 생활 역량 그리고 민주시민으로서의 필수 자질을 습득해 가는 학습과정과 다르지 않기 때문이다. 수행평가의 목적이 학습자의 학습결과를 측정하는 데에만 있는 것이 아니라 학습과정상에 나타나는 발달을 평가하고 지원하는 데에 있으므로 사회과 수행평가는 사회과의 목표 달성에 도달하는 또 하나의 학습과정이라는 관점에서 평가 요소와 방향을 설정해야 할 것이다. 이러한 관점에서 사회과 목표를 기반으로 사회과 수행평가에 포함시켜야 할 성취기준을 유형화해 보면 다음과 같다.

첫째, 사회과 지식 목표는 지식의 회상이 아닌 지식의 이해, 해석, 재구성과 활용에 초점을 맞추어야 한다. 현대사회가 요구하는 사회과의 지식 목표는 지식 그 자체가 아닌 지식에 기반한 사회 인식능력과 지식을 활용할 수 있는 능력을 습득하는 데에 있으므로 사회과 수행평가 역시 지식의 이해 및 해석과 활용을 평가 요소로 포함하고 있어야 한다.

둘째, 사회과의 목표인 민주 시민으로서의 자질과 관련된 역량 목표를 평가 대상으로 해야 한다. 이는 주로 분석력, 비판적 사고, 종합적 사고력, 창의적 대안 제시 능력 등으로 표현되며 이러한 고급 사고력을 포함하는 문제해결 능력, 의사결정력 등을 발휘하는 과정이 수행평가의 장면으로 구성되어야 함을 의미한다.

셋째, 사회과의 궁극적인 교육 목표에 해당되는 참여 역량과 태도를 평가 대상에 반드시 포함시켜야 한다. 실제 학교 현장에서 수행평가 항목으로 태도를 평가할 때 수업 준비도나 수업 참여의 적극성 정도만을 포함시키는 경우가 많은데 이는 수행평가의 역할을 제대로 활용하지 못하는 것이다. 수행평가의 참의미를 다하기 위해서는 일반적 학습태도로서의 평가항목뿐 아니라 교과별로 요구되는 태도 역량 목표가 평가에 반영되어야 한다. 타인의 존중과 이해, 관점의 채택 및 전환 능력, 인간관계 기술, 갈등해결 능력 및 의지, 적극적인 의사소통 및 참여 의지 등 바람직한 사회적 실천을 가능하게 하는 태도 요소들이 수행평가의 대상에 포함되어야 한다.

3) 사회과 수행평가의 방법과 활용

교육부가 정의한 수행평가의 정의에 비추어 볼 때 사회과 수행평가는 사회과 교육과정상의 교육목표와 관련되는 것으로 학습자의 실생활에서 의미 있고, 중요하고, 유용한 과제에 대해 학생 스스로 문제에 대한 답을 구성하거나, 산출물이나 작품을 만들어 내거나, 태도나 가치관을 행동으로 드러내는 작업으로 구성될 수 있다. 결국 사회과 수행평가 유형은 학습자가 산출해 낼 작업의 형태에 따라 분류할 수 있으며 주로 글로 작성하는 서술형, 말로써 표현하는 구술형, 시각・음성・동영상 자료 등 다양한 콘텐츠를 만들거나 활용하는 콘텐츠 제작형 등으로 구분 가능하다. 또한 각 유형이 갖는 특성을 잘 반영하여 구성된 평가 기준표에 따라 과제 유형별로 타당한 평가가 이루어져야 할 것이다.

〈수행평가 학습자 산출물 유형〉

서술형	구술형	콘텐츠 제작형
조사 보고서, 사설, 칼럼, 에세이, 실험 보고서, 일지, 서사문, 모의재판 대본 작성	대화, 토의, 토론, 논쟁, 연설, 인터뷰, 극화된 읽기, 노래, 녹음자료 만들기, 수업시연	광고, 그림, 사진, 만화, 발표자료(ppt, prezi 등), 동영상, 스토리보드 제작, 스크랩북, 포트폴리오

〈수행평가 유형별 평가 기준표의 활용 예시〉

과제 유형	세부 평가 요소	비고
서술형 과제	• 주제 및 내용 타당성	각 항목별 상, 중, 하 평가
	• 근거 타당성 및 다양성	
	• 유의사항의 조건 준수(분량, 시간, 제한 요건 등)	
구술형 과제	• 주제 전달력, 유창성과 명료성	각 항목별 상, 중, 하 평가
	• 상황 유연성	
	• 유의사항의 조건 준수(분량, 시간, 제한 요건 등)	
콘텐츠 제작형 과제	• 주제 적합성 및 내용 구성의 타당성	각 항목별 상, 중, 하 평가
	• 표현 방법의 효과성, 창의성	
	• 유의사항의 조건 준수(분량, 시간, 제한 요건 등)	

① 서술형 평가

서술형 평가는 평가자가 설정한 문제 장면에 대해 학습자가 알고 있는 정보나 지식을 활용하여 논리적으로 분석, 설명, 해석하거나 창의적인 문제 해결책을 제시할 수 있는지를 글로써 측정하는 평가 유형이다. 기존의 지식과 정보를 활용하되 이를 분석하고 해석한 자신만의 관점과 아이디어를 글로 표현하게 한 뒤 이를 평가하는 방법이므로 학습자가 단순 기억력에 의존하여 단편적 지식을 그대로 재진술하여도 무방한 문항은 엄밀한 의미에서 서술형 평가라고 할 수 없다.

서술형 평가를 활용하면 선택형 평가에 비해 학습자의 성취 수준과 특성을 정확하게 측정할 수 있으며 교육목표에 비추어 볼 때 타당성, 정확성, 논리성을 갖게 된다. 서술형 평가의 근본 취지를 고려할 때 내용타당도가 높은 문항을 설계하는 것이 가장 중요하며 단순 지식의 진술, 단기적인 기억 능력을 측정하는 문항으로 변질되지 않도록 유의해야 한다.

또한 서술형 평가 문항을 설계할 때에는 학습자의 인지 발달 및 능력 수준을 고려하여 학습자의 특성에 맞게 서술형 평가 문항의 세부 형식과 내용을 조절해야 한다. 문항 곤란도가 과도하게 높거나 낮은 문항은 학습자의 학습목표 도달 정도를 평가하는 데에 적절한 도구가 되어주지 못하며 학습거부의 요인이 되므로 다음과 같은 사항에 유의하며 문항을 설계하는 것이 바람직하다.

① 선다형의 문항을 통해 측정할 수 없는 사고력, 추리력, 창의력, 표현력 등의 고등 역량을 측정할 때 서술형 평가를 활용한다. 특수한 분야의 지식이나 경험이 있어야만 응답할 수 있는 문항은 피하고, 누구나 답변 가능하되 누구나 동일한 답변을 해야만 좋은 평가를 받을 수 있는 문항이 되지 않도록 유의한다.

② 평가 목표를 구체적으로 설정하여 문항을 구조화시키고 제한성을 갖도록 출제한다. 일반적이되 모호하지 않게 문항이 요구하는 사항을 명확히 규정하여 제시하고 이를 잘 구조화시켜야 한다.

③ 평가의 목적이 선발, 분류에 있는 경우 여러 문항 중에서 선택하여 응답하게 하는 것은 지양해야 한다. 다만 선발이나 등급 분류에 목적이 있지 않고 교수-학습 활동 개선, 학습자의 학습 특성 파악 등에 목적이 있다면 다양한 문항 중 학생의 흥미나 관심에 따라 문항을 선택하게 하는 것도 좋다.

이상의 내용이 서술형 평가 문항을 작성할 때 지켜야 할 일반적인 원칙이라면 다음으로 생각해 보아야 할 것은 서술형 평가 문항을 제작하는 데에 필요한 구체적인 절차이다. 선다형 평가가 제작은 어렵지만 채점이 쉬운 특징을 갖는 한편 서술형 평가는 출제가 상대적으로 용이하지만 채점 단계에서 객관성과 신뢰성을 확보하기 어렵다는 약점을 갖는다. 따라서 채점 단계에서의 어려움을 감소시키기 위해서라도 서술형 평가문항 설계 단계에서부터 평가의 타당성과 신뢰성 확보를 위한 준비를 하는 것이 바람직하다. 서술형 평가 문항을 작성하는 절대적인 규칙이 있는 것은 아니지만 일반적으로 따르게 되는 참고 가능한 설계 절차는 다음과 같다(백순근 편, 1998: 41-43).

① 교과의 하위 내용 영역별로 평가에 적절한 평가 목표를 추출한다. 이때 평가 영역과 평가할 내용 및 인지적 행동 영역 요소를 선정한다.

② 문제 상황을 정리하여 문항의 체계 및 발문을 구상한다. 평가하려는 학습목표에 근거하여 어떤 문제 상황이 가장 적절한가를 결정한다.

③ 모범답안을 작성한다. 모범답안은 채점 기준표의 타당성과 구체성을 확보하

는 데에 매우 중요한 역할을 한다. 모범답안 작성 과정 없이 채점 기준표를 만드는 경우 채점 기준 자체가 모호해지기 쉽고 결과적으로 채점의 객관성과 신뢰성을 확보하기 어렵기 때문에 서술형 검사를 제작하는 경우 반드시 모범답안을 작성한 후 채점 기준표를 구성하는 단계로 이동하도록 한다.

④ 채점 기준표를 작성한다. 모범답안을 근거로 하여 채점 요소의 항목을 결정하고 각각에 대한 배점을 정한다. 요소의 비중에 따라 배점을 차등화하여 채점 기준을 상세화한다.

〈서술형 평가 채점 기준표의 활용 예시〉

평가 내용	배점
수업시간에 새롭게 습득한 개념을 충분히 이해하고 이를 바탕으로 서술하였다.	세 가지 모두 충족 - 상 두 가지 충족 - 중 한 가지 이하 충족 - 하
새롭게 습득한 개념을 활용하여 문제의 원인을 논리적으로 분석, 비판적으로 평가하였다.	
개념 산의 관계를 명확히 설정하여 문제해결을 시도하였으며 자신의 의견을 명료하게 서술하였다.	
수업과정을 통해 지식 이해 수준이 비약적으로 발전하였다.	가산점 부여

② 구술형 평가(발표법, 토의 · 토론법, 면접법)

구술형 평가는 발표, 대화, 토의 및 토론 등의 장면을 활용하여 학습자가 구두로 진술하는 내용을 평가하는 방법이다. 학생으로 하여금 특정 학습 내용이나 주제에 대해서 자신의 의견이나 생각을 발표하게 하고 이를 평가하는 발표법이 대표적인 구술평가에 해당되며 학생의 학습 준비도, 이해력, 표현력, 판단력, 의사소통능력 등을 직접 평가할 수 있다. 대학이나 대학원을 입학 혹은 졸업하기 위해서 치르는 구술 면접시험의 형태가 대표적이지만 초·중등학교의 수행평가 영역에서도 어렵지 않게 사용될 수 있다.

수업시간에 학습목표와 관련된 주제에 관한 질문에 답변하는 간단한 말하기 평가에서부터 미리 평가 주제를 제공하고 자료 준비를 거쳐 발표하게 함으로써 학습 준비도, 이해력, 표현력, 판단력, 내용 전달력 등을 종합적으로 평가하는 것 등이 모두 구술평가에 해당된다.

교사와 학생, 학생과 학생 간의 토의·토론 활동을 통해 의사소통력, 설득력, 비판적 사고력, 종합적 의사결정력 등을 평가하는 것도 구술 평가의 한 유형이다. 토의·토론을 대상으로 한 구술평가는 교수·학습 활동과 평가 활동을 통합적으로 수행할 수 있는 대표적인 사회과 평가방법으로 특정 주제에 대해 학생들이 서로 토론하는 것을 보고 내용과 과정 모두에 대해 평가할 수 있다. 특히 수행평가에는 찬·반 토론법을 많이 사용하는데 찬성과 반대 입장에서 토론하기 위해 준비한 자료의 다양성, 내용 타당성, 토론 내용 및 방법, 태도에 대한 종합적인 평가가 가능하기 때문이다. 더불어 토론의 과정을 관찰함으로써 토론 진행 과정에서 지도력을 발휘하는 학생, 당당하게 자기주장을 펼치는 데에 강점을 갖고 있거나 설득에 능한 학생, 남의 의견을 차분히 듣고 적절한 반론을 제기하는 학생, 창의적인 대안을 제시하거나 종합적인 의사결정력을 보이는 학생 등 다양한 학습자 정보를 수집하여 평가하는 것도 가능하다.

면접법은 평가자와 학생이 서로 대화를 통하여 얻고자 하는 자료나 정보를 수집함으로써 평가하는 방법이다. 평가자가 학생과 직접 대면하여 질문하고 대답하는 과정을 통해 지필 평가나 형식화된 서류만으로는 알 수 없는 사항들을 알아보고 이를 평가하는 방법이다. 앞에서 설명한 구술시험도 이와 유사한 형태를 띠지만 구술시험이 주로 인지적인 영역을 중심으로 한 학업성취도를 평가하기 위한 방법이라면 면접법은 주로 정의적인 영역이나 신체적인 영역에 대한 것을 평가하기 위한 방법으로 활용된다. 면접법의 장점은 보다 다양하고 심도 깊은 정보를 얻을 수 있으며 진행 중에 융통성을 발휘하여 사전에 예상하거나 계획하지 않았지만 의미 있는 정보를 얻을 수 있다는 데에 있다.

〈구술형 평가 채점 기준표의 활용 예시 1〉

평가기준	배점(예)
주제를 선택한 이유를 자신의 삶과 관련지어 잘 설명하고 있음	모두 충족 - 20점 4~5가지 충족 - 15점 2~3가지 충족 - 10점 1~2가지 충족 - 5점
주제에 대한 내용 요약 및 전달력이 우수함	
주제에 대한 자신의 견해를 분명하고 설득력 있게 전달하였으며 논거가 다양하고 명확함	
문제 해결에 대한 다양하고 실현 가능한 대안을 제시하였음	
자신이 선택한 과제의 특성을 잘 살려 주제를 표현하였음	
유의 사항의 조건을 준수하였음(분량, 시간, 제한 조건 등)	

〈구술형 평가 채점 기준표의 활용 예시 2〉

평가기준	배점
무응답이나 전혀 다른 대답일 경우	0
자기 입장을 드러냈으나 설득력 있는 이유를 제시하지 못한 경우	1
자기 입장을 주장하고 적어도 하나의 설득력 있는 이유를 제시하거나 또는 적어도 두 개의 부수적 이유를 제시한 경우(2점) 위의 사례에 해당되지만 잘못된 가정이 포함되거나, 주장을 훼손하거나 관계없는 이유를 제시한 경우(1점)	2~1
자기 입장을 주장하고 적어도 두 개 이상의 설득력 있는 이유를 제시하거나 하나의 설득력 있는 이유를 제시하더라도 그 이유를 발전시킨 경우(3점) 위의 사례에 해당되지만 잘못된 가정이 포함되거나, 주장을 훼손하거나 관계없는 이유를 제시한 경우(2점)	3~2
자기 주장을 하고 적어도 두 개 이상의 설득력 있는 이유를 제시하면서 그 이유 중 적어도 하나 이상 발전시킨 경우(4점) 위의 사례에 해당되지만 잘못된 가정이 포함되거나, 주장을 훼손하거나 관계없는 이유를 제시한 경우(2점)	4~3
4점에 해당되는 조건을 만족시켰으며 추가적으로 적어도 두 개 이상의 발전된 형태의 설득력 있는 이유와 논의를 분명하게 제시한 경우	5

③ 포트폴리오 평가

포트폴리오 평가란 자신이 쓰거나 만든 작품을 지속적이면서도 체계적으로 모아둔 개인별 작품집 혹은 서류철을 이용한 평가 방법이다(백순근 편, 1998). 예를 들어 특정 사회현상에 대해 조사하고 공부하여 이에 대한 기사를 작성하고 알리는 과제를 수행하는 경우 사회현상에 대해 일차적으로 수집한 자료, 스크랩하기 위해 활용한 분류작업, 교사나 친구들의 도움을 받아 자료를 추가하거나 수정한 작업, 발췌 요약한 기사문, 최종 완성한 기사문 등이 포트폴리오에 포함될 수 있다. 이렇게 작성한 포트폴리오를 통해 교사들은 학생의 과거와 현재의 상태 및 변화 과정을 쉽게 파악할 수 있으며 앞으로의 발전 방향과 가능성에 대한 정보도 얻을 수 있다. 특히 이 평가방법은 단편적인 영역에 대해 일회적으로 평가하는 것이 아니라 장기간에 걸쳐 지속적으로 평가함으로써 학생의 변화와 발달과정을 종합적으로 평가할 수 있다는 점에서 수행평가의 본질에 가장 충실한 평가방법이라고 할 수 있다.

학생들이 작성하고 수집한 학습지나 문제해결과 실험 과정 및 결과가 포함되어 있는 탐구활동지 등 학습과 관련된 것은 물론 교사 관찰 내용, 각 학생의 작업과 행동에 관한 검사, 모둠별 협동 작업에 관한 정보 등도 포트폴리오에 포함되는 내용들이다. 이처럼 포트폴리오에는 학습자의 과제 수행이나 학습의 결과로 산출되는 성과물은 물론 교사가 관찰하고자 하는 학습과정에 대한 정보 및 일정 기간에 걸쳐 학습자의 학습역량이 변화한 과정을 보여주는 다양한 자료들이 포함될 수 있기 때문에 학생의 학습에 대한 전체적이고 깊이 있는 관찰과 평가가 가능하다. 학생이 학습 과정에서 보이는 변화, 기간별 발달 특성과 개인의 강점과 약점, 어떤 곳에서 주로 정보를 얻고 누구와 교류하는지에 대한 정보 등을 폭넓게 제공해주기 때문이다. 또한 포트폴리오 평가가 교육적으로 더욱 유용하게 활용되기 위해서는 학습자 사고의 증거와 자기 평가를 담고 있는 것이 좋다. 자기 평가를 거쳐 자신의 성장과 발달을 스스로 인식할 수 있게 될 뿐 아니라 자신의 작업에 대한 의미와 가치를 부여함으로써 학습과정에 대한 긍정적인 태도를 갖게 되는 효과가 있기 때문이다.

포트폴리오가 다양한 영역에서 매우 다양한 내용을 포괄하는 방식으로 설계될 수 있는 만큼 어떻게 설계되어야 하는지에 대한 일정 규칙 또한 존재하기 어렵다. 다만, 학습자의 지적·기능적 발달 과정을 보여주는 작업물이 다양하게 담길 수 있고 학습 목표와 직접 관련된 지적 활동의 증거가 포함되도록 구성되어야 한다는 데에는 의견이 일치하고 있다. 포트폴리오를 만들 때 다음과 같은 점이 고려된다면 학습자의 학습에 기여하는 포트폴리오가 구성될 수 있을 것이다(석문주 외, 1997).

① 포트폴리오에는 학생들의 활동과 포트폴리오를 만드는 의도가 나타나야 한다.
② 포트폴리오에는 학습자의 성장을 설명할 수 있는 정보가 담겨야 한다.
③ 최종 포트폴리오에는 학습과정과 결과를 남에게 보여줄 수 있는 형태의 자료가 포함되어야 한다.
④ 학생들이 포트폴리오에 포함시킬 내용의 선택에 관여할 수 있어야 한다.
⑤ 학생들은 자신의 포트폴리오를 개발하기 위해 다른 사람들과 자유롭게 교류할 수 있어야 하고 정보를 제공받아야 한다.
⑥ 포트폴리오는 학생들에게 자기성찰과 평가 기회를 제공해야 한다.

포트폴리오에 포함되는 자료의 형태와 범위, 학습결과 제시 방식 등을 결정하는 과정은 전적으로 학습자에게 맡겨진다. 정보를 수집하는 과정에서 동료나 교사, 주변인의 도움을 받을 수 있지만 이를 선택하고 정리하여 결과로 구성하는 과정 전반은 학생의 책임하에 수행된다. 따라서 학습자가 처음부터 포트폴리오의 목적을 이해하는 것이 매우 중요하며 이는 학습의 첫 단계에서부터 학습의 목표와 방향을 이해하고 있을 때 좋은 포트폴리오를 구성할 수 있다는 것을 의미한다. 즉, 포트폴리오는 학습의 목표와 과정, 작업 선택의 기준, 학습결과의 표현 방식 등을 학생 주도로 이끌어가는 평가 방식이자 학습 과정이라 할 수 있다. 이처럼 학습과 평가가 일치하는 포트폴리오의 특성은 테일러(Taylor, 1991)가 제시한 학생을 위한 포트폴리오의 목적 및 효과 설명에도 잘 반영되어 있다.

〈포트폴리오 평가의 목적 및 효과(Taylor, 1991)〉

① 학습 내용과 기술에 관한 학습의 평가
② 창의적 과정에 대한 통찰 증가

③ 학습과정에서 학습자 주체성 획득
④ 시간의 경과에 따른 자신의 성장 인식
⑤ 작업에 반영되는 평가 기술의 증진
⑥ 수동적 학습자에서 능동적 학습자로의 변화
⑦ 자신감의 획득

한편, 포트폴리오 평가를 통해 교사가 얻을 수 있는 교육적 효과로 언급되는 주요 내용에는 다음과 같은 것들이 있다. 첫째, 개별 학생의 성장과 발달 영역에 대한 구체적인 증거를 수집할 수 있다. 둘째, 학습목표 달성에 가장 효과적인 활동이 무엇인지 다양한 정보 수집이 가능하다. 셋째, 학습자의 요구충족을 위한 수업 전략 개발에 도움이 된다. 넷째, 학생의 학습과 성장에 대한 부모, 교사, 행정가의 이해를 촉진할 수 있는 수단과 근거를 수집할 수 있다.

이처럼 포트폴리오는 교실 수업과 학습, 학습 결과의 보고, 수업과 평가의 통합, 나아가 평가를 통한 수업 개선 등을 목적으로 하는 새로운 평가 방법이 될 수 있다. 또한 평가만을 목적으로 하는 전통적인 평가와 달리 학습과 평가 과정이 분리되지 않음으로써 학습에 대한 정보 습득과 피드백이라는 평가의 본질적 기능에 충실한 참평가가 가능하고 수업 자체에 대한 긍정적인 효과를 갖는다는 강점이 있다.

④ 관찰 평가 및 자기 평가

교사가 직접 학습자를 관찰함으로써 평가 자료와 정보를 수집하는 평가 방법이다. 학생을 종합적으로 이해하고 파악하기 위한 가장 보편적인 방법이며 개별 학생 혹은 모둠별 관찰을 통해 평가정보를 습득할 수 있다. 특히 나이가 아주 어리거나 지적 능력이 낮은 학생을 대상으로 하는 평가와 같이 다른 평가가 불가능한 상황에서도 활용 가능한 방법이라는 강점을 갖는다.

하지만 다른 평가방식에 비해 관찰 평가에는 교사의 개인적, 주관적 관점이 개입될 여지가 크기 때문에 객관적이고 정확한 관찰을 위해서는 관찰 대상을 있는 그대로 기술하는 일화기록법을 활용하거나 체크리스트, 평정 척도 등을 활용하는 것이 좋다. 실시간 관찰이 어렵거나 관찰자의 개입으로 인해 평가요소가 왜곡될 가능성이 있는 경우에는 영상 녹화 후 반복적인 관찰을 통한 평가를 하기도 한다.

자기평가란 특정 주제나 학습 영역에 대하여 본인 스스로 학습 과정이나 결과에 대해 평가하는 방법이다. 단위 수업이 종료되거나 특정 과제 수행이 완료된 후에 그 과정을 거치면서 습득하게 된 성취수준, 학습 만족도, 자신이 생각하는 준비도, 성실성 등을 스스로 평가하여 평가 기준표에 체크하게 하거나 성찰일지, 보고서 등을 작성하는 방법이 주로 활용된다. 자기평가와 함께 동료 학생들이 상대방을 서로 평가하고 피드백하는 동료평가 방법을 혼합하여 활용함으로써 자신에 대한 주·객관적 평가를 비교하는 방법도 있다. 이때 활용 가능한 평가 기준표를 몇 가지 소개하면 다음과 같다.

〈관찰 평가 및 자기 평가의 기준 예시 1〉

평가 요소		평가 관점	성취 정도			특이사항
			상	중	하	
준비도		과제 수행에 필요한 지적·기능적 준비를 위해 노력하였는가?				
과제수행	자료 수집 및 분석	과제 수행에 필요한 자료나 정보를 다양하고 충분하게 수집·분석하였으며 그 과정에 적극적으로 참여하였는가?				
	자료 제작 및 발표	문제 해결에 필요한 자료를 적절히 제작하여 발표하고 그 과정에 적극적으로 참여하였는가?				
성실성		과제수행의 전 과정에 꾸준하고 성실한 태도로 임하였는가?				
사회적 관계 형성		과제수행 과정에서 동료와의 협력적 관계를 유지 혹은 유지하기 위해 노력하였는가?				
성찰적 태도		자신과 모둠원의 과제수행 과정을 지속적으로 모니터링하고 성찰하고자 노력하였는가?				

〈관찰 평가 및 자기 평가의 기준 예시 2〉

평가기준	학생 이름 적기
• 모둠원이 수행해야 할 과제의 특성과 역할을 인지하고 그에 따라 자신이 해야 할 역할에 최선을 다하였다.	
• 자신과 의견, 가치가 다른 사람의 견해를 존중하며 협력적 분위기를 형성하기 위해 노력하였다.	
• 자신의 지식과 경험을 다른 구성원들과 원활하게 공유하며, 모둠에 공헌하는 역할에서 성취감을 느꼈다.	
• 주제를 탐구하고 과제를 해결하기 위하여 교과서와 교실 상황을 넘어선 창의력을 발휘하였다.	
• 집단의 의사결정, 모둠별 역할 분담 등에서 장애 요인이 발생할 때에 적극적이고 긍정적으로 극복하고자 하는 의지와 태도를 보였다.	

〈관찰 평가 및 동료 평가의 기준 예시〉

평가기준	학생 이름 적기
• 모둠의 작업에 참여하는 태도가 매우 협조적이었다. 모둠원의 의견을 경청하였으며 의사결정 과정에 적극적인 역할을 하였다.	
• 모둠의 작업에 참여하는 태도가 매우 성실하였다. 의사표현에 적극적이지는 않았으나 자신이 맡은 일을 꾸준히 해내었다.	
• 창의적인 태도와 아이디어가 돋보였다. 모둠별 활동에서 리더십을 발휘하였으며 집단 의사결정에 결정적인 역할을 하였다.	
• 타인을 배려하고 지원하는 태도가 돋보였다. 모둠활동이 원활하게 이루어질 수 있도록 기여하였다.	
• 크게 두드러지는 역할을 하지는 않았지만 보이지 않는 곳에서 윤활유 같은 역할을 하는 동료였다.	

〈자기 평가 및 동료 평가의 기준 예시〉

평가기준	해당 특성에 표시
• 토론자는 뛰어났다. 토론을 즐겼으며 그의 편에 서고 싶었다.	
• 말하고 듣기가 잘 되었다. 의사소통에 약간 어려움이 있었지만 설득될 때가 많았다.	
• 보통 수준의 토론이라 할 수 있다. 좋지도 않았지만 크게 나쁘지도 않았다. 그래도 부분적으로는 즐거움과 유익함을 느꼈다.	
• 약한 토론이라 할 수 있다. 의견전달에 부족함이 있었으며 다시 토론하고 싶지 않다.	
• 토론자는 실패했다고 볼 수 있다. 토론자의 주장에 전혀 집중할 수 없었다.	

참고문헌

교육과학기술부(2011). 「초등학교 사회 6-1 교사용지도서」. 두산동아(주).

김영천(2003). 「미국의 수행평가」. 도서출판 문음사.

김주환(2013). 「서술형 평가 ROAD VIEW: 서술형 평가 문항 제작, 컨설팅, 그리고 채점까지」. 도서출판 박이정.

박도순 · 홍후조(2006). 「교육과정과 교육평가」. 문음사.

박영민 · 이동주 · 신재홍 · 허수미 · 권용주(2013). 교과역량 기반의 교실 수업 강화를 위한 수행평가 모형 개발 연구. 경기도교육청 2013 연구 위탁과제 답신 보고서.

백순근 편(1998). 「수행평가의 이론과 실제」. 원미사.

백순근(2003). 「수행평가의 원리」. 교육과학사.

석문주 · 송명섭 · 이명숙 · 이원희 · 이종일 · 조용기 · 최호성 · 홍종관(1997). 「학습을 위한 수행평가」. 교육과학사.

Blum, R. E. & Arter, J. A. ed.(1996). *Student Performance Assessment in an Era of Restructuring*. Association for Supervision and Curriculum Development.

Meyer, C., Schuman, S., & Angello, N.(1990). *NWEA White paper on aggregating portfolio data*. Lake Oswego, OR: Northwest Evaluation Association.

저자 약력

모경환

서울대학교 사범대학 사회교육과(학사)

서울대학교 사범대학 사회교육과(석사)

University of California, Berkeley(박사)

현) 서울대학교 사범대학 사회교육과 교수

한춘희

서울교육대학교 사회과교육과(학사)

연세대학교 교육대학원 일반사회교육과(석사)

한국교원대학교 대학원 사회과교육학과(박사)

현) 부산교육대학교 사회교육과 교수

허수미

한국교원대학교 일반사회교육과(학사)

한국교원대학교 대학원 사회과교육학과(석사)

한국교원대학교 대학원 사회과교육학과(박사)

현) 한국교원대학교 일반사회교육과 교수

사회과 교육론 및 지도법

2024년 8월 25일 1판 1쇄 인쇄
2024년 8월 30일 1판 1쇄 발행

저 자 : 모경환 한춘희 허수미
발행자 : 한 정 주
발행처 : 교 육 과 학 사

저자와의 협의하에 인지생략

경기도 파주시 광인사길 71
전화(031)955-6956~8/팩스(031)955-6037
Home-page : www.kyoyookbook.co.kr
E-mail : kyoyookbook@daum.net
등록 : 1970년 5월 18일 제2-73호

낙장 · 파본은 교환해 드립니다.

정가 **18,000** 원

Printed in Korea.

ISBN 978-89-254-1982-4